몽당비

몽당비

김영옥 수필집

수필과비평사

조각보를 만드는 심정으로

난 처녀시절 옷을 만들고 남은 조각들을 모아 보자기 만들기를 좋아했다. 그 시대엔 길쌈을 해서 옷을 만들어 입었으니 조그만 천 조각도 귀하게 여겼다. 천 조각들을 잘 이용하면 필수품인 훌륭한 보자기로 탄생하기도 했다.

조각 천을 놓고 작품을 구상하느라 밤잠을 설치기 일쑤였다. 모시조각은 작은 보자기를, 삼베조각은 좀 큰 보자기를, 무명베는 더 큰 보자기를, 비단조각은 배색을 잘 맞추어 만들면 예쁜 상보나 선물보자기가 되었다. 낮에는 집안일에 바삐 돌고, 밤이면 호롱불 밑에서 내 것뿐 아니라 친구들 혼수품까지도 겸했으니 글을 쓴다는 것은 꿈으로만 간직할 뿐이었다.

"제 버릇 개 못 준다."는 말마따나 세 딸들 혼수품은 물론 손자손녀 7명의 유아소품까지도 내 손수 만들었다. 틈만 있으면 바느질감을 찾으니 글쓰기는 아예 거리가 먼 것으로만 여겼다. 쌍둥이 외손자녀를 7년간 길러 저희 집으로 보내면서 육아일기를 적어주겠다고 약속하고 쓰기 시작한 것이 글쓰기 동기가 되었다. 칠십이 넘어 가방 끈도 짧은 내가 글밭에 들어간다는 것은 상상도 못했다. 그러나 가슴 밑바닥에 잠자고 있던 꿈이 때를 만나 용기를 주면서 부추기니 고개를 들기 시작했다.

그 옛날 조각보 만들던 심정으로, 조각보를 만드는 열정으로 세월에 쌓인 한과 체험들의 조각글들을 이어 수필집이란 어줍은 보자기를 만들어 보았지만 세상에 내놓긴 부끄럽다. 이 나이에 만든 글 보자기가 비록 유치하고 보잘것없겠지만 읽는 분들에게 조그만 감동이라도 줄 수 있다면 나는 그것으로 감사하며 만족하리라.

읽을거리가 귀하던 시절, 좋은 책을 만나면 날 새기를 얼마나 했던가. 요즘은 잡지에서부터 신문, 광고 등 읽을거리가 나일론 보자기처럼 흔하다. 그러나 수필만은 작가들의 체험에서 나온 진솔한 글이니 독자들이 공감하면서 감명 깊게 잘 읽어 주었으면 하는 바람이다.

부족한 나에게 항상 지혜를 주신 여호와 하느님께 먼저 감사드린다. 수필집으로 태어날 수 있도록 용기를 주면서 지도해 주신 김학 교수님께 진심으로 감사드린다. 수필반 문우들의 도움에도 감사한다. 밤늦게까지 컴퓨터에 앉아 있으면 건강을 해친다고 늘 염려해주던 영감님도 고맙다. 특히 컴퓨터 사용이 서툴러 셋째 딸에게 밤늦은 시간에도 전화를 해댔으니 그 또한 미안하고 고맙다. 그동안 격려해 주신 모든 분들에게 진심으로 감사드린다.

책으로 엮어주신 편집자들에게도 감사드린다.

2009년 봄 기린봉 산자락에서

김 영 옥

■ 차례 

○ 책머리에 / 조각보를 만드는 심정으로 • 4

제1부 사람은 정으로 살아야

좋은 나무 • 12
나이를 먹으면서 • 16
옆집 사위 • 19
친절과 미소 • 23
주부 그 만능직업 • 27
마음은 홍당무가 되어도 • 31
103세 할아버지 • 35
짝사랑 • 39
옛날 효도 요즘 효도 • 42
사람은 정으로 살아야 • 46
체온 • 50
젊어 고생은 사서라도 • 52
부부란 • 56

제2부 아름다운 소리

아름다운 소리 • 62
백자항아리와 바가지 • 65
외식은 약같이 사먹어야 • 68
바느질 • 72
치료보다 예방을 • 76
인터넷은 도깨비방망이 • 79
소탐대실小貪大失 • 82
나는 부자 • 85
발이 최고야 • 88
살아 있을 때 잘해야 • 91

제3부 마지막 통일열차

서울 나들이 • 96
마지막 통일열차 • 101
제2의 고향 전주 • 104
양반고을 안동을 다녀와서 • 108
바다여행 • 112
시골중학교 동창회 • 116
정든 우리 집 • 120
광어회 • 124
가을 산행 • 128
고향으로 돌아온 대통령 • 131
수필의 날 • 135

제4부 지금은 며느리 전성시대

지금은 벗는 시대 • 140

지금은 도박시대 • 144

지금은 속이는 시대 • 148

지금은 사진광고시대 • 151

지금은 노인시대 • 155

지금은 자동차시대 • 159

지금은 안경시대 • 163

지금은 며느리 전성시대 • 165

쓰레기들의 이야기 • 169

요즘 사람들 • 174

제5부 흙, 그를 사랑한다

씨와 밭 • 180

구운 김 • 184

물이 마르니 정도 마르고 • 187

화분에서 얻은 깨달음 하나 • 190

햇볕사랑 • 193

꽃이 아름다운 것은 • 196

흙, 그를 사랑한다 • 199

닭들의 수난기 • 204

여름을 보내며 • 208

하수구가 좋아야 • 212

제6부 가슴앓이

나의 꿈, 문학 • 216
고개 숙인 벼 • 222
가시밭길 뒤에 숨은 행복 • 226
몽당비 • 230
가슴앓이 • 233
추억여행 • 237
아낌없이 주는 나무 • 241
약속은 인연의 모태 • 245
달빛에 젖어 추억에 젖어 • 249
나의 꿈 • 254

제7부 어느새 결혼 50년

어느새 결혼 50년 • 260
시어머님의 일생 • 264
시누형님의 팔순잔치 • 268
아버지의 꿈 • 271
새엄마 • 275
사랑하는 큰딸에게 • 278
보고 싶은 둘째딸에게 • 283
고마운 아들에게 • 287
예쁜 며느리에게 • 292
셋째 딸 • 296
손자들의 생각주머니 • 300

■ 작품해설 / 김 학
소녀시절의 꿈을 이룬 칠순 수필가, 김영옥 • 305

제1부

사람은 정으로 살아야

사랑하는 마음, 사려 깊음, 배려하는 마음에 이해와 용서가 함께 뭉쳐야만 정이 나타나니 말이다. 깊은 가슴속에서 솟아 나와야 하니 그리 쉬운 일도 아닌 듯싶다. 주고 싶어도 주지 못할 때 아쉬워하는 마음 또한 정이 아닐까.

– 〈사람은 정으로 살아야〉 중에서

좋은 나무

"세 살 버릇 여든까지 간다." 이 말은 어릴 때부터 버릇이 잘 들어야 됨을 일컬은 말이리라. 사람이나 동물, 식물까지도 바르게 자랄 수 있는 것은 자신의 노력도 필요하지만, 지도해주는 자에 의해서 바르게도 구부러지게도 된다는 뜻도 들어 있다. 누구나 알고는 있지만 좋은 습관만을 길들이기란 여간 쉽지 않다.

큰딸 아이인 외손녀가 방학을 맞아 서울에서 내려왔다. 제 어미가 고등학교 교사여서 미국에서 연수하는 동안 좀 있겠다고 왔다. 그런데 어려서부터 줄곧 혼자만 있어 책 읽는 것은 좋아하면서 생활습관이 마음에 들지 않는다. 좀 바꿔 보려 해도 중 2학년에 올라가는 사춘기인 탓인지 다루기가 힘들다. 받기보다 남을 배려하면서 주는 일을 아주 어릴 때부터 가르치고 훈련시켜야 됨을 새삼 느끼게 한다.

아스라한 나의 어린 시절을 돌아보았다. 아버지께서는 학문을 하는 분이기에 늘 책을 보셨고 재미있고 유익한 이야기를 잘해 주셨다. 전래동화에 나오는 호랑이 이야기들, 그 숱한 이솝 이야기의 내용들은 칠십이 다 된 지금까지도 내 생활에 적용한다. 아버님은 위생에 관해 철저하셨다. 이닦기, 손발 자주 씻기, 군것질 안하기, 적게 먹기 등, 병이 난 후에 치료보다는 예방을 더 앞세우셨다. 어릴 때부터 몸에 밴 버릇으로 나 역시 지금도 치료보다 예방을 앞세운다. 지금까지 건강한 몸과 정신을 갖게 됨을 늘 고맙게 생각한다.

아버지께서는 신발 이야기를 자주 하셨다. 도둑이 들어왔다가 그 집에 신발이 가지런히 놓인 것을 보면 감히 그 집은 못 들어가지만, 신발이 어지럽게 놓인 집은 마음 놓고 훔칠 수 있다고 했다. 우리 집 가족들은 할아버지 신발에서 머슴까지 9명 신발이 차례대로 놓여 있어야 했다. 그 습관은 지금도 그대로다. 미국의 16대 대통령 링컨의 어린 시절 이야기들을 자주 들었다. 뜰에서 놀다가 친구가 빗물받이 독에 빠진 것을 보고 독을 깨트리고 구해준 용감하고 솔직한 이야기와 실수를 저질렀을 때에도 핑계대지 않고 정직했다며 정직할 것을 항상 강조하셨다.

작은 약속일지라도 꼭 지켜주시는 어머니의 본에서 약속의 소중함을 알았고, 곡식 한 톨, 헝겊 한 조각, 물 한 바가지도 아껴 써야 됨을 일러주신 할머니 교훈은 어려운 살림살이 꾸려오면서 큰 도움이 되었다. 이렇듯 조부모님과 부모님의 많은 관심과 끊임없는 애정이 오늘날 나를 이만큼 성숙한 사람으로 만들지 않았나 싶어 늘 고마운 마음 가슴 가득 안고 산다. 당시에는 잔소리 같고 너무 제어하는 것이 싫었지만 훗날에서야 많은 보물보다 더 귀한 것임을 깨달았다.

나 또한 내 자녀들에게 전수한다. 그들 역시 저희 자녀들에게 그대로 전하는 것을 보면 흐뭇한 미소를 머금게 된다.

요즘은 자녀들을 하나 둘만 두어 지나친 애정으로 오히려 아이들을 이기심으로 몰지 않나 싶다. 아이들 마음에 남을 배려하고 격려하고 동정심 같은 아름다운 마음은 심어 주지 않고, 이기심과 경쟁심만 기르는 지식만 넣어 주려고 안간힘을 다한다. '지식은 우쭐대게 하지만 사랑은 세워준다.'고 했다. 이래서야 올바른 사람이 되겠나 싶어 염려스럽다. 윤리도덕이 점점 뒷골목으로 사라지는 현실이 안타깝다.

좋은 습관은 좋은 사람을 만들고 나쁜 습관은 나쁜 사람을 만든다는 말은 다 아는 사실이다. 부모가 먼저 본을 보이고 많은 관심을 갖고 올바른 습관을 길러주는 데는 부단한 노력이 필요하리라. 성경 신명기 6장 7절에 "아이들에게 앉았을 때나, 누웠을 때나, 일어날 때나, 길을 갈 때나 부지런히 하느님 의도로 가르쳐 지키게 하라."라고 했다. 아주 어릴 때부터 바르게 가르치면 늙을 때까지 그 법을 떠나지 않고 지키게 된다는 뜻이리라.

나무를 심어놓고 한 나무는 제멋대로 자라게 내버려두고, 한 나무는 관심을 갖고 곁가지를 잘라 주며 바르게 자랄 수 있게 보살폈다고 하자. 내버려둔 나무는 아무데도 쓸모가 없어 아궁이로 던져질 것이요, 바르게 자란 나무는 큰 재목이 되어 오래도록 모든 이들에게 도움을 주게 되리라.

자녀들을 진정 사랑하는 부모라면 태아에서부터 성인이 되어 품밖으로 나갈 때까지, 항상 관심과 사랑으로 돌보면서 나쁜 습관들을 단호히 고쳐준다면 좋은 나무처럼 칭송받는 사람이 되어 영원히 행복한 삶을 살게 될 것이다.

(2004. 1)

나이를 먹으면서

올여름 유난히 더워 힘들게 지낸 탓인지 요즘 들어 자꾸만 게으름을 부리고 싶어진다. 더위를 무릅쓰고 날마다 이것저것 배우러 다닌다고 나가고, 봉사한다고 나가고, 집에 오면 살림하랴, 자녀들에게 관심 가지랴, 많은 화분에 물 주랴, 이층 옥상에 심은 채소 돌보랴 정신이 없다. 시간에 쫓기다보니 거울 앞에 앉아 내 모습을 살펴볼 여유조차 갖지 못했다.

미장원에 들러 밝은 불빛 아래 대형 거울에 비춰진 화장기 없는 몰골을 보는 순간 흠칫 놀라지 않을 수 없었다. 희색으로 변한 어설픈 머리카락, 눈 꼬리가 처진 삼각형 눈, 눈 밑 광대뼈엔 어디서 와 붙었는지 미련스러워 보인다. 검고 거칠어진 피부에 나이테인 주름살은 얼굴에서 목덜미로 손등까지 골고루 퍼져서 보기만 해도 처량하다. 거기에 몸은 부쩍 힘겨워서 짜증이 난다. 탄력 있던 근육은 시든 사과 같고, 허리, 다리, 어깨, 아프지 않은 곳이 없다.

나이를 먹은 만큼 풍족해야 할 지능은 사라지고 아둔함만 많아져 일처리 뒤에 아쉬움만 남아 고시랑거린다. 젊은 날의 총명함은 어디로 도망가고 컴퓨터를 다루다 보면 금방 알았던 것도 캄캄하여 속상하기 그지없다. 돋보기로 보는 책은 30분도 안 되어 어지럽다. 책을 읽어도 이해는 하지만 기억력 쇠퇴로 답답하다. 건망증은 또 왜 이리 심한지. 가스 불 위에 얹어놓은 것은 태우기 일쑤다. 이런 몰골이 나이를 먹은 탓일까? 옛 시조 한 수가 생각난다.

한 손에 막대 잡고 또 한 손에 가시 들어
늙는 길 가시로 막고 오는 백발 막대로 치려 하니
백발이 제 먼저 알고 지름길로 먼저 드네.

옛 선조들도 나이 먹는 것을 막을 길 없어 한스러워했나 보다.

불행 중 다행인 것은 몸은 쇠퇴해 가는데 마음의 나이는 그대로니 알 수 없는 수수께끼이다. 때론 소녀 마음이 되어 열애도 하고 싶고, 젊은 날 못했던 공부도 이것저것 해보고 싶다. 그 많은 책임들이 줄어든 것도 나이를 먹은 득이 아닌가. 젊은 나이에 알지 못했던 우주만물을 창조하신 여호와 하느님의 특성인 사랑, 지혜, 능력, 공의를 알고 뜻과 목적을 알게 된 것은 참으로 큰 소득이다. 성경말씀을 묵상하면서 옹졸했던 마음에 아량도 생기고, 남을 배려하고 이해하는 마음도 생겨 잘못된 것은 남의 탓이 아닌 내 탓으로 돌리고, 높아만 지고 싶던 마음이 겸손해야 한다고 다짐하는 것도, 나의 못된 성격의 옷이 한 겹씩 벗어지는 것도, 메말랐던 내 영혼을 살찌운 이 모든 것들은 나이를 먹으면서 얻게 된 선물이 아니던가!

다만 일 욕심을 부려 이것저것 무겁게 끌어안고 낑낑대는 모습이 측은하긴 해도 마냥 즐겁다. 나이 먹어 생긴 볼품없는 지금의 몰골을 고생과 고통의 결정체인 보물로 여기고 억울해 하며 탓하기보다 더욱 가치 있는 귀중한 선물로 여기련다. 육체를 지배하는 것은 정신이니까 나이 들어 얻은 이 보물들을 아낌없이 남에게 되돌려 준다면 육체로 오는 고통쯤은 이겨 낼 수 있지 않을까?

한 그루의 나무도, 태울 듯이 뜨거운 여름 햇빛과 몰아치는 폭풍우를 견디면서 세월을 보냈기에 마지막을 고운 단풍잎으로 아름답게 장식하지 않던가! 허겁지겁 달려온 칠십 년의 긴 세월을 성찰하면서 내 삶의 끝자락을 단풍보다 더 곱고 아름답게 물들이고 싶다.

(2004. 8)

옆집 사위

지난 유월의 보름날 밤, 그 밤은 유난히도 더워 잠을 이룰 수가 없었다.

게다가 며칠째 밤만 되면 툭탁거리고 삐걱거리는 소리, 탕탕 치는 망치 소리에 신경이 거슬려 잠들 수가 없었다. 잔뜩 짜증이 나서 소리 나는 곳을 찾아 대문을 열고 나서니 가로등 아래 이웃 할머니 두 분이 앉아 이야기를 나누고 있었다. 나는 대뜸,

"이 밤중에 이웃에게 잠 못 자게 하는 상식 없는 사람 야단 좀 치려고 나왔다."

고 했더니 한 할머니가 손사래를 치며 나를 달랬다.

바로 우리 옆집 큰사위는 전주시내 외곽지에서 돼지사육 농장을 경영하는데 일손이 딸려 낮에는 틈을 못 내니까 밤에만 와서 낡은 처갓집을 고쳐 주고 있단다. 몸이 온전치 못한 사람인데도 못하는

일 없이 혼자 다 해낸다며 할머니들은 입이 마르도록 칭찬을 한다. 화가 났던 나는 화가 슬며시 가라앉으며 되레 부끄러워 고개가 숙여졌다.

옆집 큰딸은 약간 지능이 모자라는 사람이란 것만 알고 있었고, 시골 어디로 시집을 갔다는 말만 들었을 뿐 관심도 갖지 않았었다. 아줌마 혼자 5남매를 데리고 어렵게 지낸다는 것만 알 뿐, 담을 사이로 두고 살면서도 10여 년이 넘게 오가며 만나면 인사만 하고 지내온 내 모습에 혐오감마저 느껴졌다.

나는 황급히 집으로 와서 만 원짜리 한 장을 꺼내들고 가게로 갔다. 늦은 시간인데도 작은 가게 문은 열려 있어 빵, 과자, 사탕, 주스 등 주섬주섬 사들고 그 집 대문을 두드렸다. 늦은 밤 찾아가니 놀란 표정으로 청년이 나를 맞으면서 누구시냐고 물었다. 나는 바로 옆집 사는 사람이라고 안심시킨 뒤 달빛 아래로 손을 잡고 이끌었다. 방금 들은 이야기를 되새기면서

"어디 얼굴 좀 자세히 봅시다. 이렇게 착한 젊은이가 있다니 보고 싶어 왔소."

하며 달빛 아래 비춰진 젊은이 얼굴을 보니 인상이 밝고 온화해 보였다. 잘생긴 얼굴인데 입 언저리가 옆으로 돌아가 말이 좀 어눌하며 한쪽 다리도 약간 불편한 듯했다. 하지만 말은 얼마나 겸손한가! '마땅히 해야 될 일을 하는 것뿐'이라고 하며 이웃 분들에게 미안하다며 깍듯이 사과를 했다. 손을 잡은 채 어깨를 토닥거리며

"젊은이, 고맙네요. 부디 행복하게 잘살아요."

하며 축복해주는 순간 내 손끝에 느껴진 그의 옷은 땀에 흠뻑 젖어

있었다. 나는 집 옥상으로 다시 올라와 휘영청 밝은 달이 서편 하늘로 기울도록 상념에 빠졌다. 그날 밤에는 처갓집 작은방에 보일러 호수를 혼자 깔고 있었다. 탕탕 치는 망치 소리는 그동안 나의 잘못된 견해를 뉘우치고 어려운 이웃에게 관심을 갖고 살라며 가슴에 단단히 못을 박는 소리로 들렸다.

얼마 후에 옆집 아주머니를 만나 사위 잘 얻었노라고 칭찬했더니, 사위자랑이 늘어졌다. 몸은 불편하지만 마음씨가 좋고, 손만 대면 못하는 것이 없다고 한다. 정말 오래되어 낡고 좁은 집을 최대한으로 늘리고 방도 모두 새 보일러로 교체하고, 문들은 유리창 문으로 교체하고 완전히 다른 집으로 바꿔 놓았다. 그뿐 아니라 모자라던 딸이 지금은 많이 영리해졌단다. 처녀 때는 천덕꾸러기 바보 취급을 받다가 신랑이 예쁘게 여겨 사랑해주고, 돈도 잘 주면서 시장도 봐오라고 시키니까 아주 달라졌고 신랑을 끔찍이 섬긴다고 한다. 한 가지 재미있는 이야기는 선을 볼 때 총각 어머니가 '농장을 하고 있지만 시집오면 일은 시키지 않을 거'라고 하니까, 총각이 '할 수 있는 일은 해야 될 거'라고 말을 받아넘기는 것을 보고 진실한 면이 보여 승낙을 했단다. 바보 같았던 딸이 이제 똘똘한 아들 둘을 낳아 잘 기른다고 한다. 시댁에서는 복덩이로 여기니 친정엄마는 이제 큰딸 걱정은 하지 않는다며 좋아했다.

모자람이 넘치는 것보다 낫다는 생각이 든다. 옆집 사위는 몸은 비록 부족하지만 마음은 얼마나 넉넉한가. 모자라는 아내를 야단치고 구박하기보다 채워주려 애쓰고 예뻐하며 사랑해주니 지능까지 발달해졌단다. 얼마나 갸륵한 일인가. 경제적으로 모자라면 더 채우기 위해 힘써 노력하고, 덕이 모자라면 끊임없이 좋은 생각을 하고, 아름다움이 모자라면 계속 가꾸고 다듬기를 한다. 또 정이 모자라면 어떻게 정을 더 나타낼까 하고 고심하게 된다. 오히려 교만함이 넘치면 고통이 따른다.

속담에 "겉보리 세 말만 있어도 처가살이하지 않는다."라고 했거늘, 처가의 재산 보고 결혼했다가 이혼하는 사람들, 혼수품이 적다고 투정부리다 파혼하는 사람들이 있다. 백년손님인 사위들에게 일을 시키면 큰일이라도 날 것처럼 여기고 최대의 대접만 받아야 되는 걸로 안다면 생각을 바꿔야 하리라. 아들딸 차별 없는 세상에, 내 집이나 처갓집 모두 똑같이 잘해야 되지 않을까? 직장 휴가를 얻으면 여행보다 나이 든 부모님들 집에 가서 손볼 것이 있나 살펴보고 해결해 주는 옆집 사위 같은 젊은이들이 많았으면 하는 바람이다.

(2004. 9)

친절과 미소

며칠 전 소형 청소기를 먼지 통을 빼놓고 사용하다 고장을 내서, 만든 회사의 수리센터를 찾아갔다. 문을 밀고 들어서자 깔끔한 정장 차림의 아가씨가 미소 띤 얼굴로 "어서 오세요." 하며 반갑게 맞는다. 나도 가볍게 웃으며 응수를 하고, 고장 접수 창구로 갔다. 창구에도 3명의 아가씨들이 아주 친절하게 대해 주었다. 기분이 참 좋았다.

접수를 하고 한 시간 정도 기다리는 동안 내 눈은 그들의 모습에서 떨어질 줄 몰랐다. 출입문이 닫혀 있을 때가 없다시피 왕래하는 사람들이 많았다. 그 사람들에게 '어서 오십시오. 무엇을 도와 드릴까요?' '안녕히 가십시오.'를 시종 웃는 얼굴로 하고 있다. 시간이 되었기에 기기를 수리하는 안쪽으로 들어가 보니. 복잡한 기계를 열어놓고 일하는 젊은이들도 짜증날 일이지만 모두가 웃는 모습으로 친절했다.

회사에서 친절교육을 시킨 점도 있겠지만 늘 그런 생활을 하다보면 몸에 배어 언제, 어디서, 누구에게도 미소와 함께 친절함을 나타내리라. 그들 젊은이들에게 앞으로 행복한 삶이 이어지길 바라며 마음속으로 축복해 주었다.

일 년 전에 일본에 갔을 때의 일들이 생각났다. 종교적인 행사인데 국제적인 모임이어서 일본의 5대 도시에서 열렸다. 한국에서도 많은 사람들이 갔다. 우리는 공항에서부터 협회 지부를 거쳐 작은 구역 회관으로 가서 각각 개인 집으로 배치되었다. 가는 곳마다 대대적인 환영식에 식사 대접에 이르기까지 말로는 다 표현할 수 없을 만큼 몸에 밴 친절함에 우리들은 눈이 휘둥그레지며 고마워서 어쩔 줄 모를 정도였다.

내가 묵게 된 집은 나와 동갑인 69세 엄마와, 40세 중반쯤 된 미혼인 딸과 둘이 사는 집이었다. 딸은 우리들을 맞으려고 인사 정도의 한국어를 조금 배웠다고 했다. 자녀가 몇이냐고 반벙어리처럼 손짓을 했더니 금방 알아차리고 잘 정돈된 사진첩을 꺼내와 보여주었다. 4남 1녀를 두었고, 남편은 사별한 가정임을 알았다. 음식에 관한 것을 물을 때 말이 잘 통하지 않아 마냥 웃기만 하다가 요리책을 들고 나와 알고 보니 기껏 소금인 것을 알고 박장대소를 했다. 여러 가지 궁금한 것들을 얼마의 아는 단어와 몸짓으로 해결할 수 있었다. 같이 간 친구는 나더러 일급 연기자라고 놀리며 재미있어 했다.

매일 밤 이집 저집에서 초대받아 식사 대접과 선물도 받았다. 따뜻한 목욕물 데워주기에서부터 불편함 없이 챙겨주는 것에 우리 둘은 계속 감탄사만 연발했다. 네 명의 여인들은 친한 친구가 되어 피곤함도 잊고, 매일 밤이 깊도록 즐거운 시간을 보냈다. 미소와 친절함에는 만사형통이었다.

그 집 이웃에 사는 한 분은 4일 동안을 50km가 넘는 요코하마 월드컵 경기장에서 열리는 대회장까지 자기 가족들은 전동차로 보내고 우리들은 승용차로 왕래하게 해주는 친절도 베풀어 주었다. 대회장에서는 타국에서 온 모든 이들에게 4일간 맛있는 점심 도시락을 제공해, 먹는 이들의 마음을 더욱 흐뭇하게 했다.

여러 나라 사람들 모두가 웃음으로 인사를 했다. 개인별로 와서 선물을 주었는데 4일 동안 내가 받은 선물만 해도 100여 점이 넘었다. 그 선물들은 주로 손수 만든 것들이어서 더욱 정겹고 고마웠다. 날씨가 좀 추운 날은 방석까지 챙겨 주는가 하면, 사진기가 없는 것을 알고 많은 것을 촬영해서 사진첩으로 만들어주는 친절함은 어떻게 표현할까. 7만여 명이 넘는 사람들 모두가 시종 웃는 얼굴로 친절하게 대하는 것이 정말 낙원 같은 분위기였다.

마지막날 밤, 외식과 시내 구경을 하고 늦게 돌아와서 짐을 챙기는데 우리들 가방이 모자람을 알고, 5일간 손님 대접하랴, 먼 길 오가느라 피곤할 텐데도 12시가 넘게 재봉틀을 꺼내놓고 예쁜 천으로 들고 가기 편하게 끈까지 단 가방 2개를 만들어 주었다. 특히 떠나 올 때는 우리들이 모이는 먼 곳까지 차로 데려다주어, 그 딸의 등을 토닥거리며,

"어머니 모시고 건강하게 잘 지내고 다시 만나자."

는 나의 인사말에 내 손을 잡고 울어버리던 모습이 좀처럼 잊히지 않는다. 그들의 가식 없는 친절함은 변하지 않는 빨강색 장미꽃처럼

오래도록 아름다운 추억으로 내 가슴 한구석에 머문다. 친절함은 받는 이로 하여금 고마움과 기쁨을 마음속 깊이 간직하게 한다.

돌아오는 비행기 속에서, 나도 그분들처럼 아무 조건 없이 친절을 베풀 수 있을까? 나는 몇 번이고 내 자신에게 되묻곤 했다. 미소와 친절은 정신과 육체가 만들어낸 가장 아름다운 작품이다. 창조주께서 인간에게만 주신 큰 선물인 미소는 값이 드는 것도 아니다. 많이 나타낼수록 이웃을 즐겁게 해준다. 알면서도 실천하는 일이 그리 쉽지 않은 이유는 무엇일까? 남에게 고분고분하면 어딘가 약해 보이고 모자라는 것처럼 보이지나 않을까 하는 못난 생각과, 교만이 마음 밑바닥에 깔려있기 때문이리라.

그동안 나의 태도가 한없이 부끄럽다. 지금부터라도 겸손한 태도로 꼭 다문 입은 '김치'로, 뻣뻣한 목은 나긋나긋한 버들가지처럼 미소와 친절함이 몸에 배도록 노력해야겠다.

(2005. 3)

주부 그 만능직업

여자의 인생열차는 주부라는 이름표를 단 한 여인을 '시집'이라는 역에다 내려놓고 떠나 버리고 다시는 돌아오지 않는다. 역에 정착한 여인은 낯선 시집에서 강산이 수없이 바뀌어서 생을 마감할 때까지, 그 집 가문에 행여 먹칠이라도 할까봐 전전긍긍하며 살아간다. '시' 자만 붙은 곳에서는 자라 목이 되어야 하고, 고추장단지 열두 개라도 서방님 비위 맞추기는 갈수록 산이다. 호랑이보다 더 무서운 자식도 낳아 잘 길러내야만 한다. 옛말에 '고추 당초 맵다 해도 시집살이만 할까.'라는 말은 어찌 그리도 맞는 말인지!

주부가 된 여인은 모든 일을 자원해서 해야 한다. 가족들의 뒷바라지와 인내라는 바탕에서 그들의 소리를 귀 기울여 듣고 눈빛만 보아도 무엇을 요구하는지 감지해야 한다. 그들의 마음속을 훤히 들여다보고 부족한 것이 무엇인지 늘 살펴봐야 한다. 미운 재롱을 부리는 연극을 볼 때면 혼자 냉가슴을 앓으며 징계와 아량에 격려의 박수까지 보내야 한다. 주부의 마음그릇 안에는 사랑과 이해와 용서, 배려와 용기, 위로의 재료로 잘 조화된 음식이 늘 마련되어 있어야 한다. 그리고 지혜와 탐구하는 정신으로 무장을 하고 가족을 지켜봐야만 한다.

주부가 맡은 직종은 교사(지성, 인성, 인격), 요리사, 재봉사, 의사, 변호사, 정원사, 청소부, 경제까지, 이밖에도 친족 간의 우애, 이웃과의 교제 등 셀 수 없이 많다. 이토록 많은 역할은 주부가 아니면 그 누구도 흉내를 못 낸다. 이 세상 어느 직업이 이렇게도 많은 능력을 요구하는 직업이 있단 말인가. 이것들 중에 한 가지라도 소홀히 하면 그 가정의 행복은 일그러지게 된다. 그러기에 주부는 가정의 구심점이라고 본다. 주부의 마음이 편해야 온 집안이 평안할 수 있기에 말이다. 이렇게 가족을 위해 평생을 노심초사하며 살아가는 주부를 집에서 살림이나 하는 여인으로 하찮게 여기며 푸대접하는 이가 있다면 나는 반기를 들고 싶다. 나는 '주부'라는 이 직업을 최고의 직업으로 여기며 자부심과 긍지를 안고 살아간다.

사노라면 주부의 이름표를 떼어버리고 훌훌 떠나고 싶은 심정이 어찌 없으랴. 참을 수 없는 고뇌가 밀물처럼 밀려와 긴 밤을 하얗게 지새운 적이 수없이 많았겠지만, 한번 간 인생열차는 종무소식이니 체념이란 표 하나를 더 달고 살아가야 되는 것이 여인의 운명임을! 첫 사람 여인의 불순종의 죗값으로 가정의 창시자인 하느님께서 주신 법이기 때문에 거역할 수 없지 않는가. 남편을 사모하고 아기를 낳아 잘 기르고 가정을 빛내는 것이 여자의 몫임을 부정할 수 없다.

주부에게 맡겨진 이 막중한 책임을 어느 누가 맡을 수 있겠는가?

나 역시 주부이기에 내게 맡겨진 일에 최선을 다하려고 밤낮도 모르는 일벌레였다. 시대를 박복하게 만났으니 가난은 그림자처럼 따라다녔다. 자식들의 입에 풀칠하고 까막눈을 만들지 않으려다 보니 머리카락은 억새꽃이 피었다. 식품 구입은 먼 도매시장이 단골이고, 고기전은 눈감고, 난전에 고등어만 보았으니 못난 어미 마음 오죽할까. 한창 자라는 자식들에겐 우유는 못 먹이는 대신 두유를 만들어 먹였다. 어릴 때부터 서울에서 대학을 다닐 때까지 교복에서부터 가방(책가방, 소풍가방, 큰 배낭)까지, 웬만한 것은 만들어 주고 머리 모양도 해결해주었으니 어미 몸이 견뎌났겠는가. 어려운 살림을 꾸려가다 보면 지혜가 생기게 마련이다. 양장 기술도 미용 기술도 배우지 않은 어미가 만들어주고 다듬어준 것이 오죽하랴마는 투정 한번 부리지 않고 마냥 고맙게 생각하는 네 자녀들이 눈물겹도록 고맙다.

딸 셋의 혼수도 내 손수 다 해결했다. 큰딸 결혼식 때 면사포까지도 망사 2마를 1천 원에 구입하여 만들어 씌우고 한복을 입혔다. 생화 5천 원어치로 신부 부케, 신랑, 주례, 양쪽 부모 것까지 다 해결했다. 학교 강당에서 식을 올렸으니 결혼식 비용은 하객들의 식사 대접뿐이었다. 밑으로 딸들과 며느리까지도 결혼식 때 비싼 드레스를 입지 않고 한복을 입고 결혼하여 어미를 힘들게 하지 않았다. 막내딸은 시집가서 바느질함을 열어보고 엄마의 자상한 손길에 감복했다고 한다. 7명의 손자들의 아기 이부자리, 보낭, 잠옷 등을 할미가 만들어 주었으니 경제적으로 도움뿐 아니라 정은 몇 배가 더했으리라. 비록 여유 있는 생활은 아니었지만 우리 가정에는 늘 행복한 웃음꽃이 만발했다.

물질만능주의와 자아제일주의로 질주하는 요즘 세상이 주부들을 밖으로 내몰고 있어 참으로 염려스럽다. 여성상위시대라고들 하지만 더 큰 짐을 지고 고생하는 것 같아 안쓰럽다. 직장과 가정 두 지게를 지고 뛰어보라! 아이들은 남의 품안에서 소젖을 먹고 엄마 없이 서럽게 자란다. 노부모에게 육아를 맡기는 불효도, 저 출산, 결혼기피현상, 무너지는 가정들도 주부가 밖으로 나돌면서부터 생긴 병폐가 아닐까? 한자로 '安'자의 뜻을 새겨보자.

가정을 행복하게 해 주는 것은 돈이 많아서만은 아닌 것 같다. 가족들은 최고 명품이나 기름진 음식보다 주부의 정과 사랑을 더 원한다. 엄마같이 좋은 교육자가 어디 있겠는가. 주부의 특권인 만능직업에 자부심을 갖고 가족에게 신뢰심을 심어주고 최선을 다할 때 그 가정엔 영원한 행복의 웃음꽃이 피어나리라.

(2005. 5)

마음은 홍당무가 되어도

실로 오랜만에 좋은 친구를 만나게 되었다. 메말랐던 내 영혼에 활력소를 지피는 쏘시개가 되어준 오직 순수하고 맑은 마음 하나로 내게 다가와 주었다.

한평생 살아오면서 친구가 없던 것은 아니었지만 늘 친구가난을 옆에 끼고 살아온 것 같아 허전하다. 유년기 시절은 아버지의 직장을 따라다니느라 소꿉친구는 아예 생각도 나지 않고, 학교친구나 한 마을의 또래친구는, 경상도에서 전라도로 시집을 왔으니 결혼 이후 연줄 끊어지듯 소식도 잘 모른다. 그 뒤로도 남편 직장 따라 30여 년이 넘도록 이곳저곳 많이 옮겨다니다보니 친구라고 제대로 사귈 겨를이 없었다. 간혹 남편 직장동료 부인들이나 남편 동창모임에서 사귄 친구도 있긴 하지만, 어딘가 경쟁의식이 잠재해 있어 흉금을 털어놓고 지낼 수 없었다. 이래저래 알게 된 친구들이야 많지만, 항상 진한 벗을 갈망해 왔다.

지기지우知己之友를 만나지 못하였던 탓일까? 나이가 들면서 자식도 떠나고, 부부간도 머쓱해지고, 마음 둘 곳이 없을 때가 있다. 무거운 짐에 힘들었던 지난 세월 이야기, 자식 이야기, 남편 이야기 등 친척이나 가족에게는 말 못할 사연들을 누군가에게 풀어헤쳐 놓고 싶을 때가 있다. 그럴 때면 부담 없이 들어주고 마음을 달래주는 좋은 벗을 간절히 생각하게 된다. 외로울 때 다가와 따뜻한 말 한 마디로 얼어붙은 마음을 살그머니 녹여주고, 어려울 때 말없이 도와주며 고마운 마음씨를 심어주는 사람, 기쁜 일이 있을 때 자랑해도 시기하지 않고 함께 기뻐하며, 슬퍼할 때 같이 슬퍼하며 희망을 심어주는 사람, 허물을 덮어주며 충고해주고 조언해주며 격려해주는 사람, 마음의 상처를 털어놓으면 넓은 아량의 보자기로 싸매고 치료해주는 사람, 자신보다 더 생각하며 무엇이든 주고 싶어 안달하는 사람, 이런 마음씨를 가진 좋은 벗을 얻고 싶었다. '좋은 벗을 얻는 것은 천하를 얻는 것이라.'는 옛 성인의 말씀은 백번 지당하다.

이웃집 친구를 알게 된 것은 십여 년 전, 쌍둥이 손자들을 기를 때 김장을 도와달라고 하니 쾌히 승낙하면서부터였다. 그가 남편과 사별한 지 얼마 되지 않았을 때였다. 자녀들 셋은 서울에서 살고 혼자 지낸다. 고향도 나의 고향 쪽과 가까운 곳이고 나이도 나와 동갑이었다. 대화를 나누다 보니 서로의 성품을 알게 되자 저절로 마음이 통하면서 사귀게 되었다.

그 친구는 고운 마음씨를 가진 친구다. 지식이 많다거나 가진 것이 많아서도 아니다. 매사를 긍정적으로 생각하고 솔직하고 사려 깊고 배려하는 마음씨에 늘 감동되어 나의 마음을 사로잡는다. 항상 바쁜 생활에 쫓기는 내 사정을 알아채고 마늘이나 파 다듬을 것이 있다면 가지고 오란다. '칠십이 넘은 나이에 무슨 공부를 한다고 피곤한 줄 모르고 욕심을 갖느냐.'며 건강을 염려해준다.

"아쉬울 때만 찾는 못된 친구가 뭐가 좋아?"라고 하면,

"나 같은 사람을 필요해서 찾아주는 것만도 고맙지."

하며 겸손해 한다. 그녀보다 우쭐대던 나를 부끄럽게 만들어 마음은 홍당무가 되어도 항상 고맙다.

우리 집에 한동안 모아놓은 신문과 박스가 제법 많았다. 그것을 친구더러 손수 고물상에 갖다 주면 어떻겠냐 했더니, '이웃에 팔십 가까운 할머니가 그것을 주우러 다니는데 어찌 내가 할 수 있느냐 그 할머니에게 물어보고 못한다고 하면 자기가 하겠다.'고 한다. 나는 사실 그 친구에게 푼돈이라도 되게 하려고 몇 번 권했지만 사양했다. 양보하는 그 마음씨에 감동되어 나도 모르게 친구를 힘껏 껴안았다. 얼마나 아름다운 마음씨인가!

"그래 친구야, 고마워. 우린 영원한 참된 친구다. 변치 말자."

고 하는 순간 서로는 현기증이 날 정도로 뜨거운 피가 한 바퀴 휙 도는 것을 느꼈다.

자아제일주의로 점철된 요즘 세상에 부드럽고, 다정하며, 이해심 많고, 사려 깊게 남을 배려해줄 줄 아는 사람이 과연 몇이나 될까? 자칭 선한 사람이라 칭하는 종교지도자들, 국민을 다스린다는 정치지도자들, 백년대계를 맡은 교육자들까지도 사리사욕에 눈이 어두워

매일 보도매체를 어지럽혀 귀와 눈을 가리고 싶은 이 시대에 나는 좋은 벗을 얻게 되어 행복하고 감사하다.

이제, 나 자신에게 '어떤 사람이 되어야 마땅한가?' 하고 묻는다. 좋은 벗을 얻으려면 내가 먼저 변함없는 좋은 친구가 되어야겠다고 다짐한다.

(2006. 3. 14)

103세 할아버지

칠십이 넘도록 병원침대에 누워 본 적 없었다고 자랑하던 나에게 예고 없이 맹장염이란 범인이 나타나서 두 번 다시 가고 싶지 않은 병원이란 호텔로 나를 몰아넣었다.

내가 묵은 방안에는 초등학교 2학년 남자아이와 40대 후반의 여자, 80대 초반의 할머니 두 분, 70대 초반의 나까지 5명이 각기 다른 사연을 안고 한 방에서 1주일을 지내게 되었다. 의술이 고도로 발달한 현시대에 맹장수술은 그 옛날 눈에 다래끼 제거하는 것만큼도 대수롭지 않게 여길 정도다. 마취가 풀리면서 혼자 지낼 수 있기에 자녀들만 잠깐씩 다녀가고 누가 찾으면 며칠 여행 갔다 하라고 이르면서 남편도 못 오게 했다. 그러나 옆의 환자들은 문병객이 끊이지 않았다. 우리나라 사람들이 정이 많은 것을 알 만하였다.

교통사고 환자인 내 옆자리의 80세 할머니를 문병오신 103세 할아버지를 잊을 수 없다. 키 170cm가 넘는 훤칠한 키에 알맞은 체격의 할아버지는 건강미가 넘쳐 80대 초반으로 보였다. 안경도 끼지 않았고 작은 소리도 잘 알아들었다. 하얀 모시옷을 우아하게 입으시고 합죽선을 폈다 접었다 하면서 말씀을 하시는데 위풍당당이란 말이 잘 어울렸다. 나는 정말 한눈에 반해버렸다. 호기심 많은 나는 할아버지께 다가앉아 이것저것 여쭈어보았다.

연세는 올해 103세, 17세 때 16세의 아내를 맞아 67년을 함께 살다가 할머니는 앞서 가셨단다. 그 후 아기를 갖지 못한 할머니를 만나 20여 년을 가까이 살았는데 87세인 지난해에 사별하셨다고 하시면서 눈시울에 이슬이 맺혔다. 집안 이곳저곳에 할머니의 손때 묻은 것들, 살겠다고 올망졸망 봉투 쌓아놓은 것들을 보면 마음이 아프다며 목이 메어 말씀을 못하시는 걸 보며 나까지 울컥 눈물이 솟았다. 참으로 정이 많은 분임을 알게 되었다. 과거에 공직생활도 하셨고 근면 성실하게 사신 모습에서 재력도 있음을 짐작할 수 있었다. 산 좋고 물 맑은 시골에서 30년 가까이 살다 다시 도시로 왔지만 사람 살기는 자연 속에서 사는 시골이 역시 좋았다고 하신다. 아파트는 노인들 살 곳이 아니라고 하시며 지금 사는 곳도 도시 가운데 시골집이라고 하셨다. 한 세기를 훌쩍 넘기신 산 역사의 증인이시다.

건강법을 묻자, 보약 같은 것은 별로 복용하지 않고 자연식 섭생과 규칙적인 생활이 첫째요, 마음을 비운 채 천지신명에게 맡기며 많은 욕심을 갖지 않는 것이 둘째이며, 셋째, 자연에 순응하여 일찍 자고 일찍 일어난다고 하신다. 요즘 사람들처럼 밤늦도록 일하는 것은 해롭단다. 넷째, 틈나는 대로 발과 전신을 주물러주고 걸어다니는 것을 권하신다. 즉 많이 움직여야 좋다는 것이다. 차만 타고 다니면 다리가 약해져 힘을 못 쓴다며, 요즘 사람들을 걱정하셨다. 지금도 신문이나 TV도 보고 붓글씨도 쓴다고 하시면서 말씨도 겸손했다.

할머니는 할아버지 댁에서 셋방살이를 하신 지 반년밖에 되지 않는 분이다. 집안의 150평 남짓한 텃밭에 갖가지 채소를 가꾸고 있는데 무공해식품으로 알려져 아파트 앞에서 팔고 오다가 교통사고를 당해 병원에 오게 되었다. 심하게 다치진 않아서인지 자나깨나 채소밭 걱정이다. 무와 배추를 심어야 하느니, 참깨를 베어야 하느니 하며 병실 전화는 그 할머니 전용이다시피 했다. 할아버지는 아침마다 전화를 걸어서 참깨를 베어 묶어 담장 앞에다 세웠다느니, 먼저 심은 열무는 누구에게 주었는데 5천 원을 받았다느니 하며 그 돈을 주려고 오셨다. 할머니는 할아버지 자녀들이 알면 어떡하려고 그러시냐고 걱정하고, 할머니 딸들은 엄마가 극성을 떤다고 투덜거리며 몰아세운다. 나는 할머니의 딸들에게,

"노인들의 심정을 이해하세요. 요즘 바쁜 세상에 젊은이들 누가 노인들하고 가까이하기나 해요? 채소라도 심고 가꾸며 식물들이 자라는 과정을 보고, 할아버지와 대화도 나누고 외로움을 달래며 지내시도록, 오히려 지원해 드리세요."
라고 한마디했다.

할아버지가 세 번째 오신 날은 아드님이 차로 모셔다 주었다며 음료를 사들고 오셨다. 할머니 딸들에게 애쓴다고 식사 대접을 해주려고 오셨단다. 멋진 모자에 남방셔츠를 바지 속으로 넣은 모습이 꼭 영국 신사다. 누가 103세로 볼 것인가. 정말 부러웠다. 세들어 사는

할머니 문병을 더위도 무릅쓰고 이틀에 한 번씩 오시는 사려 깊고 인정 많은 그 할아버지의 마음씨에 감복하여 자리를 뜨실 때까지 나는 눈을 뗄 수가 없었다.

할아버지는 두 번째 할머니와 사별하고 자녀들의 아파트로 들어가셨다가 다시 나와서 지금은 혼자 계신단다. 자녀들이 자주 와서 먹을거리며 청소, 의복을 챙겨드리는데 웬만한 것은 아직도 손수 하신다고 할머니가 귀띔해 주었다. 매일 면도도 깔끔하게 하시고 정이 많으셔서 동네 할머니들에게 인기가 좋다고 한다. 정말 현실을 보지 않고는 믿어지지 않는 장면이었다.

성실 · 근면하고 정이 많고 사려 깊고 겸손한 그 마음이 장수축복으로 나타난 것 같다. 참으로 본받을 점이 많았다. 이 순간부터 나의 나쁜 습관이나 이기적인 생각들은, 맹장을 떼어내듯 뚝 떼어내 버리고 그 할아버지의 좋은 점을 가슴 깊이 새겨 건강하게 오래오래 살고 싶다.

(2006. 8)

짝사랑

이 세상에서 부모가 자식을 사랑하는 것보다 더 큰 사랑이 어디 또 있을까? 세상 부모들의 공통점은 오직 자식들이 잘 되기를 바라는 마음일 것이다. 온갖 힘을 다하여 주고도 계산해서 되돌려 받으려 하지 않고 더 주지 못해 안달하는 사랑이 짝사랑 아닐까?

우리 집 옆방에 혼자 사는 77세 할머니는 아들 넷에 딸 하나를 두었다. 허리수술을 하고 당뇨도 있어서 병원 출입이 잦다. 자녀들이 혼자 지낼 만큼의 생활비를 주건만, 철따라 간장 · 된장 · 고추장 · 젓갈까지 담근다. 아직도 소금이 두 포대나 쌓여 있다. 동사무소에 가서 박스 접는 일도 하고, 용돈을 아껴서 두 집 손자들의 대학등록금에 보태라고 백만 원씩 주었다고 자랑하신다. 하루는 무거운 메줏덩이를 옥상으로 나르느라 너무 힘들어 보여,

"이제 그만해 주세요. 몸도 좀 돌봐야지요." 하니

"자식들이 한창 배울 나이에 영감님이 재산을 탕진하고 죽어서 자식들에게 고생을 많이 시킨 것이 가슴 아파 할 수 있을 때까지는 해주고 싶네요."

하셨다. 자식이 무엇이길래 저런 몸을 가지고도 오직 자식 생각만 하는지. 자식들은 조금도 알아주지 않는데 말이다. 참으로 부모사랑은 무한한 힘을 가진 짝사랑임을 절실히 깨달았다.

나 역시 자식이라면 누구 못지않다. 항상 옆에 두고 보고 싶은 것이 자식이다. 아들 하나, 딸 셋을 두었지만, 모두가 대학공부를 서울에서 하면서부터 떨어져 살았기에 늘 그리운 정만 가슴에 안고 산다. 일 년이면 몇 번 잠깐 얼굴만 스칠 뿐, 손 한 번 잡아 볼 새도 없이 헤어져 지낸다. 직장 다니랴, 살림하랴, 자식 돌보랴, 부모까지 생각한다는 것은 너무 무리한 요구인 듯하여 짐작은 하지만, 때로는 옛날을 회상하며 살며시 보고 싶을 때가 많다. 목소리라도 듣고 싶어 수화기를 들었다가도 지금 이 시간에 전화를 하면 저희들 생활에 지장을 주는 게 아닌가 싶어 망설여진다. 휴가철이면 행여 다녀가지 않을까 기다리다가 저희 가족끼리만 어디 다녀오겠다는 전화를 받으면 왠지 헛다리짚은 것 같아 눈물이 왈칵 솟으면서 허망하여 울적해지곤 한다. 자식들은 부모를 잊는 때가 많다. 나 역시 그랬으니까.

그럴 때마다 '내가 너희들을 어떻게 길렀는데.'라는 생각을 하면 화가 나지만 '바르게 잘 살아주어 고맙다.'라고 생각을 바꾸면 이내 섭섭한 마음을 거두게 된다. 어느 자식인들 부모 생각을 하고 싶지 않을까. 너무 바쁜 세상 탓이려니 자위하면서 마음을 삭인다. 자식들은 나같이 어려운 생활 하지 않고 넓은 세상 두루 보며 활발하게 잘살라고 허리 끈 졸라매며 그 고생하지 않았던가. 70이 넘은 나이에 지금도 먹을 것, 입을 것, 좋은 것들을 보면 잘살고 있는 장성한 자식들이 생각나서 '가까이 있으면 좋으련만.' 하면서 혼자 중얼거린다. 올해도 배추 100포기를 김치로 담가 택배로 보냈다. 그래서 자식은 주고 싶은 도둑놈이라 하지 않던가. 나 역시 자식들을 한없이 짝사랑하고 있는 게 아닐까.

늘 잊을 수가 없다. 밤늦게까지 아무 소식이 없으면 잠자리가 편하다. 부모가 되어봐야 부모 마음을 안다고 했던가. 비록 자식뿐만 아니라 모든 이들에게도 마찬가지다. 짝사랑은 뿌린 것이 되돌아오지 않는 것에 구애되지 않아 기쁘고, 받는 쪽은 부담이 없어 좋다. 남을 사랑함에는 많은 희생이 따라야 하니 말로만 되는 것이 아니다. 신이 아닌 이상 말같이 그리 쉬운 일이던가. 그래서 나는 누구를 사랑한다는 말에 좀 인색한 편인지 모르겠다. 말만 하고 보면 어쩐지 내 양심이 번민할 것 같아서이다.

하느님은 우리들을 짝사랑하심이 분명하다. 생명을 가진 것들에 필요한 햇빛, 공기, 물, 땅을 풍부히 주시고도 값을 달라고 하거나 되돌려 받으려고 계산서도 없으시니 가장 큰 짝사랑이 아닐까? 무한한 짝사랑을 받아 안고 살면서 감사하다는 말이라도 하고 사는가? 사랑도 물질도 받아서 싫다는 사람 없다. 우리 모두가 마음으로라도 짝사랑을 하면서 살아보자. 행복할 것이다. 어떤 이들은 짝사랑을 어리석고 미련하고 슬픈 짓이라고 하지만, 나는 짝사랑이야말로 가장 고귀한 행위로 여기고 싶다.

(2006. 12)

·

옛날 효도 요즘 효도

칠십 고개를 넘더니 세월은 더 빨리 가자고 재촉을 하는지 어느새 일흔둘이다. 이제 분명 노인 축에 든 것 같아 고령화 사회라는 보도들이 나올 때마다 가슴이 철렁 내려앉는다. 나이가 들면 생에 대한 애착은 더해간다. 나 역시 예외는 아닌 듯싶다. 누구든지 오래 살고 싶은 마음이 없다고 하면 거짓이다. 이제는 부모에 대한 책임도 자식들에 대한 책임도 떨어져 나갔다. 사람의 본분이 무엇인지 알게 되면서 세상에 태어난 것에 감사하며 더 오래오래 잘 살고 싶다. 마음은 간절하지만 몸이 따라주지 않아 불안하고 초조할 뿐이다.

손자들이 새해 인사를 하면서

"할아버지, 할머니. 새해 복 많이 받으시고 오래오래 사세요."

한다. 정말 오래 살아야 좋을까, 하는 생각을 하면서 좋아해야 할지 슬퍼해야 할지 기분이 착잡하다. 우리가 자라던 시절에는 좋은 음식은 으레 어른들 상에 올리고 명절이면 마을에서 가장 연세가 많은 분에게 상을 차려 들고 가서 세배를 하곤 했었다. 성경에서도 '백발은 면류관'이라 했고, 농가월령가에서도 "좋은 목화는 부모 옷에 두고 서리 마지 마구 따서 우리 옷에 두어 입자."고 노래했다. 이렇듯 옛날 효도는 부모를 극진히 모시는 것이었다.

반세기가 지난 지금은 자식이 이혼하면서 어린 손자와 장성한 아들까지 맡아 고생하는 노인들이 늘어가고 있다. 요즘 효자는 자식들이 이혼 않고 아무 소리 없이 잘살아 주는 것이 큰 효도라고 한다. 어쩌다 세상이 이 지경까지 왔는지 한심하고 서글퍼진다.

요즘 목욕탕에 가보면 90세 가까이 되는 할머니들이 혼자 오는 경우를 종종 본다. 그 날도 옆자리에 85세 된 할머니 등을 밀어드리면서 같이 올 자녀가 없느냐고 말을 걸었더니 허탈한 표정으로 아들, 딸 6남매나 된다고 했다. 남이 부러울 만큼 사신 분이었지만 자식들한테서 받는 푸대접에 마음이 편치 않아서 얼마 전 87세 할아버지와 무작정 작은 아파트를 얻어 나와서 산다고 했다. 집엔 자기들이 사용하던 좋은 살림살이가 있지만 밥상도 없이 신문을 깔고 냄비째 놓고 밥을 먹어도 마음 편해 좋았단다. 선뜻 모신다는 자식들이 없다면서 서글퍼하는 모습을 보며, 오래사는 것이 영예로운 건지 치욕스러운 것인지 감을 잡을 수가 없었다. 왠지 남의 일 같지 않다.

의학이 발달하고 섭생이 좋아지면서 노령인구는 늘어만 간다. 너나없이 늙고 병들면 어느 자식에게도 갈 곳이 없는 처지에 이른 것이 오늘날 노인들의 공통된 입장이다. 그렇다고 양로원만 자꾸 늘리면 해결될까? 가족이란 개념이 점점 사라지다 보면 만물의 영장인 사람이라 할 수 있을까. 노령인구는 늘어가고, 저출산으로 아기들이 귀하다보니 생긴 현상일까. 무엇이든 흔하면 푸대접받고 귀하면 왕 대접받는 이치로 생각함이 맞으리라.

요즈음 문제가 되고 있는 저출산, 가정파탄, 아동 학대, 노부모 거부 현상 등 본연의 애정이 메말라가는 이런 현상이 어디에서 온 문제인지를 노소가 머리를 맞대고 생각해봄 직하다. 왜, 젊은이들을 대도시로만 불러들이는지 모르겠다. 지방으로도 분산시키면, 시골의 한 마을 전체보다 더 비싼 값을 치르며 새장 같은 집 한 칸을 마련하느라 부모도 자식도 내팽개치는 현상은 생기지 않을 텐데 말이다. 또 마구 쏟아져 나오는 꼭 필요치도 않는 문명의 이기들도 한 몫한다. 과도한 사교육비까지 젊은 주부들을 정신없이 직장으로 내모는 것 같아 안타깝다.

가정과 직장 두 주인을 어찌 같이 잘 섬길 수 있겠는가. 젊은 주부의 어깨에는 남편 치다꺼리, 자녀들 양육, 양쪽 집 부모 돌보기, 잡다한 집안일들이 얹혀 있다. 이 많은 의무와 책임을 어떻게 다 짊어진단 말인가. 오늘날 젊은 여성들에게 너무 무거운 짐을 지우면서 여러 가지 사회문제가 만연하는 것은 아닐까? 나 역시 네 명의 자녀들이 일찍 내 품안을 떠나고 남편과 둘이서만 산 지 25년째다. 크게 웃을 일도 없고 사는 재미도 없다. 가족과의 정이 그립다. 예쁜 손자들과 어울려 놀면서 그들에게 많은 것을 알려주며 정을 주고 싶다. 하지만, 일 년 내내 잘하면 몇 시간 만난다. 인간은 음식만 먹고사는 것이 아니라 사랑을 먹고 살면서 보람을 느낄 때 행복하다고 했다. 자주

부대끼며 살아야 미운 정, 고운 정도 생기는 것인데…….

나는 소녀시절에 엄마가 돌아가셨어도 할아버지 할머니의 따뜻한 사랑 속에서 서러움을 못 느끼고 자랐었다. 경륜에서 얻은 많은 지혜의 이야기들, 예절들, 각종 음식 만들기 등 할머니는 많은 것을 알려주셨다. 지금도 할머니만 생각하면 고맙고 그리움에 가슴 미어진다. 노인들에겐 손자손녀가 위안이 되고 기쁨을 준다. 건강문제가 생기면 여간 걱정 아니다. 양로원을 찾아야 할지 요양원으로 가야 할지 답안이 떠오르지 않는다. 꼭 핵가족으로 분할하여 살아야만 행복할까? 정답은 어떤 쪽일까? 해결점은 무엇일까? 가끔 TV에서 3대, 4대가 모여 사는 가족을 보면 옛날 생각이 나면서 그 시절로 돌아가고 싶다.

세상이 아무리 변했다 해도 효도가 인간의 근본이거늘, 부모 자식이 서로 헤어져 남처럼 산대서야 사람이라 할 수 있는가. 서로가 필요로 하며 행복감을 느끼는 삶이 바람직하리라. 젊은 남성들에게는 많은 보수와 일자리를 주고 어린 자녀를 둔 주부는 자녀교육과 집안 살림을 돌보게 한 다음 자녀를 독립하도록 길러놓고 경륜이 많은 중년 여성들을 채용해서 적재적소에서 일을 하게 한다면 어떨까. 예를 들면 유아원이나 유치원 교사를 경험 있는 엄마들이 맡는 것이 더 바람직할 것 같다. 집도 따로따로 집이 아니라 많지도 않은 가족인 노소가 함께 살 수 있도록 설계해 보면 좋을 듯싶다.

이렇듯 새로운 이념과 정책을 강구해보는 것이 나만의 부질없는 생각일까.

(2007. 1)

사람은 정으로 살아야

정이란 도대체 무엇일까? 이 정은 고관대작이나 백만장자만이 갖는 것도 아니고, 천민이나 장애자나 노소를 막론하고 때와 장소에 구애 없이 누구라도 마음만 있으면 주기도 하고 받을 수도 있는 것이란다. 천륜의 관계에서부터 부부간이나 친구와 사제지간, 이웃과 국가 간에도 생명이 있는 모든 것에는 이 정을 주면 줄수록 주는 쪽도 받는 쪽도 모두가 기쁨이 넘친다니 막강한 힘이 있는가 보다.

저녁나절 시내에서 집으로 오는 길에 남자 하나와 여자 둘이 일행인 듯 앞서가는데 40대 초반쯤의 여인이 굽 높은 신이 불편한 듯 절며 걷고 있었다. 난 딱해서

"젊은이, 신발은 멋보다도 몸을 생각해서 굽이 낮은 편한 신을 신어야 나이 들면 허리병이 생기지 않는다오."

"어르신 말씀이 맞아요. 오늘 노는 날이라 신고 나왔더니 고생을 하게 되네요."

주거니받거니 이야기를 하면서 걸었다. 대폿집 앞에서 발을 멈추고 한잔하시고 가라며 손에 든 짐을 빼앗다시피 들고 막걸릿집으로 들어가니 일행도 따라 들어갈 수밖에 없었다. 자리를 잡고 앉아서 내 손을 잡으며

"이런 어머니가 있으면 좋겠어요. 어르신을 보니 어리광을 하고 싶어져요."

라고 하는 그녀의 눈가에 살짝 이슬이 맺히는 걸로 봐서 어딘가 정이 그리운 모습이었다. 나도 코끝이 찡하면서 안쓰러운 마음이 일어 조심스레 가족 상황을 물었다. 남편은 자기를 싫다고 떠났고, 자녀들 남매는 다 자라서 어미 곁을 떠나 있고 식당에서 일을 하는데 오늘 쉬는 날이라 친구와 친구 동생 셋이서 놀았다고 한다.

술상이 차려지자 제일 먼저 내게 잔을 권하면서 안주를 집어다 내 입에 넣어주었다. 맞은편에 앉은 청년은 고용인으로 있는 듯 시골티 나는 초라한 20대 초반으로 보였다. 그도 앞에 있는 안주를 이것저것 집어다 내 입에 넣어주며 자꾸 권했다. 셋이 주는 잔을 받고 안주도 골고루 먹었으니 모든 것이 흡족했다. 고맙다 하고 전화를 물었으나 머뭇거리기에 내 전화번호를 적어주면서

"언제든지 만나고 싶을 때면 전화해요."

하며 일어섰다. 내 짐을 들고 바깥까지 나와 깍듯이 인사를 한다. 아쉬움을 남기고 돌아오면서 주고 싶고 받고 싶은 정이 무엇인지 어렴풋이 감이 잡힌다.

걸어오는 길에 술기운이 돌면서 기분이 한껏 좋아서 혼자 중얼거렸다. '바로 이런 것이 정이야! 전혀 모르는 사람을 이렇게 대접하다니!' 그들이 비록 어려운 처지이지만 그들의 순수하고 아름다운 인정에 감동했다. 정에, 이렇게 받는 사람에게 큰 기쁨을 안겨주는 힘이 있을 줄이야. 이 뒤에 만나면 그의 하소연도 들어주고 엄마가 되어 따뜻한 위로와 격려를 해줘야지.

하얀 얼굴의 애잔한 그녀가 가시에 찔린 손가락처럼 아리고 아프다. 전화 오기만 기다려진다. 창조주께서 사람은 정으로 살게 하심이 분명하다.

우리들은 다정하게 굴면 '정들까 싶다.' 하고, 괴롭히면 '정 떨어진다'고 한다. 정이란 붙기도 하고 떨어지기도 하나 보다. 곰곰 생각하니 이 정은 혼자서는 행할 수 없는 연합체인 것이 분명하다. 사랑하는 마음과 사려 깊음, 배려하는 마음에 이해와 용서가 함께 뭉쳐야만 정이 나타나니 말이다. 그리고 깊은 가슴속에서 우러나와야 하니 그리 쉬운 일도 아닌 듯싶다. 주고 싶어도 주지 못할 때 아쉬워하는 마음 또한 정이 아닐까. 예쁜 자기그릇도 잘못하여 금이 가면 아주 깨지진 않았지만 흔적은 남아있다. 우리네 인간사도 주고받던 정이란 그릇에 금이 가면 그 흔적은 가슴 한 구석에 영원히 남아 있다. 그러기에 서로가 조심조심 또 조심해서 한번 들었던 정에 금이 가는 짓은 하지 말아야겠다.

사람은 역시 정으로 사는 고등 동물임을 깨달았다. 어떤 사람은 하룻밤 정을 나누고도 평생을 잊지 못해하고, 천륜이라 해도 정이 떨어지면 원수같이 여기기도 한다. 더불어 사는 것이 세상살이거늘 정이 없다면 살벌해서 어찌 살아가겠는가. 우리 모두 남의 허물을 덮어주고 사려 깊게 대하면서 아름답고 고귀한 정을 나누며 살아야겠다.

(2007. 7)

체온

연꽃이 만발한 전주 덕진공원에는 젊은 연인들이 손에 손을 잡고 어깨를 감싸고 걷는 모습이 연꽃만큼이나 아름답다. 내 앞에서 손을 잡고 걷던 한 쌍의 남녀가 무엇인가 몇 마디 큰소리를 주고받더니 남자가 손을 홱 뿌리치고 앞서 걸어갔다. 뒤로 처진 여인은 눈물을 훔치면서 맥이 빠져 걸었다. 모름지기 애정은 서로 닿은 체온 속에서 더욱 우러나는 것이거늘.

아스라한 옛날, 내가 열다섯 살 때인가 학교에서 돌아오니 엄마가 하얀 비단 천에 새 솜을 놓아 자주색 고름을 달아 예쁘게 지은 저고리를 입혀주셨다. 다정한 눈빛으로 옷깃을 매만질 때 엄마의 손등이 내 볼에 닿는 순간 부드럽고 따뜻한 체온이 느껴졌다. 돌아가신 지 55년이 지난 지금도 어머니 생각만 하면 그때 그 감촉이 나의 심장을 멎게 한다. 그때 느껴진 체온을 영원히 잊지 못한다. 보고 들은 것보다 피부로 느낀 감촉은 더 오래감을 알게 되었다. 우린 만나서 너무 반가우면 무의식적으로 포옹을 하며 서로의 체온을 느낄 때 더 강한 정을 교감한다.

아기는 엄마 젖꼭지를 주무르면서 젖을 빨 때 가장 안전한 행복감을 느낀다고 한다. 부드러운 육체가 합해졌을 때 느끼는 짜릿하고 감미로운 감정은 신이 인간에게 주신 가장 귀한 선물인 듯싶다. 나는, 쌍둥이 외손자들을 기르면서 볼을 비비고 이마에 뽀뽀를 하고 엉덩이를 토닥거리고 손을 꼭 쥐고 재우면 울거나 보채지 않고 늘 방글거리며 잠이 쉽게 드는 것을 경험으로 알아냈다. 쌍둥이들을 7년이나 혼자 기를 수 있었던 것은 신체접촉을 많이 하면서 그들을 사랑했기에 해낼 수 있지 않았나 싶다. 피부접촉의 느낌은 오래오래 지속되기에 난 7명의 손자들을 만나면 꼭 껴안고 등을 토닥거리며 볼을 비빈다.

살아있는 사람의 체온은 감촉이 따뜻하고 부드러우며 좋은 느낌을 주지만, 생명줄을 놓으면 아무리 사랑하는 부모자식, 부부간이라도 섬뜩하여 손도 대기가 무섭다. 체온이 얼마나 귀한 것인가 새삼 깨닫는다. 살아 움직이는 것들에 온기를 주신 창조주의 경이로움에 감탄할 뿐이다. 사람도 동물도 신체접촉으로 구애를 한다. 부부간에 신체접촉으로부터 체온을 느끼지 못한다면 몇 십 년을 한집에서 살 수 있을까? 친구 간에 만나 손이라도 잡고 인사를 하면 훨씬 더 정감이 느껴진다. 낮에 본 그 남녀도 설령 조금 잘못이 있다 해도 이해하며 용서하고 화해하여 다시 다정하게 손을 잡고 걸었으면 좋겠다.

(2007. 8)

젊어 고생은 사서라도

옛 선인들의 "젊어 고생은 사서라도 해야 한다."는 말의 뜻을 일흔이 넘어서야 어렴풋이 알게 되었다. 고생을 해본 사람은 어떤 역경도 이겨낼 수 있고 사람 됨됨이가 다르기에 한 말이리라.

며칠 전 나보다 몇 살 위인 분을 길거리에서 만났다. 인사를 하자 돈 만 원이 필요한데 누구에게 갈까 한다며 어려운 말을 꺼내셨다. 나는 네 아이들을 데리고 전주에 와서 봉급날은 아직도 멀었는데 돈은 떨어지고 누구한테 가서 빌릴까 망설이던 때를 떠올리며 선뜻 3만 원을 손에 쥐어 주고 헤어졌다. 며칠 뒤 돈 봉투와 양말 5켤레를 내밀며 고맙다고 하셨다. 한문을 섞어 또박또박 쓴 노란 편지봉투의 글씨를 보니 콧날이 시큰했다. "항상 지혜롭고 선견지명이 있는 영옥 씨. 만 원을 말했는데 3만 원을 주어서 더 아쉬운 소리 않고 요긴하게 잘 썼기에 감사하다."는 내용이었다. 우리 둘은 양말봉투를 서로 내밀며 사양했다. 조그만 배려가 이렇게 진한 사랑의 향기를 낼 줄은 미처 몰랐다.

지난날이 떠오른다. 6 · 25 동란이 일어나던 중학교 2학년 때부터 어머니가 시름시름 아프기 시작해서 중학교를 졸업하던 해에 돌아가셨다. 큰딸인 나는 자주 결석을 하게 되어 마음이 상했었다. 네 명의 동생들 돌보랴, 집안 살림하랴, 내 사범학교 진학의 꿈이 사라지자 공부를 못하게 된 것이 한으로 쌓였다. 그 때부터 내 시간 갖기를 갈망해 왔기에 시간의 소중함을 알았다. 결혼해서 네 명의 자녀들이 초등학교 때 남편의 직장 전근으로 이동이 잦았다. 그때마다 결석을 시키지 않으려고 바로 이사를 않고 고집을 부리면서까지 방학 때만 옮겨 다녔다. 내가 겪었기에 자녀들의 결석이 싫었다. 4명 모두 초등학교부터 고등학교까지 개근상을 받았고, 서울의 명문대학을 마치게 했다. 내가 젊었을 때 겪었던 한을 내 자녀들에게만은 물려주고 싶지 않았다.

우리의 주변에서도 윤택하게 살아온 이가 자기만 못한 상대방의 처지를 이해하지 못하여 무심코 던진 말에 한쪽은 마음의 상처를 입고 섭섭해 하는 걸 볼 때가 있다. 마음 아픈 일이나 무시를 당해 서러움을 겪어 보지 않았는데 상대방의 입장을 어찌 이해하겠는가? 요즘 젊은 사람들에게 무엇을 적어 달라 하면 깨알 같은 글씨로 적어준다. 늙어보지 않았으니 노인들의 시력을 짐작할 리 없다. 배고파보지 않은 사람이 어찌 배고픈 사람의 처지를 알며, 부모가 되어 보지 않고 부모 마음을 알 리가 없다. 홀아비 사정은 과부만이 안다 하지 않던

가. 외로움이나 고통도 당해 본 자만이 안다. 나만 못한 사람에게 동정심을 갖고 경멸하는 말이나 행동은 삼가야 하지만, 자기가 겪어보지 않았으니 상대방의 고충을 모르는 것은 당연하리라. 이 모두가 직접 당해 보지 않은 데서 온 처사일 것이다.

해변에 깔린 몽돌과 철길에 깔아놓은 모난 돌을 비교해 보자. 수백 년 거센 파도에 시달린 몽돌을 밟고 걷노라면 얼마나 기분이 좋은가. 닳지 않은 모난 돌을 밟으면 상처를 입으니 다시는 밟고 싶지 않다. 이것저것 온갖 역경을 다 겪은 사람은 그래도 남을 이해하고 용서하고 사랑하는 데 인색하진 않을 듯싶다.

이 세상은 나 혼자만 사는 세상이 아니다. 아직도 우리 이웃에는 물질적으로나 정신적으로 어려움을 겪는 사람들이 많다. 체험이 지식 못지않게 소중함을 깨닫는다면 어울려 살아가는 데 밑거름이 되리라. 기분 좋은 몽돌 같은 사람이 가득한 세상이라면 오죽이나 좋을까.

요즘 아이들은 풍요로움 속에서도 결핍증을 앓고 있는 것 같아 안쓰럽다. 힘들고 어려운 일들은 문명의 이기들이 다 해결하고 원하기만 하면 부모들은 즉각 들어준다. 고생스런 일을 하면 큰일이라도 날 것만 같이 여기며 지혜가 아니라 지식만 채워 주려고 안달하는 부모들이 문제인 것 같다. 책이나 이론으로만 배운 사람과 많은 일을 직접 부닥쳐 경험을 쌓은 사람과는 어떤 차이가 있을까. 몸소 겪어보지 않았는데 어찌 남의 처지를 이해하고 동정심을 나타내며 고마움을 갖고 사려 깊게 배려하겠는가. 그러니 자기중심적이고 이기적일 수밖에…….

항상 내 시간이 없이 지내온 난 헛되게 시간을 보내면 죄스러운 생각까지 들어 누구든 시간을 허비하면 못마땅해 한다. 내 자녀들은 이 어미의 마음을 아직도 잘 모른다. 가끔은 자녀들에게 고생시키지 않으려고 너무 애면글면한 것이 오히려 잘못한 것이 아닌가 하고 자책할 때가 있다. 사람은 젊어서 고생을 해봐야 남의 사정을 이해하고 어떤 고난도 인내하며 성숙해 가는 법이다. 일곱 명의 손자손녀들에게 힘들고 어려운 일이나 시간의 중요함을 겪어보도록 권하고 싶다.

(2008. 1)

부부란

2008년 5월 21일을 '부부의 날'로 정했다는 뉴스를 들었다. 모든 인류의 역사가 첫 인간 부부로부터 시작되었으니 기념함일까, 아니면 이혼을 밥 먹듯 하니까 부부의 날을 정한 것일까.

사람이 태어나 자라면 동서고금을 막론하고 특별한 경우를 빼고는 남녀가 결혼하여 부부가 되어 종족을 이어왔다. 그러기에 오늘날 우리가 이 땅에 살고 있지 않는가. 인간이 태어나고, 결혼하고, 죽는 일이 본인의 의도대로 할 수 없음은 예사로운 일이 아니다. 결혼하여 부부의 인연을 맺는 일도 피할 수 없는 인간의 본분이 아닐까? 성경 말씀 창세기 2장을 보면 창조주께서 "결혼의 창시를 할 때 남자를 돕는 배필로 여자를 만들고 부모를 떠나 둘이 한 몸을 이루어 종족을 번식시켜 지구를 아름답게 가꾸고 동식물을 잘 다스리며 행복하게 살기를 바라셨음"을 알 수 있다.

가정문화가 전혀 다른 곳에서 자라 성인이 될 때까지 굳어진 두 사람이 만나 산다는 것은 어찌 보면 악연 중 악연일 수도 있다. 이 세상엔 다른 것은 모두 자격시험을 보고 자격증을 따야만 채용되는데, 결혼만큼은 자격시험이나 자격증도 없이 나이가 차면 무작정 생각지도 않은 사람과 부부의 인연을 맺게 되니 알 수 없는 일이다. 결혼을 하기 전에 이 사람과 부부가 될 것을 미리 아는 사람이 있던가? 그러기에 평생을 같이할 부부란 인연은 보통 인연이 아닌 듯싶다.

나 역시 52년 전 21세 때, 경상도에서 태어난 사람이 전라도에 사는 지금의 남편과 얼굴 한번 보지 않고 결혼하여 아들딸 넷을 낳고 한 지붕 아래서 한솥밥을 먹고 반백 년이 넘도록 살아왔다. 남편은 남아선호사상이 짙은 가정의 맏아들로 섬김을 받는 절대군주이고, 나는 신식문화를 받고 여자를 존중하는 가정에서 자라온 사람이다. 그러다 보니 사사건건 서로의 자존심 지키기에 부딪혀 참 살기 힘들었다. 되돌아보면 아옹다옹, 티격태격, 옥신각신이란 단어가 잘 어울리는 부부였다.

남편과 나는 성격이 대조적이다. 남편이 말없는 큰 바위라면 나는 자주 쓰이는 예쁜 물 컵이라고 하는 게 맞을 것이다. 한쪽은 정리정돈에 무관심인데 나는 매사에 정확하게 들어맞아야 견디는 성격이니 잔소리가 나올 수밖에. 남편은 성질이 급하면서 일은 미루고 나는 생각이 미치면 즉각 행동으로 옮긴다. 심지어 잠자는 시간도 다르다. 한쪽은 밤 9시 정도면 잠자리에 들고 새벽 4시면 깬다. 나는 그날 일을 마무리 짓고 밤 12시가 넘어서 자고 아침엔 늦게 일어나는 편이다. 남편의 성격은 과격하지만 쉽게 풀어진다. 나는 좀처럼 화를 내지 않고 잘 참는 데 반해 화가 쉽게 풀리지 않아서 화병이 날 정도다. 그러니 먼저 화해하고 달래는 쪽은 언제나 남편이다. 그 바람에 매번 속아 살았는지도 모른다. 늘 사소한 생활습관이 맞지 않아 문젯거리였다. 서로 화합하며 살기란 부단한 노력이 절실히 필요했다.

젊은 날엔 울기도 많이 하고 못살겠다는 생각도 했지만, 네 명의 자식들이 단단히 고리를 걸어 놓고 옴짝달싹못하게 하니 참을 수밖에 없었다. 참다보니 참는 것도 버릇이 되었다. 상대방을 굴복시키는 것이 인간의 속성이지만 내적으로 이기는 방법은 내가 굴복당하는 것임을 터득했다. 상대방의 뜻을 맞추려면 내가 바뀌는 것이 쉽지 상대방을 바꾼다는 것은 하늘의 별따기만큼이나 어렵기 때문이다. 상대방의 단점만 보고 산다면 살아 갈 사람 있을까? 사람마다 단점이 있으면 장점도 있게 마련이다. 장점에 감사하며 그래도 내 짝이 제일이라고 믿으면 상대편에 대한 존중심이 생기는 것이리라.

부부란 참 묘한 인연인가 보다. 몇 억 겁의 원수가 만난다지 않던가. 평생원수로 여기며 미움이 치밀어 오르다가도 잠시 그 마음은 사라지고 제일 좋은 것 하나 있다면 부모와 자식보다 남편을 주고 싶으니 말이다. 남편을 나 혼자 미워해야지 다른 누가 미워하면 그 꼴은 또 못 보겠으니 인연 치고는 알 수 없는 인연이다. 남자와 여자의 신체적 구조가 다름같이 성격도 다르게 마련이다. 남자들이여, 자기 몸이 귀하다면 남편을 따라와 사는 여자를 자기 몸처럼 사랑해야 함을 잊어서야 되겠는가. 아무리 잘난 여자라 해도 무의식 속에서까지 나 자신보다 남편을 더 섬기는 것이 모든 여자들의 공통된 마음임을 남편들은 알아야 하리라.

요즘 젊은 층보다 황혼이혼이 늘고 있다니 안타깝다. 젊을 때 기세 부리던 남자들이 이혼을 당한다니 양지가 음지 된 이치일까. 물과 기름을 합할 수 없듯이 남녀가 다른데 두 사람 마음을 하나로 묶기란 여간 어렵다. 하지만 부부란 하늘이 맺어준 인연이기에 설사 마음에 맞지 않는다 해도 이해하고 용서하면서 끝까지 참고 사는 것이 사람의 도리라 믿는다. 늙어가면서 서로가 연민의 정으로 살아가야지 감정적으로 복수심을 갖는다면 하느님과 많은 사람 앞에서 한 약속을 어떻게 처리할 것인가. 어려운 고비를 참고 한 고개 두 고개 넘다보면 평탄한 길이 나올 것을 믿어보자.

부부의 성격이 다른 사람끼리 만남도 모자라는 점을 서로 보완해 가며 살라는 하느님의 뜻이리라. 생을 마감하는 그날까지 매일 부부의 날이라 여기고 살아보자. 서로 아껴주고 이해하고 용서하며 살아가는 것이 가정을 창시하신 분에 대한 보답이 아닐까?

(2008. 5)

제2부

아름다운 소리

바람소리, 물소리, 새소리부터 악기들이 내는 고운 소리, 사람들이 부르는 노래소리, 시끄러운 자동차 소리까지, 온갖 소리에 귀가 바쁠 지경이다. 어떤 소리들은 듣다보면 별 감동을 느낄 수 없어 도리질을 하게 된다. 그 중에는 항상 들어도 듣고 싶은 아름다운 소리가 있다.

– 〈아름다운 소리〉 중에서

아름다운 소리

우리들은 눈만 뜨면 여러 가지 소리에 접한다. 바람소리, 물소리, 천둥소리, 새소리의 자연의 소리부터 악기들이 내는 고운 소리, 사람들이 부르는 노래 소리, 시끄러운 자동차 소리까지, 온갖 소리에 귀는 바쁘다. 어떤 소리들은 듣다보면 별 감동을 느낄 수 없어 도리질을 하게 된다. 그 중에는 항상 들어도 듣고 싶은 아름다운 세 가지 소리가 있다.

첫 번째 소리는, 어느 어촌에서 18년 만에 듣게 되자 마을 주민들이 잔치까지 벌이며 기뻐서 축하했다는 보도가 있었다. 젊은이들이 모두 도시로 가고 시골이나 어촌에서는 아기의 울음소리가 끊어진 지 오래다. 40여 년 전, "아들딸 구별 말고 둘만 낳아 잘 기르자"는 구호는 어디로 가고 이제는 그 반대의 구호를 외치는 세상이 되었다. 60년, 70년대 젊은이들은 낙태하느라 고통이 심했는가 하면, 어쩌다 자식을 많이 두면 야만인 취급까지 받았다. 당대의 세상이 이렇게 바뀌다니 알다가도 모를 일이다.

요즘 지식수준이 높아지면서 일자리를 잡은 여성들은 독신을 고집하고 40이 넘어도 장가 못 가는 남성이 많아졌다. 더구나 농어촌 노총각들은 더 심각하여 먼 나라에서 신부를 맞는 처지가 되었다. 결혼한 부부도 자식 낳기를 꺼려한다. 노인인구는 늘어만 가고 보살필 젊은 층이 적어 국가적인 과제가 되었다. '아기 울음소리는 우리들의 최대의 희망이다.' 옛 어른들 말씀에 '제 먹을 것은 타고난다.'고 했거늘 깊이 생각해봄 직하다.

두 번째 소리는 무얼까? 우리 인간에겐 의식주가 필요한 것처럼 교육 또한 중요하다. 사람이 동물과 다른 점도 끊임없는 교육이 아니겠는가. 요즈음 교육방법에는 글 읽는 소리를 들을 수가 없다. 손자들도 책은 많이 읽는데 입은 꼭 다문 채 눈만 좌우로 움직인다. 낭독을 권해 보지만 소용이 없다. 만화로 된 책들, TV, 컴퓨터 공부가 나오면서 눈은 바빠지고 입은 편해진 것이다. 좋은 책들을 소리 내어 읽는다면, 일을 하는 엄마들도 듣고 배우게 되고, 발성연습에도 좋다. 다른 소음을 물리치고 글의 내용에 집중할 수 있어 여러 가지 이득이 있으련만 아쉽다.

소녀시절, 나는 수를 놓고 할머니께선 곡을 넣어 소설책을 읽으시곤 하셨다. 그래서 난 읽지 않아도 내용을 알 수 있어 일거양덕이었다. 그 옛날 의관정제하고 단정히 앉아서 밤늦도록 낭랑하게 읽는 선비의 글 읽는 소리를, 이웃집 규수가 가슴 설레며 들창 밖에서 숨죽여 가며 듣고, 장원급제한 신랑에게 시집가는 꿈에 긴 밤을 하얗게 새우는 모습을 상상해 보라. 좋은 글 읽는 소리는 듣는 이를 희망까지 주지 않던가. 듣고 또 들어도 질리지 않는 것이 좋은 글 읽는 소리다. 라디오를 들으면 보지 않아도 그 내용을 알 수 있지만 TV에서 소리를 빼면 보아도 무슨 뜻인지 알 수가 없다. 참으로 소리가 전달해 주는 것에는 큰 힘이 있음을 깨닫는다. 요즘 아이들에게 소리 내어 책을 읽고 말하는 교육을 권장했으면 좋겠다.

마지막 소리는 논밭을 갈고 거둬들이는 농기구의 요란한 소리, 방직공장에서 실을 뽑고 베를 짜는 소리가 아닐까? 갖가지 생활필수품을 만드는 공장의 기계 돌아가는 소리, 건축현장에서 들리는 망치 소리, 화물을 싣고 신나게 달리는 열차 소리, 큰 화물선이 내는 뱃고동 소리, 시장어귀에서 튀밥 튀는 뻥 소리도 아름답다. 나는 마음이 울적하면 이런 소리를 들으려고 밖을 쏘다닌다. 각종 산업현장에서 들리는 소리들은 들으면 들을수록 우리들 마음은 기쁨이 넘치면서 활기가 솟는다. 만일 이 소리들이 멈춘다고 가정해 보자. 이 세상은 하얀 백지나 다름없으리라. 생각하면 이 얼마나 아름다운 소리들인가.

어린 시절, 아버지께서 늘 하시던 말씀이 생각난다.

"어느 집이고 그 집에 들어서면 아기 울음소리, 글 읽는 소리, 베 짜는 소리, 이 세 가지가 들려야 그 집안이 번창하고 나아가서 국가도 흥하는 것."이라고 말씀하셨다. 참으로 의미 깊은 말씀이셨다. 이 아름다운 세 가지 소리가 조화롭게 들리는 날, 우리네 삶은 신명나는 삶이 될 것이다.

(2006. 2)

≪대한문학≫ 2006년 여름 14호 등단작

백자항아리와 바가지

얼마 전, 부엌 찬장 정리를 하다가 여태까지 찬장 제일 앞자리에 자랑 삼아 두고 보던 백자항아리 둘을 뒤쪽 구석으로 몰아붙이면서 상념에 잠겼다.

우리 집에서 가장 오래된 물건이 두 가지 있는데 청색 꽃무늬로 예쁘게 치장한 앙증스럽게 생긴 백자항아리 두 개와, 보잘것없는 작은 박 바가지 한 짝이다. 이것들은 50여 년 전 내가 시집올 때 갖고 온 것이다. 함께 오긴 했지만 백자항아리는 찬장 맨 위쪽에 버티고 앉아서 아무 일도 하지 않고 뽐내며 잘 지내는가 하면, 바가지는 하루도 쉬지 않고 온갖 일을 다 하며 나를 도와주는데도 항상 뒤주 속에 갇혀서 지낸다.

백자항아리는 누가 어디서 무슨 재료로 어떻게 만들었는지 근본도 모르고 나이가 몇인지도 잘 모른다. 다만 나의 친정어머니가 시집올 때 갖고 온 것이라는 것과, 내 짐작으로 8, 90년은 넘었을 것이라는 것만 알 뿐이다. 내가 시집올 땐 꿀과 정과를 담아 갖고 왔었다. 그 후로 함부로 쓰다가 깨질까봐 아무것도 담지 않고 모셔놓기만 했었다. 귀한 것이라는 것 외에는 내게 도움을 준 게 하나도 없다. 그러니 앞자리에 둘 필요가 없다는 생각이 들었다.

바가지는 내가 열아홉 처녀일 때, 우리 집 사랑채 지붕 위에서 자랄 때부터 잘 알았다. 여름철 장대비가 억수같이 쏟아지는 저녁때, 절개를 끝까지 지키는 순결한 여인 같은 하얀 박꽃의 자태에 매혹되어 하염없이 바라보며 애수에 젖어 눈물을 짓기도 했다. 박꽃은 시계가 귀하던 시절에 저녁때를 알리는 고마운 시계꽃이었다. 꽃잎 뒤에 숨었던 밤알만 하던 박은 여름철 따가운 햇볕과 폭우에도 꿋꿋이 버티면서 밤알만 하던 것이 아기주먹만 하다가 어느새 아기 머리만 하고, 가을철 짧아지는 햇살에 윤이 나면서 어른 머리만 해졌다. 어떤 것은 함박만 해지는 것을 바라보며 '내 꿈도 저 박만큼만 키워야지.' 하며 자라가는 박을 보며 희망을 가졌다.

첫서리가 내리면 박은 지붕에서 내려와 두 쪽으로 나누어 뜨거운 가마솥을 거쳐 늦가을 햇빛에 몸을 잘 말리면 그때부터 가는 곳도 하는 일도 다르다. 바가지들은 물바가지, 엿바가지, 술바가지, 됫박바가지, 동냥바가지, 똥바가지, 해녀들 물길바가지 등 쓰임새가 셀 수 없이 많았다. 당시에는 플라스틱이 없던 때여서 바가지가 그릇 대용으로 인기가 좋았다. 아주 작은 바가지는 들에 점심 내갈 때면 밥그릇으로 종굴박은 물 컵으로도 사용했다.

그 중 층층으로 다섯 짝이 나를 따라왔지만 막내인 이 쌀바가지만 남아 뒤주 속에서 나와 함께 애환을 같이했다. 지금은 배고프지 않게 늘 마련해 주지만 어려웠던 시절 밀가루에 밀려 나와 만날 수 없었던 날은 얼마나 마음 아파했을까! 쌀을 수북하게 담으면 정확하게 1kg 가 된다. 그러니 저울 노릇도 하고 됫박 노릇도 하며 무엇이든지 잘 도 해낸다. 백자항아리는 깨어지면 파편이 남아 처분하는 데도 골칫거리다. 하지만 바가지는 태우면 한줌의 재가 되어 거름으로도 쓸 수 있다. 세월이 흐르면서 주인인 나의 사랑을 받는 쪽은 귀하신 백자항아리가 아니라 보잘것없는 바가지다.

사람들은 높은 지위에 올라 대접을 받다가 그 자리를 떠나도 언제까지 그 이름만 갖고 대접을 받고 싶어 하며 빈둥거리며 지낸다. 한 번 얻은 이름만 가지고 현재 별로 쓸모가 없다면 찬장 앞자리에서 뒤쪽 구석으로 밀려나는 우리 집 백자항아리 꼴이 되리라. 비록 높은 자리에 오르지 못해 귀한 이름은 갖지 않았지만 바가지같이 어렸을 때부터 근본이 확실하며 어느 곳에서나 남들에게 희망을 주고, 도움을 주는 사람이 오히려 존귀한 사람이라 칭함을 받아야 마땅하지 않을까? 오늘 밀려나는 백자항아리를 보면서 비록 천하게 쓰이지만 많은 곳에 필요한 바가지 같은 사람이 되기를 원한다.

(2005. 5)

외식은 약같이 사먹어야

요즘 경제가 어려워지면서 가게를 지탱하기 힘들어 문을 닫는 경우를 종종 본다. 그래도 음식집은 날로 늘어만 간다. 누구나 하루에 꼬박꼬박 세 끼를 먹어야 사니 그렇기도 하다. 직업도 없는 칠십 넘은 나도 일주일에 두어 번은 점심식사를 밖에서 하는 편이니 말이다.

여성들이 직장을 갖게 되면서 외식문화가 평민들 생활에까지 비집고 들어와서 판친다. 20년 전만 해도 주부들은 도시락 싸는 게 여간 고역이 아니었다. 여러 자녀들을 둔 어미는 아침이면 현기증이 날 정도였다. 해본 사람만이 이해가 되리라. 이 고민거리가 점점 사라지면서 또 다른 문제가 생겨났다. 손쉽게 아무 곳에서나 접할 수 있는 먹을거리 때문에 비만 아동이 늘고 있다는 소식은 우리 사회에 경종을 울려 준다. 외손자 하나가 초등학교 2학년 때부터 학교에서 주는 점심식사에 자제를 못했는지 갑자기 비만증이 생겨 본인은 물론 어른들이 큰 염려를 하고 있다.

나는 가끔 친구들과 외식을 하지만 주로 김밥 한 줄에 우동 한 그릇이나 시장 떡골목에서 떡 한 접시로 간단히 때우는 편이다. 하루는 친구와 백화점에 들러 시끌벅적한 식당에서 점심을 하려고 보니 값들이 만만찮다. 비빔밥 1인분을 시켜 둘이서 먹고 있는데, 옆자리에 ㅇㅇ유니폼을 입은 아가씨 둘이 큰 접시에 탕수육과 초밥, 김밥, 4인분 정도 되는 것을 주문해서 먹고 있었다. 우리가 연방 그들에게 관심을 갖게 된 것은, 그들의 몸이 표준 이상으로 보여서였다. 더더욱 놀란 것은 빵에 튀김이며 또 한 접시를 더 가져왔기 때문이었다. 꾸역꾸역 먹어대는 품이 마땅치 않다기보다 걱정스러웠다. 먹고 남은 것들을 달라고 해서 먹을까 하다가 어떻게 하나 보자, 하고 시간을 보내고 있었다. 먹어보란 말도 없이 두 번째 접시는 절반도 안 먹고 일어나서 빈 그릇 창구로 가져갔다. 우리는 씁쓸한 마음으로 혀를 차며 정말 걱정스러운, 뉴스거리라고 한 마디씩 했다.

집에 와서 영감한테 그 이야기를 했더니, 신문 한 장을 건네준다. 브라질 이타페바 시 산타마리아 빈민촌 아이들의 "배가 너무 고파 쓰레기장 뒤져요."라는 사진과 기사를 읽고 고르지 못한 이 세상에 마음이 착잡하였다. 그 친구와 나는, 그 날 뒤로는 도시락을 싸오거나 쑥을 넣은 개떡 몇 개를 싸들고 나와서 남도 주며 먹는다. 몇 천 원짜리 콩나물국밥보다 두세 개의 개떡이 훨씬 든든하다. 우리가 돈이 없어서가 아니다. 어려웠던 시절을 겪어왔기에 몸에 배어 낭비를 싫어하는 것이다.

"돈은 개같이 벌어 정승같이 써라" 했다.

며칠 전 자녀들과 서울에 유명하다는 음식 집에서 가족모임을 가졌었다. 그곳에는 대형 음식집이 즐비하다. 아이들까지 15명 점심식사비가 20만 원이 넘었다. 현재 시중 쌀값으로 한 가마 반 값을 점심 한 끼 식비로 지출했지만 저녁때도 되지 않아서 뱃속은 출출했다. 요즘 결혼잔치에는 뷔페식이라 하여 음식 종류가 다양하다. 맛보지 않는 음식도 많다. 값도 만만치 않다. 점심은 점찍은 듯이 먹는대서 점심이라 한단다. 1인분 점심 한 끼에 쌀 두 말 값이 넘는다면 놀라지 않을 수 없다. 주식인 쌀 한 말이면 성인의 한 달 양식이 된다. 새 신랑신부를 축하하러 간 하객들이 그토록 많은 음식을 먹어가며 축하해야 하는지 난 요즘 사람들 하는 짓이 영 납득되지 않는다. 옛날 분들은 국수 한 그릇으로 축하를 받고 시작해도 한평생 잘 살아왔다. 두 사람 살아가는 데 조금이라도 보탬이 되게 해주었으면 좋으련만. 먹을거리에 너무 낭비가 많다.

이제 우리도 음식문화를 새롭게 정립할 때가 된 것 같다. 학생들과 직장인들 노인들의 점심은 모두 외식으로 바뀌고, 제일 번거로운 결혼잔치, 각종 연회식사, 장례식음식까지 주부들이 손 하나 쓰지 않고도 해결되는 게 현실이다. 간장, 된장, 고추장, 젓갈, 김치도 모두 전문가의 손맛으로 넘어가고 백화점에 가면 찌개에서 밥까지 없는 것이 없다. 이제 딸들에게 요리는 가르칠 필요도 없다. 집집마다 보유하고 있는 그 많은 부엌 살림살이도 모두 없애버리고, 주방도 없애고 집의 구조를 확 바꾸어놓고 여자들이 나가서 돈만 벌어오면 해결되는 세상이라고 가르쳐야겠다. 모두가 집밖으로 나가서 마음에 드는 음식을 골라 사먹고 살면 편해서 좋겠구나, 하고 엽기적인 생각으로 머리를 굴려 보지만 정답이 아닌 듯싶다. 세계 어느 곳이나 주방이 있고 일상 식사는 가족끼리 집에서 하는 것이 통례이다.

외식은 편리해서 좋은 점이 있지만 경제적이진 못하다. 음식 전문 업체들도 재료비에 많은 인건비와 분위기 있는 장소를 제공해야 하니 음식 값이 만만치 않다. 비싼 값을 지불해가며 맛있는 음식집을 찾아다니다 보면 경제적 부담은 감당할 수 없으리라. 옛말에 "입의 비위를 다 들어주면 천 석도 하루아침"이라 했다. 한두 가지 음식이라도 주부의 정성이 담긴 음식이 가족들을 건강하고 기쁘게 해줄 것이다. 외식은 약처럼 꼭 필요할 때만 어쩌다 먹는 것이 바람직하려니 싶다.

(2006. 5)

바느질

바느질은 인간이 옷을 입기 시작하면서부터 비롯되었을 정도로 오랜 역사를 지니고 있다. 조각난 것을 합치려고 옷뿐 아니라 여러 가지로 사용되어 왔다. 이렇듯 바느질은 우리가 사는 데 한몫을 톡톡히 차지하고 있다. 또 바느질을 하려면 바늘과 실이 함께 어울려야 하니 협동심을 배운다. 바느질은 꼼짝 않고 앉아서 해야 작품이 완성되니 인내심도 길러준다. 창작을 하면 머리회전도 빨라진다. 그러니 바느질을 하면 여러 가지 이득이 많다.

나는 15세 때부터 바느질하길 좋아했다. 점점 재봉틀 앞에서 살다시피 하면서 바느질을 익혔다. 솜씨 좋은 할머니와 새엄마에게 배우기도 하고 나 스스로 혼자 터득해가며 여러 가지 작품을 만들었다. 재봉틀이 귀하던 때여서 마을에서 시집가는 친구들 옷이나 수예품 만들어주는 것은 내 몫이었다. 바느질을 해주면 농사일을 도와주는 걸로 대신했다. 가지각색의 천이 내 손을 거쳐 여러 가지 옷으로 탄생하여 입는 이들에게 기쁨을 줄 때 그 흐뭇한 마음은 직접 해보지 않고는 모르리라. 건축물이나, 글 쓰는 작가나, 바느질 작품이나 다 같은 기분이리라.

하지만 옷 하나를 완성하는 것은 결코 쉬운 일이 아니다. 작품 하나를 탄생시키려면 모든 정성을 다 쏟아야 된다. 때로는 가위질 하나 잘못해서 가슴이 쿵하고 내려앉을 때도 있고 박음질이 잘못되어 뜯어서 다시 해야 할 때는 짜증스러워 비벼버리고 싶은 충동이 일지만, 꾹 참고 완성시킬 때면 등에 땀이 흐르고 현기증이 인다. 아무리 왈가닥이라도 그 성품을 가라앉히고 앉아서 꼼꼼히 잔손질이 가야만 되는 것이 바느질이다. 사춘기 무렵 처녀들은 예나 지금이나 집을 뛰쳐나가고 싶은 충동이 일게 마련인데 그럴 즈음이면 친구들과 모여 앉아서 시집갈 준비물로 수를 놓고 바느질을 하면서 마음을 가라앉히고 참고 견디는 법을 익혔다.

그뿐만 아니라 시집와서 받는 많은 설움도 바느질로 달랬다. 14년 만에 소원이던 재봉틀을 들여오던 날, 밤잠까지 설치며 좋아했었다. 옛날 여자에게는 그만큼 바느질이 큰 몫을 차지했었다. 새 옷은 물론이고 큰 옷, 작은 옷들은 줄이고 늘리며, 해진 옷도 매끈하게 기워줄 땐 옷 하나 얻은 기쁨에 행복감도 맛본다. 네 자녀들의 교복, 무용복에 합창복, 운동복, 가방, 배낭, 조각이불 등 내 손수 만들었으니 어려운 경제에 도움이 많았다. 세 딸을 시집보내면서 혼수품을 비롯하여 7명의 손자손녀들 아기 이부자리와 용품까지 다 만들어 주었으니 재봉틀 득을 톡톡히 본 셈이다. 요즘은 돋보기를 끼고도 바늘귀가 잘 안 보여 이번이 마지막이라고 하면서도 천 가게에 들르면 또 사온다. 천들이 좋고 값도 저렴하여 가족들의 여름 속옷이나 잠옷을 만들어 자녀들에게 정을 주고 싶어서이다. 내 발재봉틀은 40년 넘어 함께 한 친한 벗이나 다름없다. 기계이지만 참 고맙다.

몇 년 전, 막내딸이 연년생으로 아들을 낳고 직장을 쉬면서 재봉틀이 있었으면, 하기에 당장 사서 보냈다. 그 얼마 뒤 딸네 집에 갔더니 그 재봉틀이 가까이 사는 며느리 집 높은 장롱 위에 올라앉아 있었다. 이렇게 좋은 기계를 사용하지 않다니, 슬그머니 시어미 심사가 나오려다 생각을 바꿨다. 복잡한 '부라더미싱'이라 설명서만 보고 사용하려니 잘 모르기도 했겠지. 돈만 주면 기성복에서부터 없는 것 없이 만들어져 나오는 세상인데 굳이 힘들게 할 필요가 있나. 공부만 하다가 직장생활에서 결혼하여 자녀 기른다고 바느질과는 담을 쌓을 수밖에. 오히려 편하게 사는 요즘사람들이 부럽기만 하다.

나는 몸에 밴 짓이니 어쩌랴. 지난 윤달에 우리 내외의 수의를 지으려고 재봉틀을 택배로 보내라고 했다. 요즘 재봉틀은 전기의 힘으로 하니 다리도 아프지 않고 하루에 두 사람 수의를 다해 냈다. 이렇게 좋은 것을 두고 다리가 아프도록 고생했구나, 싶다가도 옛날 여인들이 손바느질로 고생한 것을 생각하니 위로가 되었다. 바느질은 한 작품을 완성할 때마다 성취감에 기쁨까지 안겨준다. 70년이 넘는 세월 동안 험한 산을 넘을 때마다 잘 참고 견디어 온 것은 소녀 때부터 인내심을 익혀온 바느질 덕이 아닌가 싶다.

요즘 고등여학생들 교복은 살이 비져 나올 것만 같고 속옷이 층층으로 내다보인다. 허벅지까지 올라간 치마, 끈만 걸친 옷들을 만드는 사람들의 횡포를 탓해야 할까. 내 손으로 충분히 할 수 있는 것들을 남에게 맡기는 요즘 세대들. 지퍼 고장, 단추 하나, 터진 곳 하나도 해결 못해 세탁소로 향한다. 어떻게 그 돈을 다 충당하려는지 자못 걱정된다.

밤 시간대에 아가씨들이 술집에서 나와 거칠고 요란한 말소리로 떼지어 갈 지之자로 걷는 것을 본다. 저런 아이들이 성인이 되면, 인내심이 없으니 절제하지 못해 툭하면 싸우고 이혼으로 치닫지나 않을까 싶다. 여학생 때부터 수를 놓거나 바느질을 배우면서 자신을 수양하면 몇 가지 이득이 있으련만 바느질을 멀리하니 안타까운 일이다. 거친 세상 파도를 어찌 헤쳐 나갈지 염려스럽다.

(2006. 7)

치료보다 예방을

요즘 독감은 기침까지 동반해서 기승을 부린다. 걸렸다 하면 어린이나 노약자에겐 많은 고통을 안겨준다. 가까이 사는 친구가 인터넷으로 알아볼 게 있다고 찾아왔는데, 기침 감기가 심했다. 나는 서둘러 알려주고 차 한 잔 대접치 않고 매정하게 바로 돌려보냈다. 지난겨울 독감예방주사를 미루다 맞지 못했기에 슬그머니 겁이 나서였다. 친구에겐 미안했지만 난 항상 치료보다 예방에 치중하는 편이어서다.

나의 유년 시절은 일제치하에서 예방 접종이 없어 홍역이 마을에 들어오면 3,4세 이하 어린이를 살리기란 여간 힘들지 않았다. 그래서 마을 옆 동산은 아예 애들의 무덤 터로 정해 놓기도 했었다. 내 오빠와 남동생도 홍역으로 희생되어 내가 더 귀여움을 받았었다. 5, 60년 전만 해도 장질부사, 폐결핵, 뇌염, 소아마비 등 전염병으로 어린이

어른 할 것 없이 때 이른 죽음을 맞았다. 그러나 요즘은 신생아에게 의무적으로 병원에서 각종 예방접종을 하니까 하나둘만 두어도 전염병에 희생당할 염려는 없다.

그러다 보니 요즘은 전염병보다 각종 불법과 범죄사건이 더 무서워 마음 졸인다. 이혼은 전염병처럼 번져가고 미혼모에 사생아 급증, 가정폭력과 아동학대, 어린이 유괴사건 등 끔찍한 사건들이 앞 다투어 일어나고 있어 치를 떨게 한다. 각종 속임수는 날로 지능화되고 정치판은 권력의 자리다툼이요, 스포츠도 이익 다툼이며, 영화나 TV에서는 치고받고 싸우고 죽이는 장면이 다반사니 눈살이 찌푸려진다. 세상 한쪽에선 분쟁과 전쟁으로 사람 목숨이 파리 목숨이다. 각 나라마다 군비확장으로 진국은 다 빼고 복지는 재탕으로 꾸려가는 것 같아 아쉽다. 세상살이가 정말 살얼음판이다. 본연의 애정까지 식어가고 이런저런 도덕의 붕괴는 탄식이 절로 나오게 한다. 이런 세상을 치료할 예방책은 없을까?

연일 지구 온난화 문제로 동식물이 멸종되어 간다고 야단들이다. 강과 바다도 각종 쓰레기와 오·폐수, 기름 유출로 생명체들이 줄어들고 있다. 난개발로 마구 파헤친 산들, 몇 백 년이 가도 썩지 않아 땅을 망치고 생태계를 파괴하는 화학용품들, 생명체를 해하려는 화학독극물, 넘치게 발달한 문명의 이기들로 지구는 큰 몸살을 앓고 있다. 문명도 최고봉에 이르면 내리막길에 이르게 마련이다. 이런 큰 병들을 누가 안겨주었는지 원인을 알아보고 더 크게 망가지기 전에 철저한 예방을 하는 것이 지구의 주인 격인 사람들의 몫이 아닐까?

내가 자랄 때는 조부모나 부모로부터 쓴소리를 많이 들으며 자랐다. 잔소리로 들려 귀가 마다하여 입을 내밀 때도 많았다. 지금 생각하니 콩나물에 물 주면 물이 다 바닥으로 샌 것 같지만 콩나물은 자라듯이, 마음 판에 각인된 그 옳은 말씀들이 평생 동안 거짓된 것을 멀리할 수 있는 힘이 아니었나 싶다. 나는 네 아이들을 기르면서 자는 아이도 깨워서라도 이를 닦아야 재웠으니 좀 극성스럽다고 할 정도로 잔소리꾼이었나 보다. 그래도 들어주는 자식들이어서 다행이었다. 손발을 씻기, 서로 양보하기, 거짓말 않기, 서로에게 걱정 끼치는 일 없기, 내가 수고하지 않은 것은 탐내지 않기 등등 눈만 뜨면 그냥 버려두고 싶어도 마음이 놓이지 않아서 조바심이 났다. 때로는 심하다 싶을 정도로 여러 가지 예방 노래를 많이 불렀다. 그래서인지 아이들이 어릴 때부터 지금까지 형제간이나 남하고도 다투는 것을 보지 못했다. 내 나이 칠십이 넘도록 자녀들 근심은 하지 않으니 예방노래가 헛되진 않았구나 싶다.

과거에 그 많던 전염병도 예방접종으로 많은 효과를 보았다. 그렇듯이 이 세상의 모든 병든 문제들도 예방접종으로 효과를 볼 수 있다면 얼마나 좋을까. 당국에서는 수재들을 뽑아 높은 보수를 주면서까지 각종 질병과 범죄와 문제들을 예방보다 치료에만 급급한 것 같아 아쉽다. 남녀노소를 막론하고 모든 사람들이 참 그리스도의 교육지도를 받아들인다면, 모든 악이 발붙이지 못하여 여러 문제들을 철저히 예방할 수 있으련만…….

(2007. 4)

인터넷은 도깨비방망이

둘째딸의 쌍둥이를 어미가 직장인이기에 전주 우리 집으로 데려다 7년을 길렀다. 서울 저희 집으로 보내면서 어릴 적 상황을 글로 써서 주겠다고 손자들에게 약속을 했다.

컴맹인 나는 생각나는 것들을 이면지에 적어놓고 보니 받침도, 띄어쓰기도, 단어도 모두가 엉망이었다. 나의 고민을 들은 셋째 딸이 헌 컴퓨터 한 대를 갖다 주면서 배워서 사용해 보라고 했다. 2004년도 가을이었다. 전주전화국에서 컴퓨터교육이 있다는 말을 듣고 갔더니 직장 퇴직자인 남자들로 가득했다. 69세에 가방 끈도 짧은 나는 기가 죽어 3일을 다니고 그만두었다. 포기하지 않고 초보자 교육장을 다시 찾았다. 대충 기본적인 것만 배우고 책도 보고 혼자 터득해 가며 모르면 서울에 있는 셋째 딸에게 밤낮으로 전화로 묻곤 했다. 몇 달은 전화요금이 만만치 않았다.

글쓰기에는 컴퓨터 이상 좋은 것이 없다. 틀린 말이나 띄어쓰기는 바로 빨간 밑줄로 표시를 해주니 글 쓰는 재미가 쏠쏠해지며 용기가 생겼다. 전북대학교 평생교육원 수필 창작반에 등록을 하고 글쓰기에 눈을 뜨니 가슴속에 쌓인 한풀이를 풀게 되어 삶에 활력소가 되었다. 컴퓨터에 쓴 글을 디스켓으로 옮겨 PC방에 가서 프린트하여 교수님께 내곤 했다. 서로가 불편하다. 바로 KT메가패스 인터넷에 접속시켜 글 쓴 것들을 메일로 보내니 아주 편리하였다. 남의 글을 볼 수도 있고 무엇이든 알고 싶은 것을 입력하고 검색만 누르면 다 해결된다. 서울이고 미국이고 이메일로 글을 보내면 눈 깜짝할 사이에 가고 온다. 신기하여 놀랄 지경이었다. 세상에 이런 일이 있을까. 난 인터넷을 도깨비방망이라 이름 지었다. 이러한 기술을 연구한 모든 분들에게 정말 감사한다.

인터넷을 열어보면 가보진 못해도 철따라 세상 곳곳의 아름다운 경치를 한눈에 볼 수 있다. 성경책도 볼 수 있고, 사전도 찾고, 모르는 것은 다 알려주니 해결사다. 남의 좋은 글들도 책 없이도 읽을 수 있으니 얼마나 좋은지 모른다. 요즘은 7명의 손자들과 자녀들에게 글 쓴 것을 메일로 전하고 받는다. 71세인 지난해에는 ≪대한문학≫ 문예지에서 수필가로 등단하는 기쁨도 맛보았다. 인터넷이 아니면 감히 상상할 수 없는 일이었다. 자녀들이 등단기념으로 신형컴퓨터에 프린터기까지 갖추어 주었다. 이제는 가끔 주고 싶은 사람에게 내 글을 줄 수도 있으니 날개를 단 기분이다. 나이든 분들도 용기를 갖고 덤비면 사는 재미가 달라질 것 같아 권하고 싶다. 모르는 것들을 아는 기쁨 해보지 않으면 모르리라.

요즘 관공서, 은행, 병원, 기업, 학교, 연구실, 개인생활까지 이젠 전세계적으로 인터넷이 없으면 모든 방면에 생활할 수 없을 만큼 큰 비중을 차지하고 있다. 요즘 문제가 되고 있는 게임 종류는 어떤 것이든 인터넷에 올리지 말았으면 한다. 게임이란 것은 우선 흥미는 있을지 몰라도 자신과 가정, 사회 모두를 망치는 도박의 모태이니 말이다. 나쁜 댓글이나 음란물도 마찬가지다. 이롭지 못한 것들을 인터넷에 올리는 못된 이들에게는 하늘이 무심치 않으리라. 정신 차려야 할 일이다. 컴퓨터 앞에 장시간 앉아 있으면 몸에 좋지 않다.

꼭 필요할 때만 사용하고 휴식하는 지혜가 있어야겠다. 도깨비방망이를 욕심부리다 혹부리영감처럼 더 많은 고통을 얻게 됨을 명심하자. 이렇게 좋은 문명의 이기를 좋은 곳에 잘 사용하면 우리 인간에게 편리함과 즐거움을 주지만, 나쁜 의도로 과용하면 자신과 가정 사회까지 망치게 된다는 것도 깨달아야겠다.

(2007. 1)

소탐대실小貪大失

남은 음식물을 버리기 아까워 데우다 냄비까지 태워 버린 일이 어디 한두 번이던가. 그럴 때마다 내 가슴을 치면서 다시는 이러지 말자 다짐해 보지만 번번이 그 짓을 되풀이한다. 그러는 내 심사를 나도 모른다. 김장때 멸치젓 진국을 걸러놓고 건더기를 두 번 달여 놓은 뒤 버릴까 하다가 아까운 듯해서 한 번 더 달여서 죽 쑤는 데라도 사용해야겠다는 졸부심사가 또 발동했다. 가스 불을 최고로 돋워 잠깐 끓여 놓고 친구 아들 결혼식에 가면 되겠다고 생각하고 즉시 행동개시! 방에서 나올 때까지는 생각했는데 현관을 나서면서 택시는 3천 원이 넘을 것이니 버스를 타야지 하는 자린고비 머리를 굴리느라 가스 불 끄는 걸 까맣게 잊어버리고 집을 나섰다.

3시간이 지나 돌아오면서 버스에서 내려 10분 정도 걷다가 생각이 났다. 새파랗게 질린 나는 단거리 달리기선수 폼으로 뛰자 사람마다

흘깃흘깃 쳐다본다. 나는 손만 휘저으며 숨이 턱에 닿았다. 집이 보이자 불이 나지 않은 것에 안도의 숨을 쉬며 주저앉고 말았다. 옆방에 사는 할머니가 타는 냄새가 진동하여 한참을 살피다 보니 창고 창문으로 연기가 나오는 걸 보고 조금 전에 가스 불을 끄고 문들을 다 열어 놨다고 했다. 솥은 강력수세미로 닦아 다시 쓰게 되었다. 그러나 가스 값보다 내 몸 상한 것은 얼마나 큰 손실이었는지 모른다.

한 달도 되지 않아 또 그런 일이 되풀이되었으니 어찌하면 좋을꼬. 비싼 보약은 사치스럽고 보약 겸 관절에 좋다는 여러 가지 한약재를 구하여 건강원에 맡기면 수고비도 올라 만만치 않으니 내가 직접 정성들여 달여먹고 건강해야지, 하는 못난이 생각이 일을 저질렀다. 달이면서 넘기기라도 할까봐 하루 종일 밖에서 서성거리노라 얼마나 힘들었는지 아픈 다리가 더 뻐근했다. 불을 약하게 줄인 걸로 착각한 나는 밤10시쯤 불을 끄면 알맞겠다며 컴퓨터에 앉아 글 한 편 마무리 짓느라 고심하다보니 약은 까마득히 잊어버리고 밤 한 시에 쓰러지다시피 잠자리에 들었다.

새벽 5시쯤 영감님의 큰소리에 잠이 깨어 나가보니 집안은 온통 탄 냄새가 진동하고 창고 안은 연기로 가득 차서 눈도 뜰 수 없었다. 약물은 온데간데없고 숯덩이만 솥바닥에 남아 나를 원망스레 쳐다보았다. 올겨울 들어 다섯 집 김장을 해서 자녀들에게 택배로 보내고 콩 두 말의 메주와, 고추장, 청국장을 발효시켜 보관하느라 여간 힘들었다. 앉고 설 때마다 '아이고 지고'를 하면서 번거로운 약까지 손수 달이다가 고생만 하고 말았으니 헛되게 수고한 시간이 더 아까워 마음 상했다. 코앞만 생각하는 내 졸속 행위인 걸 누구를 탓할 것인가.

어려운 시대를 살아오면서 근검절약이 몸에 밴 탓인지 나이 칠십이 넘어서도 무엇이든지 내 손수 해결하려는 습성이 바뀌지 않으니 어찌하면 좋으랴. 어떤 사람은 자랄 때부터 낭비적인 생활습관을 늙어 죽을 때까지 버리지 못하는 것을 보게 된다. 좋은 습관이든 나쁜 습관이든 한번 몸에 배면 바뀌기가 쉽지 않나 보다. 나이 들어 건망증 탓도 있지만 몸에 밴 검약정신도 이로울 때가 있는가 하면 지나치면 오히려 큰 손실을 얻게 됨을 뼈저리게 느꼈다.

아직도 젊었을 때 마음으로 살림도 알뜰히 하고 봉사도 하고 싶고, 때늦은 공부도 하고 싶어 설치지만 한 가지도 온전하지 못하다. 마음만 강박관념에 사로잡혀 고단하다. 이제 나이는 못 이기겠다. 요즘은 추위에 돌아다니는 것조차도 힘들다. 오늘은 정형외과에 들러 진료도 받고 물리치료도 받고 왔다. 내 자신에게 투자도 하고 몸도 아낄 줄 아는 것이 현명하다는 것을 이번 사건을 계기로 깊이 깨달았다.

되돌아보면 어려웠던 시절, 가난을 이기려고 내 자신에게만은 가혹하리만큼 인색했다. 일욕심만 남달리 많아서 몸고생을 자초했으니 그동안 미련한 삶을 살았다. 내 몸에 맞는 지게 하나만 지고 달려야지 한 몸에 두세 개의 지게를 지고 달리고 싶은 과한 욕심이 결국 모두를 다 잃어버리는 것임을 깨달았다. 소탐대실이란 말이 내게 잘 어울린다. 한 가지 일에만 온 정성을 쏟아야 그 일이 온전함을 깨닫게 해주는 좋은 경험이었다.

(2008. 1)

나는 부자

낮에 커피를 한 잔 마신 탓인지 자시가 넘도록 잠은 오지 않고 삼월의 열나흘 밝은 달빛이 창문으로 들어와 나를 옥상까지 유인한다. 시원한 바람이 정신을 더욱 맑게 만들었다.

35년 전, 전주 중노송동 언덕배기에 셋방을 얻어 고등학생부터 초등학생까지 네 명의 아이들을 데리고 무작정 남원에서 이사를 왔던 그날 삼월 보름달도 이렇게 마음이 시리도록 밝았었다. 늦은 밤 시가지를 내려다보니 집집마다 하늘의 별만큼이나 총총한 불빛이 새어 나온다. 내 집 한 칸 없이 이 아이들을 어찌 교육시켜 나갈까 하는 암담했던 추억이 스쳐 지나간다.

많은 세월이 흘러간 지금, 곰곰 생각하니 가진 것이 너무 많다. 얼마든지 마실 수 있는 공기, 넓은 하늘, 저 밝은 달, 별도 내 것이다. 내일 아침 떠오르는 태양이나 아름다운 구름도 다 내 것이다. 아름다운 봄 동산을 하루 종일 쳐다봐도 아무도 말리는 사람이 없으니 모두 내 것이다. 큰길, 골목길을 휘젓고 다녀보라. 누구 눈치보지 않아도 되니 내 것이나 다름없지 않은가. 건강한 내 몸이 있어 어디든지 가고 볼 수 있어, 하고 싶은 일 하고 사니 더 바랄 것이 없지 않은가, 30평 넘는 집에 누울 자리가 있고 세 끼 밥 걱정은 없으니 이만하면 무엇을 더 부러워하랴. 남편도 있고 4명의 자녀들과 나보다 더 커버린 7명의 손자손녀들, 수십 명의 가족들, 이 모두가 건강하게 아무 탈 없이 잘 지내고 있으니 얼마나 큰 부자인가.

게다가 우주의 주권자이신 여호와 하느님의 한없는 사랑과 축복을 값없이 듬뿍 받고, 사랑해야 될 사람이 지천으로 널려 있으니 이보다 더 큰 부자가 어디 있으랴. 세상에서 제일 부자임을 자랑이라도 해야겠다. 내가 가진 것, 알고 있는 것을 아낌없이 주려고 생각을 바꾸니 부자 되는 방법이 이리도 쉬운 줄 미처 몰랐다. 항상 무엇인가 채워지지 않아 내심 안달하며 살아온 어리석었던 지난날이 부끄럽다. 부와 가난은 생각 차이가 아닐까?

며칠 전, 아는 분으로부터 200만 원이 당장 필요한데 빌려줄 수 있겠느냐는 전화를 받았다. 딱한 사정이 있나보다 싶어 여유 돈은 없고 매달 50만 원씩 2년 계약으로 5개월째 넣은 적금이 있기에 그걸 해약해서 빌려주어야겠다고 생각하니 금방 마음이 넉넉해졌다. 그 돈을 은행에 넣어두고 있으나 꼭 필요한 곳에 한 바퀴 돌고 오면 더욱 값진 돈이 되지 않을까 생각했다. 비록 돈 버는 재주가 부족하여 나눠 줄 만큼의 재물은 없지만 있는 것은 빌려주고 싶은 마음이다. 오늘따라 생각을 바꾸니 갑자기 세상에서 제일가는 부자가 된

듯 마음이 풍요로워진다.

"돈을 사랑함이 일만 악의 뿌리다."

"욕심이 잉태한즉 죄를 낳고 죄가 자라서 사망에 이른다."

라는 성경말씀은 항상 읽어도 진리다.

요즘 뉴스에 나타나는 우리나라에서 제일가는 갑부인 대기업의 주인이 검찰청에 불려 다니는 모습을 화면으로 보고 부럽기보다 측은하기만 하다. 그 많은 재물이 그의 마음을 즐겁게 해주지 못한 것 같아 오히려 안쓰럽다. 값비싼 많은 그림들이 그들 가족을 얼마나 행복하게 했는지 모르지만 처량한 모습이다. 재물이나 지식도 유통되지 않는다면 가치가 없다. 비밀창고에 가득 채워놓은 값비싼 그림들이 누구든 보고 즐길 수 없다면 무슨 소용이 있으랴. 꼭꼭 숨겨둔 돈다발들을 적재적소에 사용하지 않는다면 고물상에 버려질 헌 종이만도 못할 것이다. 시간과 정력과 돈을 들여 배운 지식도 사용하지 않는다면 무슨 가치가 있을까. 많이 나누는 자가 부자임을 느끼게 한다.

자족하는 마음을 가지면 늘 부자 된 기분이다. 어려울 때 서로 돕고 베풀면서 남에게 해를 끼치지 않고 사는 것이 마음 편하게 살 수 있는 부자 되는 방법이리라. 창조주께서 아름다운 이 봄 풍경을 바라만 봐도 넘치게 주시거늘 권력도, 명예도, 재물도 어찌하여 내 손아귀에 쥐고 있어야만 만족해 하는지 모를 일이다. 생각을 바꿔보자. 혼자 다 가지려 하지 말고 나눠 갖는 마음을 배양한다면 우리들의 마음은 풍요로워 행복해질 것이다.

(2008. 4)

발이 최고야

우리 지체 중 가장 천하게 여겨온 것이 이렇게 귀한 것인 줄 미처 몰랐다. 가장 중히 여기는 머리나 얼굴만 다듬느라 온갖 힘을 쏟으면서 이것은 그냥 따라만 다니는 하찮은 걸로 여겼다가 큰 코 다칠 뻔했다.

우리 몸은 머리, 가슴, 배, 팔, 다리에서부터 오장으로는 폐, 심장, 간장, 비장, 신장이 있으며, 육부에는 대장, 소장, 위장, 담낭, 방광, 삼초가 있다. 눈, 코, 귀, 입, 혀의 오관이 있고 뼈, 근육, 맥, 살, 피부 등 5체가 있는가 하면 손가락도 엄지, 검지, 중지, 약지, 소지로 구성되어 있다. 이렇듯 많은 지체들이 몸을 구성하여 살아간다. 이 많은 것들 중에 하나라도 고장이 나면 우리 몸은 불편을 겪는다.

얼마 전 나는, 눈이 잘못 살폈는지, 머리가 지시를 잘못했는지, 발이 잘못한 건지 모르지만 앞만 보고 걷다가 조금 파인 길바닥에서 발이 접질려서 땀이 바짝 나도록 놀랐다. 하룻밤 자고나니 발목이 부어오르면서 발을 딛고 다닐 수가 없었다. 얼굴이었다면 당장 병원으로 달려갔지만 발이기에 따뜻한 물로 주무르고 약만 바르면서 견뎠다. 몸 중에서도 가장 아래에 있는 발이라고 무시한 것이다. 절뚝거리고 지내다 3일 만에 병원엘 갔더니 뼈에는 이상이 없지만 오래 가니 되도록 걷지 말고 아끼라고 당부했다. 앉고 일어설 때나 걸음을 걸으면 다른 쪽 다리와 허리까지도 아프면서 갈 곳은 많은데 마음대로 갈 수 없어 짜증이 나면서 불편하기 그지없었다.

지금까지 다른 지체보다 차별하고 천대한 것이 사실이다. 씻을 때도 얼굴, 손 다 씻고 맨 마지막에 더러워진 물에 씻고, 얼굴에는 깨끗한 수건으로 닦아주면서 발은 낡은 수건으로 아무렇게나 닦는 등 함부로 취급했다. 남이 알아주는 얼굴과 머리는 고급화장품을 발라주며 신경을 썼지만 발에는 그 흔한 크림 한 번 발라주지 않았으니 잘못이 이만저만 아니었다. 아장아장 걸음마를 걸었을 때부터 70여 년 넘게 사용했으니 몇 천 킬로나 걸었을까. 다른 누구보다 걸음도 더 많이 걷고 살아온 내 발을 생각하면 미안하고 안쓰럽기 그지없다. 그러니 발이야말로 화가 나서 투정을 부릴 만하다. 발이 고분고분하지 않았다면 지금까지 그 많은 곳을 어떻게 휘젓고 다니면서 잘 살아올 수 있었겠는가? 이제부터 고마운 발을 최고라 여기며 아끼고 돌봐야겠다.

우리 몸의 지체도 이러하거늘 이 사회구조도 마찬가지려니 싶다. 우두머리 자리에 앉아 있는 머리만 제일은 아니다. 이제 지시하고 지배하는 머리만 대접받는 생각은 바꿔야 할 것 같다. 말단 현장에서 직접 험한 일을 마다하지 않고 하는 노동자들의 피와 땀이 없다면 이 사회가 어찌 잘 살 수 있었을까? 몸의 지체 하나하나가 다 소중하고 필요하듯이 우리 사회의 구성원도 모두가 귀한 존재다. 여러 지체들의 역할이 다를 뿐이지 목적은 하나다. 우리 몸도 지체 하나 하나가 빠짐없이 건강해야 행복한 삶을 영위할 수 있듯이, 높다 낮다 하면서 차별대우하는 것은 정말 어리석고 잘못된 행위다.

이 사회는 아직도 높은 권좌에 앉거나 많이 가진 자들이 못 배우고 없는 사람들을 아끼고 잘 돌봐야 하거늘 오히려 무시하는 경향이 있는 듯하다. 아직도 고급음식점은 고관대작들의 전유물이고 국민이 낸 세금가지고 자기 것인 양 낯을 내는 것 보면 높은 자리들이 속보인다. 민주화가 되면서 조금 사라지긴 했지만 아직도 그 사상이 남아있어 사람들은 높은 벼슬 한 자리 얻으려고 권모술수까지 동원하지 않는가. 자식들에게 지식을 넣어주려고 모든 부모들이 허리띠를 동여매는 이유도 높은 자리에 올라 떵떵거리며 지배하고 잘살게 하려는 목적일 게다.

우리 몸이나 가정이나 국가나 위아래 구성원 모두가 서로 존중해야 건강한 사회가 이루어짐을 깨달아야겠다. 사실 지금까지 이기적인 못된 생각을 하는 것은 몸의 머리이지 발이 하지 않았다. 발은 거저 머리의 지시대로 걷는 것만 했을 뿐이다. 이제부터 발이 최고라 여기며 아껴줘야 하는 세상으로 바뀌었으면 한다. 꼭 내 발처럼 말이다.

(2008. 7)

살아 있을 때 잘해야

설이 가까워지니 주부들이 차례 상에 올린다고 제수품들을 국산품이냐 수입품이냐를 따지며 고르느라 신경을 곤두세운다. 산 사람에겐 별로이면서 조상 섬긴다고 꽤나 마음을 쓰는구나 싶어 씁쓸한 생각이 들었다. 죽으면 아무것도 모르고 먹지도 않는데 왜 저럴까?

며칠 전 옆방에 세들어 사는 아주머니가 전화 연락이 안 되자 찾아온 자식들에 의해 돌아가신 지 3일 만에 발견되어 장례를 치르게 되었다. 잘사는 자식들이 다섯 명이나 되지만 17년을 우리 집 셋방에서 혼자 사셨는데도 자식 중 어느 하나 주인집인 나에게 정식으로 인사한 번 없어 성도 이름도, 전화도 모르고 지냈다. 홀로 사는 어머니에게 그 정도로 관심이 없는가 싶어 안타까웠다. 허리수술도 하고 당뇨병으로 고생하다가 저혈당으로 조용히 가신 듯하여 더욱 마음이 아프다.

주방을 들여다보니 김치전 몇 조각이 채반에 담겨있고, 가스 위의 주전자엔 보리차가, 전기밥솥엔 밥이 있으며, 병원에 다녀온 손가방은 방 가운데 놓여 있었다. 금방 다녀올 것같이 다 놔두고 사용할 사람은 다시 못 올 먼 길을 떠났구나 생각하니 너무도 어처구니가 없어 눈물이 왈칵 솟으면서 말문이 막혔다. 오랜 세월 자기 자식들보다 나와 더 자주 만났으니 있는 정 없는 정이 들어서 섭섭하기도 하여 며칠 동안 잠을 설치며 생각이 났다.

몸도 성치 않으면서 생활비를 조금씩 주는 것조차 크게 부담을 갖는 자식들의 눈치가 보인다며 간장, 고추장, 젓갈을 담아 자식들에게 주었지만 자식들이 그 마음을 알기나 할는지. 허리수술 뒤에도 동사무소에서 노인들에게 일거리를 준다니까 앞장서서 일하다 돌아가신 79세의 할머니였다. 자식이 무엇이기에 아껴 먹고 주기만 하려 했는지 모르겠다.

성경 전도서 9장을 보면 "무릇 산 자는 죽을 줄 알지만 죽은 자는 아무것도 모르며 상받을 수 없는 것은 그 이름이 잊혀진 바 된다. 그러니 살았을 때 손 닿는 한 힘을 다해 일하라. 죽어 무덤에 들어가면 일도, 계획도, 지식도, 지혜도 없다."고 알려준다. 참으로 옳은 말이다. 요즘 신문광고에 '살아 백년 천년 유택'이라며 유골을 명당인 아무 곳 납골당에 잘 모시면 자손이 대대로 잘된다며 유혹한다. 요즘 권위를 자랑하는 아무개들, 인기 좋은 연예인 누구누구의 조상들도 그곳에 모셨다는 광고를 보고 쓴웃음이 절로 나왔다.

누구나 태어날 때부터 살려고 발버둥치질 않는가. 죽고 싶어 죽은 사람이 어디 있는가. 살 수만 있다면 100년이 아니라 천년이라도 살고 싶은 마음이다. 첫 조상인 남녀가 하느님에게 불순종의 죗값으로 노쇠하여 죽어 흙으로 돌아간 그가 무슨 능력이 있어 후손들에게 잘 살고 못살게 할 수 있단 말인가. 아무리 생각해봐도 그건 아닌 듯싶다. 살아있는 동안 창조주의 원칙에 따라 그분의 계명을 지키며 자연에 순응하며 정직하게 살아가는 것이 인간의 도리라 여겨진다.

죽은 사람은 무의식 상태이기에 아무리 맛있는 것을 정성들여 가득 차려 놓아도 먹지 못한다면 국산이냐 수입품이냐가 무슨 소용이 있을까? 살아 계시면서 잘 잡수실 때 좋아하시는 음식 대접함이 옳을 것 같다. 살았을 때는 큰 생선 한 마리, 비싼 고기 한 점 대접치 않고 무관심하다가 제사상엔 큰 것을 차려 놓아야 좋다면서 한 상 가득 차리는 것은 도무지 이해가 되지 않는다. 전통적인 관습의 허례허식인 제사보다 살았을 때 부모 마음을 헤아려 효도하는 것이 더 가치 있는 일이 아닐까? 가득 차린 음식보다 후손들이 모여 좋은 평판을 받는 사람 되길 다짐하며 우애하고 화목하게 잘 지내는 것이 옳으리라.

요즘 신세대 여인들에게는 '명절 증후군'이란 신종 병명까지 떠돈다. 그러기에 시댁에는 되도록 늦게 가려고 한다지 않던가. 한꺼번에 많이 마련한 음식은 맛도 없고 낭비가 크다. 가족끼리 모여 먹을 만한 음식 몇 가지만 장만하고 평소 나누지 못한 대화라도 나누고 옛날 시집살이하셨던 이야기도 들어주고 집안에 손 댈 곳이 없나 살펴보며 재미있는 윷놀이도 하면서 함박웃음을 웃어준다면 부모들은 더 좋아할 것이다. 살아있을 때 부모 마음을 즐겁게 해주는 것이 가장 으뜸가는 효도가 아닐까 싶다.

(2008. 2)

제3부
마지막 통일열차

작은 고을도 쉬어가며 서민들의 애환을 실어 나르던 통일열차, 막걸리 같은 텁텁한 통일열차, 구수하게 이야기 잘하는 촌 노인 같은 통일열차가 서너 시간 후면 50여 년의 숱한 서민들의 애환을 긴 객차 속에 묻어놓고 역사의 뒤안길로 사라진다고 생각하니 만감이 교차한다.

– 〈마지막 통일열차〉 중에서

서울 나들이

오랜만에 서울을 한 바퀴 돌게 되었다. 거대하게 팽창한 서울을 보니 입이 절로 벌어지고 눈은 어디에다 둬야 할 지 현기증이 날 지경이었다. 세계 어디에 내놓아도 뒤질 것 같지 않은 큰 도시였다. 좋아해야 할지, 슬퍼해야 할지, 자랑해야 할지, 감을 잡을 수가 없었다.

32년 전, 1976년 큰딸이 서울대학에 진학하여 난생처음 시골뜨기가 서울에 갔을 때는 고속버스터미널이 동대문 옆에 있었다. 관악산 자락으로 옮겨온 서울대학교 건물이 몇 채 있을 뿐, 신림동 산자락엔 집이 한 채도 없었다. 가운데 개천이 흐르고 봉천동 비탈진 곳에 새로 지은 주택 얼마가 매달려 있고 봉천동 쪽 냇가로 버스가 다니고 있었다. 딸은 낙성대 부근에 방을 얻어 자취를 하면서 걸어다녔다. 날마다 달마다 길이 생기고 집이 생겨나서 몇 년 뒤에는 신림동 봉천

동엔 꼭대기까지 계단식 주택들이 뒤덮여 빈 땅을 찾아보기 어려웠다. 방값은 천정부지로 올라 따라갈 수가 없었다.

연세대학교 두 명, 동국대학교 한 명, 네 아이들이 대학을 다 졸업하도록 신림동을 떠나지 못하고 누비던 때가 눈에 선하다. 10여 년 동안 한 달에 한 번 이상 쌀과 반찬을 갖고 전주에서 서울 행차를 했으니 서울이 냄새가 날 정도였다. 내가 낸 교통비만 해도 한 사람은 족히 먹고 살 수 있었으리라. 자녀들이 직장을 얻고 결혼을 다 마칠 때까지 동대문시장, 남대문시장, 공무원연금매점, 백화점 등을 뻔질나게 들랑거렸다. 1985년도엔 남편이 서울에서 2개월간 직장교육이 있어, 구경하길 좋아하는 나는 친척들 전화번호만 들고 서울의 동서남북 팔방을 안 가본 동이 거의 없다시피 서울바닥을 누비고 다녔다. 경복궁, 덕수궁, 창경원, 박물관 등 고궁도 가고 마포대교를 걸어서 건너기도 했다. 지금도 어느 구 무슨 동이라고 하면 어느 쪽에 있다는 것쯤은 훤히 안다.

1990년도에 큰딸의 아이를 맡아 기르면서부터 서울행이 뜸해지고 둘째딸의 쌍둥이를 7년 기르다보니 서울은 영 멀기만 했다. 2000년도에 쌍둥이가 서울 저희 집으로 가면서부터 가끔 서울에 가도 볼일만 보고 바로 오게 되었다. 이제는 내 집을 떠나기 싫은 늙은이가 되어버렸다. 며칠 전 막내여동생이 상도동에서 오래 살다가 의정부에서도 훨씬 북쪽인 양주시의 끝으로 이사했다기에 찾아갔다. 긴 시간을 가노라니 대단지의 아파트가 산자락을 덮고 있었다. 2년쯤 된다고 한다. 이제 아파트가 북쪽으로까지 진출하는 모양이다.

양주시의 주내역에서 의정부를 거쳐 목동에 사는 둘째딸집을 전철로 가니 빨랐다. 이제 서울에 전철이 없다면 유동하는 그 많은 인구를 감당할 수 없으리라. 목동아파트단지는 숲속에 들어온 것 같다. 그러니 집값이 만만치 않단다. 전주 우리 집과 비슷한 평수이지만 목동 집값은 우리 집보다 10배나 됨직하다. 서울의 집값을 모두 돈으로 바꿔 쌓아 놓는다면 아마 북악산보다 더 큰 산일 것 같다.

둘째딸 가족과 강화도를 돌아보고 김포를 거쳐 여의도로 들어섰다. 마침 점심시간이어서 멋진 신사 숙녀들이 식당을 찾아서 꾸역꾸역 몰려나오고 있었다. 저 높은 빌딩 숲에서 무슨 일들을 하고 있는지 궁금하다. 국회의사당 주위를 돌아봤다. 이렇게 크고 멋진 좋은 집에서 무얼 하느냐고 물었더니 하나같이 싸움하는 곳이라고 한다. 한국의 최고 인사들이 국론을 한다는 곳이지만 TV에서 보면 말싸움질에 몸싸움까지 한다. 국민들의 복지를 위해 싸우는지 자신들의 영광을 위한 자리다툼인지 그들 자신만 알리라는 생각을 하니 씁쓸한 기분이다.

여의도에서 경기도 용인시 수지구 죽전동에 사는 아들 집으로 오는데 버스는 서울 중심을 흐르는 한강변을 달렸다. 말없이 유유히 흐르는 한강물은 언제 봐도 서울의 자랑거리다. 서울의 이 많은 사람들의 애환을 감싸 안아 줄 만큼 넉넉하고 사랑 많은 어머니 젖줄 같은 이 한강을 잘 대접해야만 천만여 명이 넘는 서울시민이 평안히 살 수 있으리라. 30년 전 몇 개 안되던 다리가 현재 25개가 넘는다고 한다. 저 많은 인구가 만일 도로가 막히거나 훼손되든지 기름이 없어 자동차가 못 다니면 무얼 먹고 살지 괜한 염려를 해본다.

몇 개의 구와 동을 지나 거대한 분당신도시를 거쳐 죽전 아파트단지로 돌아오는데 약 2시간이 걸렸다. 가도 가도 끝없이 펼쳐지는 고층 아파트 숲에, 꼬리에 꼬리를 물고 한강물 흐르듯이 달리는 많은 자동차를 보고 나는 하얗게 질려 버렸다. 저 많은 사람들이 무얼 먹고 무엇을 하며 어떻게 살아갈지. 삼십여 년이 지난 지금 이토록 변했다면 30년 뒤를 생각하지 않을 수 없다. 어찌하여 공기 좋고 살기 좋은 시골은 텅텅 비워 놓고 젊은이들을 서울로만 불러 모으는지 예사로운 일은 아니다.

아들 집은 야산이 바로 앞에 있어서 눈이 쉼을 얻는다. 잠을 청해도 낮에 본 서울 거리가 눈앞에 어른거리며 잠을 쫓았다. 땅속에서부터 땅위의 수많은 건물들에 얽힌 가스배관과 전깃줄을 생각하면 아찔하다. 요즘은 무슨 축제를 해도 불꽃놀이에서부터 불 화덕을 앞에 놓고 장면이 바뀔 때마다 화통에서 불을 훅훅 뿜어낸다. 데모도 맨몸으로 하다가 촛불을 켜들고 시위를 한다. 아차 하면 불바다가 되지 않을까싶어 아슬아슬한 곡예를 보는 심정이다. 고대 바벨탑처럼 더 높은 건물을 시샘하듯 지어 부의 상징 국가의 힘을 자랑하려는 것은 무모한 짓이 아닐까? 정말 회색하늘 아래 서울은 너무 복잡해서 무섭다. 머리가 아프다. 어딜 봐도 포화 상태다. 물병에 물도 가득 차면 마개를 막아야 한다.

남한 인구의 절반은 서울과 경기도에 산다 해도 과언이 아니다. 너나 할 것 없이 눈을 뜨면 서울로 가고 지방에는 늙은이들만 살고 있으니 무슨 까닭일까. 아주 잘못된 생각인 듯싶다. 이제 지방으로 분산시킬 때인 것 같다. 인간은 땅이 생명의 원천인데 땅을 투기목적으로나 삼고 땅을 무시하고 땅을 멀리하려는지 정말 안타까운 일이다. 가장 귀한 농토를 버리고 편리함만 추구하면서 공장만 늘리다보면 머지않아 배고픈 때가 올 것은 불을 보듯 뻔하다. 금강산도 식후경이라 했다. 저 많은 사람들의 필수인 먹을거리가 어디서 나오는지 삼척동자에게 물어볼 일이다.

(2008. 7)

마지막 통일열차

2004년 3월 31일 한국의 마지막 통일열차를 타고 여행하기 위해 새벽 5시30분 전주역에 도착했다. 같이 가기로 약속한 친구는 74세이며 나보다 5세 연상이다. 언제 봐도 우아하고 멋진 노소녀이다. 친구가 되는 데는 나이는 별로 문제되지 않는다. 마음만 통하면 친할 수 있다. 우리 둘은 여행하기를 좋아해서 한쪽이 마음이 우울하다 하면 금방 모악산이라도 같이 간다. 가까운 금산사 계곡은 사철 가리지 않고 자주 나가 심신을 달래곤 하는 단골 여행지이다. 이번 여행도 그분의 친가 고향 보성엘 가보고 싶다 하여 그리로 정했다. 여행을 다니다 보면 교통비가 만만치 않다. 우리는 서민들의 이야기도 듣고 저렴한 이 통일열차를 자주 이용하는 편이다.

그날도 둘 다 외식은 싫어하는 편이라 김밥과 약간의 간식, 포도주도 조금 챙겨 소녀가 된 기분으로 열차에 올랐다. 열차 안은 한산했다.

차츰 아래쪽으로 내려갈수록 시골 마을에서 단체로 오르기 시작하더니 남원 지나 구례에서는 좌석이 없어 서 있는 손님이 많아지고 시끌벅적 하면서 열차 안은 사람냄새가 물씬 풍겼다. 모두가 마지막 통일열차에 얽힌 이야기로 너도나도 한마디씩. 그래서 여수 쪽으로, 거제도 쪽으로 봄나들이 구경 가는 사람들이 많았다. 전라도 사투리가 어쩐지 정겹게만 들렸다. 쑥을 넣어 만든 절편도 얻어먹고 술도 한잔 받으라고 권하고 금방 사귄 친구들이지만 어색하지 않고 함께 어우러져 이런저런 세상 이야기를 하다 보니 어느새 순천역에 도착했다. 우리는 내려서 떠나가는 마지막 열차에 손을 흔들며 아쉬움을 달랬다.

곧바로 보성행 열차를 갈아타고 1시간 걸려 보성에 도착하여 군내버스를 타고 율포 바닷가에 있는 해수탕에서 목욕을 했다. 두세 번 와서 추억을 쌓은 곳이지만 앞으로 얼마나 올지 기약할 수 없었다. 넓은 남쪽바다를 손을 흔들어 작별인사를 하고 곧바로 녹차밭으로 향했다.

일제 때부터 일구어 가꾼 비탈진 녹차밭은 한마디로 장관이었다. 아직 새잎이 돋아나지 않았지만 이 많은 차 잎을 따려면 인건비도 만만치 않으리라. 녹차 잎 2봉지를 사고 칼칼한 차 한 잔 얻어 마시고 오는 길에 친구 분의 고향 마을에 들러 하룻밤 묵으려 하다가 서울로 올라가는 통일열차가 되돌아온다기에 서둘러 보성에서 6시20분 열차를 타고 순천에 도착했다.

8시쯤 열차에 오르니 아침에 만났던 친구들을 또 만났다. 반가워하면서 구경 잘했느냐고 묻기도 하고 약간의 술기운이 도는지 흘러간 노래와 신세대 노래로 열차 안은 마지막 통일호를 보내는 축제마당 분위기이다. 정치 이야기가 나오면, 너도나도 대통령이고 국회의원이 된다. 정치가들의 부정부패와 탐욕주의로 망가진 현 사회 이야기에는 모두가 걱정스러워한다. 시골 홀아비가 몇 번의 재혼에 가산을 탕진한 사연은 가슴 아프다. 어느 나이 든 분의 "값비싼 고속열차 만들어 운행해 보았자 우리 농촌 사람들은 이용할 수나 있나? 빨리 가봐야 죽음으로 가는 길밖에 더 있어? 세월이 너무 잘 가서 원수인데." 하는 푸념이 영 잊히지 않는다. 사람들은 무엇을 위해, 어디를 향해 그렇게도 빨리만 달리고 싶은지…….

아무튼 갖가지 이야기를 마음대로 쏟아놓아도 어느 누구 야단치는 이도 박수 치는 이도 없다. 작은 고을도 쉬어가며 서민들의 애환을 실어 나르던 통일열차, 막걸리 같은 텁텁한 통일열차, 구수하게 이야기 잘하는 촌 노인 같은 통일열차가 서너 시간 후면 50여 년의 숱한 서민들의 애환을 긴 객차 속에 묻어놓고 역사의 뒤안길로 사라진다고 생각하니 만감이 교차한다.

나 역시 46년 전, 남편의 취직으로 남원에서 군산까지 장작나무 한 다발, 쌀 한 말, 간장 한 병, 메주 세 덩이를 기차 짐칸에 싣고 완행열차를 타고 갔던 추억에 가슴이 찡하다. 서울로 네 자녀를 모두 대학에 보내놓고 교통비를 적게 들이려고 늦은 밤에 이 통일호로만 다니지 않았던가! 여수에서 건어물 해물들을 이고지고 팔러 다니던 아주머니들의 왁자지껄하던 모습도 이젠 볼 수 없다. 서민들의 한을 가득 실은 통일열차는 사라지지만 많은 사람들의 추억은 영원토록 남아 있을 것이다.

(2004. 5)

제2의 고향 전주

며칠 전, 장애자와 노인들을 무료로 태워주는 버스를 타고 전주시를 한 바퀴 돌았다.

너무도 많이 변한 전주 시가지 모습에 입을 다물 수가 없었다.

잠시 33년 전으로 되돌아가 보았다. 공무원인 남편을 따라 여러 곳을 다니다 큰딸을 전주여자고등학교에 입학시키면서 밑으로 세 자녀를 데리고 남원에서 전주로 무작정 입성했다. 전주고등학교와 담을 사이에 둔 조그마한 방 두 칸을 세 얻어 이사를 했다. 나는 어느 곳에 가든 그곳에 가면 지리를 파악하기 위해 틈만 나면 걸어서 이쪽 저쪽 사방을 돌아보기를 좋아했다. 그래서인지 그 고장에 오래 살았던 사람들보다 길이나 동 이름을 더 잘 아는 편이다. 전주에 와서도 아이들 등교시키고 나면 혼자 시내 구경도 하고 가까운 산에 올라 시내를 내려다보기도 하였다.

전주시를 감싸 안고 유유히 흐르는 맑은 전주천은 전주시민의 젖줄 같았고, 시가지 주위는 온통 넓은 논밭이 붙어있어 풍요로워 보였다. 시가지는 고풍스런 옛날 기와집이 즐비하고, 나무가 많아서 쾌적한 분위기였다. 남쪽으로 높지도 낮지도 않게 솟아있는 승암산과 기린봉은 전주시를 지켜주는 지킴이같이 보였고, 서남쪽 다가산은 아기라도 오를 수 있는 어머니 품속 같고, 서북쪽 황방산은 겨울철 북쪽의 찬바람 황사바람막이 역할을 해줄 것 같았다. 정말 아름답고 아담하고 포근한 정감이 가는 도시로 여겨졌다. 이렇게 살기 좋은 도시에 오게 되다니 내가 우겨 전주로 온 것은 참 잘한 일이라고 자화자찬을 하였다. 나는 이곳 전주에서 네 아이를 훌륭히 교육시켜 보리라 다짐하고 정착할 마음을 먹었다.

전주는 여인들의 의상을 보고도 고풍의 도시임을 짐작하였다. 대구가 친정이어서 가끔 왕래하는데 대구시 여인들의 옷은 바지와 잠바 차림에 도시가 온통 어두운 느낌을 주었다. 전주시내 여인들은 고운 한복을 철따라 배색을 맞춰 입고 한가롭게 거니는 여유있는 모습이 부러웠다. 나도 나들이 때는 애써 한복만 입었다. 인심도 좋았다. 남편은 다른 곳에 있고 네 아이를 데리고 힘들게 지내는 나에게 주인집 미장원 아가씨는 위로를 하며 경제적 도움이 되도록 일거리도 챙겨주었다. 시민들의 교육열도 대단하여 교육도시임을 느꼈다. 나 역시 누구에게 뒤질세라 열정을 다해 노력했기에 서울의 명문대로 네 아이들을 보낼 수 있게 된 것은 전주에 정착한 덕이리라. 전주는 나에게 희망과 기쁨을 주는 나의 제2의 고향이다.

어느 도시보다 고풍스럽고 평화스럽던 전주도 삼십 년 세월이 흐르면서 현대화 물결이 일렁이고 있다. 아파트바람이 불면서 보기만 해도 아슬아슬한 칸칸이 집들이 동서남북 산을 가로막아 올여름 가장 더운 곳으로 낙인이 찍혀 매일 일기예보에 보도되니 누가 전주에 와서 살려고 하겠나? 생각할수록 가슴 아프다. 전북에 인구가 줄었다고 걱정하면서 웬 아파트는 그리도 많이 지어 주변 옥토를 침식시키는지 알 수가 없다. 중앙동, 경원동, 남노송동에 현재 비어 있는 집들이 너무 많다. 넓은 터에 혼자 사는 집도 많다. 당국에선 기존 집들을 재개발하는 방법을 연구해봄이 더 좋을 듯싶다.

기존 시가지를 몇 백 년 가도 허물지 않고도 살아가는 프랑스 파리 시가지 집들처럼 잘 설계해서 견고하게 지을 순 없을까. 인후아파트 지은 지가 얼마나 된다고 벌써 허물고 다시 짓고 있으니 자원낭비가 이만저만이 아닐 것 같아 염려스럽다. 새 아파트만 많이 짓는다고 살기 좋은 도시가 될까? 산도 막고 하늘도 막아버리는 아파트에 시골 젊은이들까지 부추겨 손짓해서 모으는 것이 도시 발전인지 묻고 싶다. 한번쯤 생각을 깊이 해봐야 되지 않을까?

우리가 매일 먹어야 사는 식품은 어디에서 나는가? 아중리 논두렁에 쑥, 송천동 우아동에서 나오는 맛있는 과일, 평화동 완산동 미나리, 기린봉 밑에 부추, 서신동 무 · 배추는 아득한 꿈에서나 먹을 수 있을까?

산이 병풍처럼 둘러진 아늑한 전주, 고풍스런 예향의 전주, 인정 많고 풍요로운 전주, 마음씨 고운 전주, 교육의 도시 전주, 멋과 맛을 아는 자랑스러운 전주를 건설하는데 우리 모두 마음을 모아 노력해야겠다. 나처럼 살기 좋은 전주를 제2의 고향으로 삼고 싶어 찾아오는 사람들이 많아지도록 말이다.

(2004. 10)

양반고을 안동을 다녀와서

온 산을 곱게 물들인 단풍잎도 내년을 기약하며 앞서거니 뒤서거니 길을 떠나느라 한창 바쁜 늦가을, 전북대학교 평생교육원 수필창작반에서 안동 쪽으로 문학기행을 간다고 한다. 꼭 한번 가보고 싶었던 곳이라 선뜻 따라나섰다.

전주서 안동 하회마을까지는 꽤 먼 거리여서 생각보다 늦게 도착했다. 안동 땅을 들어서기 전까지는 큰 산맥 자락이라서 산간지방이려니 했던 내 생각은 기우였다. 들도 제법 넓고 누가 봐도 살기 좋은 곳임을 짐작할 수 있었다.

그 맛이 좋아 소문난 안동 간고등어자반으로 점심식사를 하고 곧바로 하회마을 탈 굿마당으로 갔다. 시간이 늦어서 유명한 하회 별신굿은 끝났고 양반 선비마당만 볼 수 있었다. 양반과 선비들이 서로 자기들이 지체가 높고 학문이 깊다고 다투며 우쭐대다가, 양기에 좋다는 별것 아닌 것을 놓고 서로 가지려고 다투는 꼴을 탈춤극으로 재미있게 풀어내는데 지배층인 지식인들의 위선과 가식을 여지없이 드러내 보여주었다. 여러 가지 모양의 탈을 쓰고 한바탕 신명나게 쏟아 놓는 해학과 풍자에 관객들 모두가 속 시원하게 웃을 수 있었다. 탈을 쓰고 상민들의 억눌린 감정과 불만을 해소할 수 있었다는 당시의 탈춤놀이는 억눌려 있던 민중들의 숨구멍을 터주고 양반들의 잘못된 의식구조를 바로잡아주는 역할을 했다고 생각하니 훌륭한 선조들의 지혜로움에 감탄하였다. 놀이가 끝나고 갖가지 탈을 벗고 인사를 하는 탈 연수자들은, 아주 나이 젊은 사람들이어서 더욱 힘찬 박수로 노고를 격려했다.

아쉬움을 뒤로하고 하회 마을을 돌아보았다. 보드라운 흙 길을 밟으며 마을 안으로 들어가니 고풍스런 큰 기와집들이 마을 중심에서 반갑게 맞이한다. '양진당'은 보물 제306호로 4백 년이 훨씬 넘도록 풍산 류씨의 큰 종가로 전해온다. 집이 보통 집보다 높은 것이 특색이다. 안채로 연결되는 여러 개의 방 중에 사랑채 댓돌 위가 잘 보이는 쪽 방의 조그만 들창문은 안채에서만 열 수 있는데, 그 이유는 사랑방 대뜰에 놓인 손님 신발만 보고도 식객이 몇인지 파악하고 음식상을 차려 내올 수 있게 되어 있다는 안내원의 말을 듣고 참으로 감탄사가 절로 나온다.

보물 132호로 지정된 '충효당'은 평생을 청백하게 지낸 류성룡 선생의 유덕을 추모하여 지은 종택인데, 좁고 긴 마루에 촘촘한 난간이 특이했다. 아마 마루마다 난간을 해놓은 것은 당시 버선발로 다니는 선비들의 예방인 것에 지혜로움이 돋보인다. '북촌댁' '남촌댁' 같은 조선시대 전형적인 양반가옥은 당시 사람들의 삶을 느낄 수 있었다. '원지정사' '빈연정사' '옥연정사' 등은 류성룡 선생이 학문을 연구하고, 제자를 양성하고 좋은 책을 저술하기 위해 서재로 사용하고, 정사에서 은퇴한 후에도 정양하던 곳이다. 이곳 집들을 둘러보고 느낀 것은, 공통적으로 기둥 사이의 방이나 마루를 땅에서 두 뼘 정도 띄워놓고 지은 것이다. 아마 통풍이 잘되어 집을 오래도록 보존하려 함이 아니었나 싶었다. 현재 우리들이 살고 있는 아파트는 삼십 년도 못 되어 허물고 다시 짓는 미련함을 보고 그분들은 무어라고 나무라시려는지?

긴 돌담을 돌아 '류씨 주가옥'의 높은 대문 앞에 섰다. 대문을 들어서면 안방 쪽의 전면에 울타리를 만들어 사랑방 손님과 안방의 부녀자들이 마주치지 않게 해 놓은 것을 보게 된다. 이렇게 남녀가 유별했음을 볼 때, 요즘사람들의 헝클어진 삶이 걱정스럽다. 나는 발길을 옮기면서 이런 생각에 빠졌다. 검은 갓을 반듯하게 쓰고 흰 도포를 입은 잘생긴 선비들이 높은 마루에 앉아 글을 읽다가 조용히 일어나 '누구인데 이곳을 찾아왔느냐.'고 묻는다면, '당신님들처럼 글을 좋아하는 사람인데 훌륭한 지혜를 배우고 싶어 왔습니다. 많이 가르쳐 주시옵소서.' 하며 고개 숙여 인사드리고 싶은 장면 말이다.

참으로 하회 마을은 아름답기 그지없었다. 낙동강 상류줄기가 마을을 휘감아 돌아 흐르고 강 건너 기암절벽의 부용대와 강가의 백사장이 어우러져 한 폭의 아름다운 산수화를 펼쳐 놓은 경치에 흠뻑 취해, 지는 해를 붙잡고 앙탈을 부리고 싶었다. 우리 일행은 아름다운 경치를 배경으로 기념사진도 한 컷 찍었다.

하회마을에 풍산 류씨가 처음 터전을 잡게 된 일화는 내 가슴에 머문다. 원래 살고 있던 사람들이 타지방에서 들어오려는 류씨들을 달갑게 받아들이지 않았다. 들어와 살려면 두 해 동안 그 마을 밖에서 적선을 많이 해야 한다는 조건을 제시했다. 류씨들은 그 두 해 동안 이웃에게 많은 적선을 행하고서야 하회마을로 들어와서 정착하게 되었단다. 옛날 분들도 한마을에 같이 살자면 서로 돕고 베풀고 살아야 온 마을이 화목하게 살 수 있기에, 타 간에서 들어오는 양반인 류씨들의 성품을 시험해보려고 그런 것이 아닌가 하는 생각에 선조들의 지혜에 그저 감탄할 뿐이다.

'악을 행하면 삼사대까지 보응을 받고, 선을 행하면 천대까지 복을 받는다.'는 성경 말씀이 떠오른다. 풍산 류씨의 선조들이 청렴하고 친절하면서 남에게 후히 베풀며 선을 행하였기에 수백 년이 지난 오늘날까지도 많은 사람들의 귀감이 되고 있지 않나 싶다. 몇 해 전 내한한 영국의 엘리자베스 2세 여왕까지 이 마을을 방문한 화보를 보았다. 정말로 안동 하회양반 마을은 보고 느낄 것이 많은 유서 깊은 곳이었다.

옛날이나 오늘날이나 진짜 양반은 나보다 못 배우고 못 가진 자들을 동정심을 갖고 배려하면서 잘 알려주고 나누어주며 손을 잡고 어깨를 함께해야 함을 느꼈다. 오늘 여행은 알찬 수확을 한 짐 가득 지고 오는 기분이다.

(2004. 11)

바다여행

유월의 첫 공휴일 아침, 친하게 지내는 이웃 아우가 찾아와 다짜고짜

"형님, 나 좀 데리고 어디로 바람 좀 쐬러 가줘요."

하며 졸랐다. 손자 둘을 기르느라 곤죽이 된 60대 중반의 그 친구는 늘 훌훌 털고 여행 한번 해보기를 소원했다. 나는 집안일도 있어서 거절하려다 얼마나 갑갑했으면 저럴까 싶고 나 역시 손자 기르기 십여 년을 겪었던 터라 선뜻 좋다고 했다.

바다가 보고 싶으니 군산으로 가자고 했다. 9시 10분 통근열차를 타면 600원이면 전주에서 군산까지 갈 수 있다. 이웃에 사는 또 다른 76세 할머니와 71세인 나, 셋이서 바삐 서둘러 택시로 전주역에 도착하자마자 열차에 올랐다. 아무 준비를 할 겨를도 없이 훌쩍 나선 여행이기에 바다나 바라보며 점심식사나 하고 와야지 했는데, 정작 바

다를 보자 배를 타보자고 했다. 고삐 풀린 망아지처럼 어찌나 좋아하는지 입이 귀에 걸린다. 기왕 나선 길이니 마음껏 즐기게 해주자 싶어 택시를 타고 선착장으로 달렸다.

택시 속에서 들뜬 기분을 가라앉힐 새도 없이 유람선 선착장을 지나 택시는 계속 달리고 있었다. 되돌아갈까 하다가, 유람선을 타고 고군산 군도를 한 바퀴 돌아오는데 약 4시간 정도 걸린다고 한다. 배를 처음 타는 분들이라 멀미도 걱정되고 그날따라 안개가 짙어서 멀리 있는 것은 볼 수가 없었다. 군산은 50년 전 5년을 살았고 그 뒤로도 가끔 왔지만 선유도는 가보지 못했던 터라 내친김에 여객선 터미널까지 가자고 했다. 툭 트인 해안선도로를 40분 남짓 달리는 차안에서 두 할멈들은 연방 "좋다 좋아!" 하며 탄성을 질렀다. 11시 40분에 갔다가, 오후 5시 40분에 되돌아오는 왕복표를 사들고 잠시 수평선을 바라보자 노래까지 부르며 좋아한다.

"넓은 바닷바람에 온갖 시름은 다 날려 보내버리고 즐거운 여행을 합시다."

고 하자 손뼉을 치며 좋아한다. 할머니들은 동심으로 돌아가 마냥 기쁜 표정이었다. 이래서 여행을 하는가 보다. 나는, 거제도에서 한려수도를 돌아오는 정도만 배를 타보았지, 이렇듯 망망대해는 처음이다. 날씨는 바람이 불지 않아 배 타기는 더없이 좋은 날씨라고 한다. 많은 탑승객들은 바람이 차다고 선실 속으로 들어갔다. 나는 약간 비릿하면서도 상쾌한 맑은 공기를 가슴 깊이 들이마시며 물바람이 좀 차긴 했지만 파도 하나도 놓칠세라 바라보며 상념에 잠겼다. 지저분함도 없고, 높고 낮음도 없이 밀어젖힌 듯 이렇게 고를 수가 있을까? 이 물의 깊이와 무게는 얼마나 될까? 이 거대한 물탱크는 누가 만들었을까? 성경 '욥기' 37장에서

"가만히 서서 하느님의 기묘하신 일을 궁구하라."

고 하신 말씀들을 떠올리니 더욱 외경심을 자아내게 한다. 이 모든 것을 창조하신 여호와 하느님께 고개 숙여지며 감사의 기도가 절로 나왔다.

주위 섬들을 안개 때문에 잘 볼 수 없어 아쉬웠다. 1시간 20여 분 만에 선유도에 도착했다. 선착장 가까운 곳 산 밑으로 식당들이 즐비했다. 한 집에 들러 갑오징어 회 한 접시와 점심식사를 했다. 섬에는 버스나 택시가 없다. 자전거와 오토바이, 덮개만 있는 삼륜차가 승객 이동수단인데 무녀도, 장자도까지 다리가 놓였기 때문에 한 바퀴 도는데 1인당 최하 8,000원에서부터 13,000원까지라고 하며 승객을 부른다. 우리들은 돌아갈 경비를 생각해서 걸어서 구경하자며 무녀도 다리를 건넜다.

육지와 멀리 떨어진 이곳까지 어떻게 왔는지, 산이나 들이나 육지에 있는 나무, 풀, 꽃 등 있을 것은 다 있다. 무녀도를 한 바퀴 돌면서 시간에 쫓겨 염전을 못 간 것이 아쉽다. 선유도를 돌아가니, 오른쪽으로 그리 높지 않은 바위산 밑으로 부드러운 백사장이 눈길을 끈다. 주저앉아 만지고 뒹굴고 놀고 싶은 충동은 어찌 어린이뿐이랴! 장자도를 향해 쪽빛 바다를 사이에 두고 흩어져 있는 수려한 경관에 도취되어 다리 아픈 줄도 잊고 장자도 큰 다리를 건넜다. 작은 장자도까진 가지 못하고 돌아오려니 뉘엿뉘엿 서산으로 다가서는 해님이 야속스럽다. 손을 흔들어

"장자도야, 잘 있어라. 다음에 찾아와 실컷 놀아주마."
하며 한바탕 웃고 되돌아오는 길은 아쉬움에 젖어 발걸음이 무겁다.

선착장에 오니 벌써 배 안은 만원이었다. 왕복표를 사지 않았다면 못 올 뻔했다. 다른 사람들도 우리 일행도 저녁바람이 차다고 모두 선실로 내려가고 상층에는 젊은 연인 둘과 나만 남아 있었다. 넓은 바다는 금물결 춤을 추고, 뱃길에 부서지는 물결은 하얀 거품을 토해 내며 갈라져 좀처럼 합해지지 않고 바다 위에 길게 표시를 남긴다. 잠시도 가만 있지 않고 출렁이는 것은 무슨 까닭일까? 바닷물은 왜 짤까? 많은 강물들이 흘러들어도 넘치지도 않는지? 많은 생물들이 살아 움직이는 바다! 생각할수록 신비스럽기만 하다. 평온하고 잔잔하던 바다도 한번 화를 내면, 제아무리 잘난 사람도 속수무책이리라 생각하니 보잘것없는 인간들은 대자연 앞에 나약한 존재임을 새삼 깨닫게 한다.

오늘 여행은, 창조주의 경이롭고 위대한 솜씨를 다시 한 번 상기해 보며, 고개 숙여 감사하게 하는 값지고 즐거운 여행이었다.

(2006. 6)

시골중학교 동창회

경상남도 지리산 자락에 있는 함양중학교는 해마다 8월 중순이면 총동창회를 갖는데, 올해로 60회를 맞는다. 나는 6회 졸업생이다. 그동안 한번도 참석을 못했다. 주부들의 한세상이 그렇게 나들이가 쉬웠던가. 올해는 같은 전주시에서 사는 3년간 짝꿍이었던 친구가 함께 가자고 권했다. 그는 갑자기 못 갈 일이 생겨 나 혼자만 가게 되었다. 70이 넘은 노소녀는 설레는 가슴을 안고 여학생 기분으로 서둘러 갔다.

전주에서 함양까진 꼭 2시간이 걸린다. 일직 도착한 탓에 아무도 나오질 않았다. 걸어서 3분 정도에 있는 상림 숲으로 발길을 옮겼다. 낯익은 숲을 한 바퀴 돌아보았다. 정자며 나무들도 우리들만큼이나 늙어 보여 세월의 무상함에 가슴이 찡해 온다. 여기저기 썩은 나무들의 흉물스런 몰골들이 애처로웠다. 유심히 보았더니 곧은 나무는 별로 없고 나무 밑동에서부터 두세 가지로 뻗은 것이 많았다. 곧은 나무보다 밑가지가 많은 것일수록 물막이에는 좋았으리라. 이제 늙을 대로 늙은 나무들은 윤기 없는 잎사귀를 매달고 가지들은 땅에 닿을 정도로 늘어져 있었다. 젊은 나무들로 채워야 할 것 같다. 옛 최치원 선조의 지혜에 감탄하지 않을 수 없었다.

'상림上林'은 함양고을의 자랑거리이다. 천연기념물 154호로 지정되어 있다. 약 1100여 년 전, 신라 진성여왕 때 함양고을 태수로 온 유명한 학자 고운 최치원 선생이 고을 중앙으로 흐르는 강물로 인해 홍수가 잦은 걸 보고 냇물을 돌려놓고 둑을 쌓아 그 위에 나무를 심었다고 한다. 나무들은 합천 가야산에서 가져왔다니 얼마나 많은 인력들이 들었을까 짐작이 간다. 강둑을 보호하기 위해 조성한 인공림이다. 상림, 하림이 있었는데 하림下林은 농경지로 변하고 상림은 지금까지 유지되고 있다. 나무의 종류가 120종이나 되고, 2만여 그루나 된다. 한 가지 상림 숲에는 개미나 곤충이 없고 새가 살지 않는 숲이란 것이 신비로울 따름이다.

잠시 나무 그늘에 앉아 옛 추억에 잠겼다. 앞쪽 넓은 마당에서, 이웃 인월중학교와 축구시합이 있을 때 세라복, 파란 넥타이를 풀어 흔들며 응원하던 단발머리 친구들의 모습들이 아련히 떠오른다. 모두들 어떻게 변했을까? 서로 알아보기나 할까? 졸업한 지 강산이 다섯 번 하고도 중반의 세월이 흘렀다. 세월의 무상함을 달래다보니 약속시간이 되었다.

설레는 가슴을 안고 모임장소로 가니, 몇몇 남자친구들이 악수를 하며 반겼다. 누구라고 말해도 얼른 못 알아본다. 그 시대에는 남녀가 한 곳에서 공부는 했지만 얼굴도 못 익힐 정도로 내외를 지켰기에 반이 다르면 더욱 모를 수밖에 없었다. 기다려도 여학생들은 나타나지 않았다. 나 혼자이지만 옛날같이 부끄러운 마음보다 오래 사귀던 친구처럼 느껴졌다. 이래서 동창생이 좋다고 하는 건가.

까까머리 소년, 단발머리 소녀가 반백의 머리에 주름진 모습으로 만났으니 정말 감개무량하다. 하나 둘씩 친구들이 나타날 때마다 박수를 치며 대환영이다. 경쟁사회에서 늘 경계심에 짓눌려 웅크린 고양이처럼 살다가, 오랜만에 마음을 툭 터놓고 술잔이 오가고 그때 그 시절로 돌아가 허심탄회하게 이야기꽃을 피웠다. 동시대에 태어나 한 건물 안에서 3년을 아니 그 이상을 부대끼며 격동기를 지나고, 같은 사회의 공기를 마시고 살아왔기에 세대차이가 있을 수 없고, 서로를 이해할 수 있어 정이 더 가는 것이 아닐까?

저녁식사를 하고 모교로 향했다. 중학교동창회 전야제가 함양시민의 축제나 다름없이 많은 사람들이 모였다. 외따로 언덕에 있던 목조건물은 현대식 3층 건물로 바뀌었고, 비만 오면 진창이던 운동장도 넓게 잘 단장되었다. 27회가 주축이 되어 금년행사를 맡아 많은 경비를 들여 식장을 화려하게 꾸며놓았다. 영상설비가 잘되어 60회의 지나온 발자취를 한눈에 볼 수 있었다. 화려한 불꽃놀이에 레이저 춤이며, 유명한 가수들도 몇 초청하고, 선물추첨도 있어 참석자들의 마음을 들뜨게 했다. 잘 차려 놓은 밥상처럼 모두들 먹고 마시고 취한 듯 60회 동창회 전야제는 시끌벅적하게 진행되었다. 27회 후배들의 수고는 칭찬하지만, 하룻밤 3시간 정도 즐기자고 너무 많은 경비를 낭비한 것 같다. 그 중 뜨거운 불꽃놀이는 삼갔으면 하는 맘이다.

요란스럽고 시끄러워야 잔치 맛이 나는지 생각해봄 직하다. 모교를 빛내도록 후배들에게 본이 되는 알찬 프로그램을 짰더라면 더 좋았을 걸 하는 아쉬움이었다.

다음날, 젊은 후배들은 각 회기별로 체육대회가 있지만 우리들 6회는 70의 중반노년들인 탓인지 체육대회에 끼이지 못하고 지리산 자락 물 좋은 곳으로 갔다. 남자가 3반, 여자 32명 남자 18명 합반 4반이면 200명이 넘는데, 앞서 먼 세상으로 간 사람도 많고 외국으로 이민을 가거나 몸이 불편한 사람도 있겠지만 20여 명만 참석한 것이 못내 아쉬웠다. 여학생들은 항상 6, 7명은 나왔다는데 올해는 나 혼자였다. 또 가까이 있으면서도 잘 나오지 않는 사람도 있단다. 사회활동이라도 하면 나오고, 그렇지 않으면 나오지 않는 것이 한국사회의 잘못된 관념인 것 같다.

산에는 몇 그루의 큰 나무만 있다고 산이라 할 수 있을까? 산에는 큰 나무 작은 나무부터 나무를 감고 올라가는 칡넝쿨도 있고 온갖 풀이 어우러진 것이 산이 아닌가. 우리 동창생 모두가 살아 있어 올 수만 있다면 동창생의 자격으로 만나 함께 즐거움을 나누었으면 더욱 좋았었을 텐데…….

(2006. 8)

정든 우리 집

복잡한 신시가지인 서신동에 갔다가 지루한 장마 끝에 내리쬐는 햇볕이 침으로 찌르는 듯 따가워 택시를 탔다. 40대 중반의 기사와 이런 저런 세상 이야기를 하면서 왔다. 내가 사는 곳이라 했더니 기사가 의아해하며 툭 던지고 간 한 마디 말이 목에 가시처럼 걸렸다.

"사모님 같은 분이 이 동네에 사세요?"

"이 동네가 어때서요? 공기도 좋고, 조용하고, 시내도 가까워 살기 좋은 곳인데요."

"이 동네 빈촌이잖아요. 서신동 쪽으로 이사 가세요."

부촌에 살기만 하면 없는 돈이 많이 생기고 사람의 양심까지도 풍요로워지나? 빈촌이나 시골에 사는 사람은 양심마저 빈한하여 남을 괴롭히는가? 어떤 지역에 살든 그 사람의 내면에 담겨진 마음이 남을 얼마만큼 배려하며 올바르게 사느냐가 더 중요함을 말해주고 싶었지만 기사가 휙 떠나버려서 아쉬웠다.

요즘 세상은 99개 가진 자가 1개 가진 자의 것까지 빼앗아 가는 세상이다. 우리 집은 일 년 재산세가 10만 원 미만이다. 하지만 행동만큼은 노른자위 땅에 사는 사람 못지않게 올바르게 살고 있다고 자부한다. 지역이나 사람이나 외면만 보고 판단하는 것은 옳지 않다고 본다. 지금 살고 있는 우리 집은 걸어서 5분이면 전주시의 명산인 기린봉 산에 닿을 수 있다.

우리 집 옆으로는 소방도로가 사방으로 많이 나 있어 주차하기도 좋다. 2, 30분 걸어 나가면 전주시내 중앙로나 큰 시장들도 갈 수 있다. 72세인 나는 웬만한 곳은 걸어다니기에 교통비가 절감되고 운동도 되니 일거양득이다. 6살 위인 남편은 조용한 것을 좋아한다. 매일 기린봉에 오르면서 도심 속에서 시골 같은 우리 집을 좋은 곳에 마련한 것에 선견지명이 있다며 고맙다고 가끔 칭찬을 한다.

남편의 직장 따라 군산 · 광주 · 남원 등 여러 곳을 다니다 아이들 교육을 생각해서 1973년 전주에 정착했다. 셋방살이 20년 되던 해인 1979년 봄, 값이 싼 이곳 남노송동에 겨우 집을 마련했다. 네 아이들은 모두 서울로 대학을 가고 관사생활을 하면서 지내다 1991년도 말, 남편의 퇴직을 앞두고 봄부터 외손녀를 업고 익산에서 전주까지 다니면서 헌집을 헐고 지금의 양옥집을 지었다. 나는 건축용어조차 모르면서 용기 하나로 재료를 모두 사다주고 인부만 사서 직접 집을 지었다. 일 년을 매일 왕복하였기에 교통비만 해도 만만치 않게 들었다. 직접 지었기에 값비싼 재료에 화려하진 않지만 튼튼하게 잘 지어져 지금까지 어떤 문제 없이 잘 살고 있다. 그랬기에 더욱 애착이 가는 정든 집이다.

앞마당은 좁지만 여러 꽃나무 가족들이 매일 나를 반긴다. 옥상에 둔 옹기항아리들은 간장 · 된장 · 고추장 담그기 곡식창고로도 아주 좋다. 옥상의 농장에는 여러 가지 유기농 채소들이 있어 우리 두 식구 입맛을 돋운다. 시내와는 약간의 온도차이도 있다. 시내 쪽 회색 하늘을 보고 우리 집 하늘을 보면 자동차 소리보다 별들이 깜박이며 속삭이는 소리가 더 들릴 것만 같다. 울긋불긋 봄 동산을 바라보노라면 낄낄거리는 장끼 소리에 아까시 향내가 코끝에 스며든다. 구슬피 우는 뻐꾹새 소리에 진초록으로 갈아입은 여름동산을 보면서 활기를 얻는다. 단풍이 곱게 물든 가을동산은 풍요롭고 넉넉함을 안겨준다. 하얀 겨울동산을 바라보며 깊은 사색에 잠긴다. 날마다 온갖 모양으로 변하는 해넘이 하늘을 바라보며 위대한 창조주의 경이로움에 감탄하며 지낸다. 옥상농장에 음식찌꺼기를 늘어놓고 까치와 참새, 고양이들을 불러 잔치도 벌인다. 이곳이 아니면 복잡한 도심 속에서 이런 즐거움을 어찌 맛보랴!

현관 앞까지 돈 들여 청소해주는 편리한 아파트가 좋다지만, 나는 단독 주택을 고집한다. 노인들은 마당의 풀이라도 뽑아야 사는 맛이 있거늘 손 놓고 앉아 있으려면 감옥 같다며 다시 시골로 돌아오는 걸 본다. 정원에 꽃을 심고 채소 한 줌이라도 가꾸는 적당한 일은 노인들에게 좋은 일감이다. 우리 동네는 채소밭이 많아 이웃 간에 채소도 나누어 먹는다. 서로 얼굴이 익어 볼 때마다 인사를 나누는 인심 좋은 마을에 정착한 우리 집은 나의 노년을 더욱 행복하게 해준다.

사람의 가치를 믿을 수 없는 돈으로 따지고 포장치레에만 급급한 요즘 사람들을 생각하면 참으로 안타깝다. 낮에 있었던 일에 잠 못 이루는 이 밤, 달님이 환하게 웃으며 '자족하며 자신감을 가지라.'고 달래준다. 풀벌레들의 감미로운 연주를 들으며 스르르 잠이 든다.

(2007. 8)

광어회

내 나이 칠십이 넘도록 이런 일은 처음이다. 자신에게만큼은 자린고비로 소문난 여인이 쌀 반가마를 점심 한 끼로 꿀꺽 집어삼켰으니 자다가도 웃을 일이다.

전주 시내에 흩어져 사는 친구 할머니들에게 군산으로 싱싱한 조기를 사러 가자고 부추겨 전주역에서 군산행 9시 통근열차를 탔다. 70대인 네 할머니들은 소풍가는 여학생들처럼 제각기 잔뜩 멋을 내고 나왔다. 한적한 열차 안을 독차지하다시피 조잘대는 늙은 소녀들의 즐거운 모습이 나이만 들었지 행동과 마음들은 영락없이 철없는 소녀들이다.

군산에 도착해서 역 옆의 중앙시장을 빠짐없이 다 훑어보고 월명공원으로 택시를 몰았다. 공원에는 일행 중에 시부님 공적비가 있어

참배를 하고 시내구경도 했다. 짠돌이 할멈들이었지만 날씨도 쌀쌀하고 배도 출출한 터여서 점심은 공원 바로 앞에 있는 8층 건물인 군산횟집으로 가기로 의견을 모았다. 두 명씩 따로 먹자는 제의가 있어 앞서거니 뒤서거니 들어가 따로따로 상 앞에 앉았다. 다른 쪽은 생선뼈 탕을 주문한 것 같았다. 나와 짝인 분은 내가 모시고 간 분이어서 내가 대접하려고 마음을 먹었다.

메뉴판을 펼쳐들고 보니 광어회 9,000원이 눈에 잡혔다. 다른 회들은 8,000원, 7,000원이었다. 그 순간 2,000원 더 주고 좀 더 맛있는 것으로 먹어야겠다고 마음을 굳히고 주문을 했다. 6층에 자리한 홀에 넓은 창밖은 강 건너 장항 시내와 멀리 바다도 보였다. 한두 마리의 갈매기들이 훨훨 날아가고 경치와 분위기도 만점이었다. 조금 있으니 횟감에 따른 부산물이 차려지고, 유니폼을 입은 예쁜 아가씨들이 공손하게 음식을 나르는데 기분이 좋았다. 뒤이어 광어회 한 접시가 나왔다. 입 안에서 살살 녹았다. 두 사람 먹기에 좀 넉넉한 듯해서 두 줄을 접시에 담아 다른 할머니들에게 주었다. 두세 가지 횟감을 더 들고 온 아가씨가,

“두 분은 참 멋쟁이세요.”

라고 했다.

“우리는 겉멋쟁이가 아니라 속멋쟁이지요.”

하며 되받아넘기면서 이렇게 서비스가 좋으냐고 했더니,

“비싼 음식이니 천천히 잘 드세요.”

라는 것이다. 그제야 이상한지 친구가 물어봤더니 값이 90,000원이라는 것이었다. 그때부터 마주앉은 친구는 배꼽을 쥐고 깔깔거리며

웃기 시작했다. 참을 수 없이 웃음이 터져 나왔다. 우리들의 웃음소리에 그 넓은 홀 안의 손님들은 영문도 모른 채 웃음바다가 되었으니 9만 원이 아니라 구백만 원 값도 더한 셈이 되었다.

"이왕 이렇게 된 것이니 아무 소리 말고 맛있게 잘 먹고 행동이라도 비싸게 하자. 우리가 이 광어회 값보다 몇 백 배의 수고를 한 사람들이니 아깝지 않다. 꼭꼭 씹어서 잘 먹고 건강합시다!"
라고 하니 친구는 또 웃어댔다. 좀처럼 먹기 어려운 전복, 산낙지, 굴회, 여러 가지 회를 계속 들고 와서 이건 어디에 좋고 어떤 것이라는 걸 낱낱이 소개하며 권하니 그 맛은 더욱 황홀할 따름이었다. 마지막 하얀 네모진 접시에 소스로 만든 주황색 둥근달이 떠있고 초록색 산 그림 아래 거미만 한 게 두 마리가 달을 쳐다보는 음식을 마주하고 감상하면서

"야! 음식도 예술이다!"
했더니 또 웃음보를 터뜨린다. 너무나 웃어댄지라 홀 안의 사람들에게 약간 미안해서 우리들이 웃음치료사이기에 많이 웃었노라고 살짝 둘러대었다. 참 즐거운 시간이었다.

밖으로 나오니 제일 나이 든 형님은 아무 영문도 모르고 왜 실없이 웃어댔느냐고 핀잔을 준다. 메뉴판에서 9자 뒤에 0은 보지 않고 9,000원으로 알고 주문을 했는데, 나중에 보니 90,000원짜리 비싼 회를 먹었노라고 하자, 우리 넷은 부둣가에 서서 또 한바탕 크게 웃었다. 가난한 시절을 살아온 우리 시대 여인들이 비싼 횟집을 얼마나 자주 가본 적이 있었던가? 1인당 9,000원이면 손바닥만 한 광어 한 마리 회를 뜨고 뼈는 탕으로 해주겠거니 하는 나의 고정관념에서 보

니 90,000원이 9,000원으로 보인 것이다. 나의 실수로 둘이서 쌀 반 가마도 더되는 값을 점심 한 끼에 먹어치운 꼴이다. 어시장에 들러 조기와 갈치, 새우 등을 사면서 결국 돈이 좀 모자라 빌려서 샀다.

잠자리에 들어 낮에 있었던 일을 곰곰 되새겨보면서 먹는 음식이었으니 망정이지 다른 어떤 큰일에 이런 실수를 했다면 어찌할 뻔했을까, 신중하지 못한 내 행동과 고정관념에서 벗어나지 못한 좁은 소견을 생각하니 웃음이 쏙 들어갔다. 앞으로는 아주 작은 일에도 신중을 기하여 행동하리라 다짐했다. 비싼 광어회가 몇 십 배의 깨달음이 되어 내게로 되돌아온 유쾌한 하루였다. 참 잊을 수 없는 좋은 추억이다.

(2007. 11)

가을 산행

깊어가는 가을날, 구름 한 점 없이 파란 하늘이 내 마음을 충동질했다. 내가 나가는 평생교육원 수필반에서 무주 적상산에 간다는 메일을 보았기에 뛰다시피 모임장소에 당도하니 떠나기 직전이었다.

버스는 전주 시내를 벗어나 진안 용담호를 휘돌아 달렸다. 맑은 호수에 거꾸로 담긴 가을 산의 물그림자는 탄성이 절로 나오게 했다. 자동차는 무주에 접어들어 적상산 전망대를 향해 굽이굽이 돌아 힘들게 올랐다. 2차선 좁은 길가에는 키 큰 노란 은행나무와 빨간색으로 화려하게 치장한 단풍나무가 줄지어 서서 윙크를 하며 반겼다. 멋지고 깜찍한 그들의 모습은 꼭 철이 들지 않은 신세대 신랑신부 같았다. 전망대에 올라 펑퍼짐하고도 너그러운 덕유산을 휘둘러보면서 위대한 창조주의 솜씨에 경탄하지 않을 수 없었다.

적상산이라기에 빨강색으로 치장한 요염한 애첩 같은 산인 줄 알았는데 발아래 산들은 연한 갈색과 초록이 잘 어우러진 푸근한 옛날 우리네 어머니 모습 같았다. 아쉬울 때만 찾아와 응석을 부리고 하소연해도 안아주며 마음을 달래주는 어머니 같은 산이다. 무명베에 화려하지도 않은 수수한 물감을 들여 옷을 지어 입으시고 언제나 변함없이 집을 지키시며 너그럽게 포용하는 숭고한 어머니 품속 같은 이런 가을 산을 보고 싶어 달려왔는지도 모른다.

눈앞의 단풍나무에 시선이 머문다. 어찌 저렇게 많은 가지와 잎사귀들에게 영양분을 불평불만 없이 골고루 나누어줄 수 있을까? 그 비법은 무엇일까? 수백 년을 살아가는 나무도 결코 헛된 시간을 보내진 않았으리라. 무씨만 한 씨앗 하나가 큰 나무들 사이를 비집고 태어나 폭염과 폭우를 참고 견디며 수많은 세월을 하늘만 바라고 살아온 인고의 고통을 자로 잴 수 있을까. 수십 년을 맡은 일에 열심히 노력했을 것이다. 그랬기에 수많은 가지 끝의 잎 하나까지 관심을 갖고 사랑을 베푸는 것이 아닐까? 나는 고작 몇 아닌 가족이나 친족에게도 고루 사랑을 못 주고 불평불만에 갈등하며 살아오지 않았던가. 만물 중에 으뜸인 인간들은 왜 나무들만큼도 못한가, 부끄럽다. 창조주께선 자연을 보고 배우게 하심이 분명하다. 저 나무의 본을 만분의 일이라도 닮으면 좋으련만…….

주말이면 도심 속에서 찌들고 지친 심신을 달래려고 교통난을 무릅쓰고 산이나 바다를 찾아 나선다. 인간들은 머문 곳마다 쓰레기로 땅을 오염시키고 악취만 내는지 알 수 없다. 나무들은 낙엽까지도 거름으로 승화시켜 다시 되돌려 주는데 말이다. 산을 자꾸 훼손하면 두고두고 후회할 것만 같다. 구천동 골짜기까지 개발바람이 불어 빌딩들이 생겨나니 맑은 물 아름다운 숲이 쓰레기장으로 변할까 두렵다. 사계절 언제 찾아와도 넉넉하게 보듬어주는 어머니 같은 덕유산을 자연 그대로 잘 보존하며 쉼을 얻어야 하리라.

짧은 가을 해는 돌아갈 시간을 재촉한다. 떠나 오려니 친정에 왔다 돌아가는 새댁 마음이다. 오는 길에 용담호를 한 바퀴 돌았다. 골짜기마다 맑은 물이 가득 고여 보기만 해도 풍요롭다. 파란 하늘, 우아하게 치장한 가을 산, 맑은 물, 세 층으로 잘 어우러진 아름다움의 극치에 신선이 된 듯 황홀감에 빠져 넋을 잃었다. 호수에 거꾸로 비친 산 그림자와 하늘을 화폭에 담을 수 없어 아쉽기만 했다. 넘어가는 해님은 마지막 장식으로 황금가루를 물결 위에 뿌려 눈이 부셨다. 아름다운 이 풍광들 모두가 보는 사람의 것이 되게 하신 지혜로우신 창조주의 하시는 일은 어찌 이리도 경이롭기만 한지! 산이나 생명수인 이 맑은 물을 오염시키지 않고 잘 보존하는 게 우리들의 몫일 것 같아 무거운 책임을 느낀다.

올가을 산행을 가지 않았다면 덕유산의 그 장엄한 모습을 어찌 감상할 수 있었겠는가. 자연을 접할 때마다 창조주의 솜씨에 절로 고개 숙여지며 영광을 돌린다. 내 나이도 어느새 일흔셋의 문턱에 닿았다. 앞으로 얼마나 산행을 할 수 있을지, 잠자리에 누워도 생각난다. 티없이 파란 하늘, 어머니 품속 같은 산, 용담호에 비친 물그림자, 그 아름다운 절경들이 눈앞에 어른거려 행복감에 젖어들었다.

(2007. 11)

고향으로 돌아온 대통령

올봄 문학기행은 2008년도 2월에 퇴임한 제 16대 노무현 대통령이 고향인 경상남도 김해시 진영읍 봉화산 기슭에 내려와 살고 있단다. 전국에서 매일 미어터지게 그곳을 방문한다는 소식에 수필반 봄 문학기행 행선지를 그곳으로 정했다. 서쪽인 전주에서 동쪽인 김해까지의 먼 거리지만 동서 관통로가 생겨 3시간 만에 도착했다. 동서남북 전국 각처에서 관광버스들 20여 대가 손님들을 풀어놓으니 이 작은 마을은 인산인해란 말이 어울릴 정도로 소란스러웠다. 그 흔한 철쭉꽃 한 그루도 없고 길옆의 논밭에 자갈을 깔아 임시주차장을 만든 것뿐, 볼 것이라고는 아무것도 없었다. 오라고 초대한 것도 아니고, 누가 시켜서도 아닌데 2개월여 동안 날마다 많은 군중이 모여든다니 군중 심리가 작용하면 흐르는 물과 같은가. 벌써 25만여 명이 다녀갔다지 않은가. 그 분의 재직 시엔 정치를 잘

못한다고 흔들어대던 국민들이, 그분을 보겠다고 먼 길을 마다않고 이렇게 찾아온 이유가 도대체 무얼까? 그가 남보다 월등하게 잘생겼다거나 돈이 많아서 선물을 준다는 것도 아니고, 그곳이 유명한 관광지도 아닌데 말이다.

우리가 간 날은 2008년 4월 26일 토요일, 날마다 많은 사람들과 악수를 하다 보니 노무현 대통령 내외분의 팔목과 어깨가 아플 지경에 이르고 사진을 찍느라 병이 날 정도라고 했다. 요즘은 오전 오후 시간을 정하여 하루에 네 번씩 관광객들을 만난다고 했다. 오후에 만날 시간은 3시라고 해서 우리 일행들은 해발 140m쯤 되는 봉화산 등산을 하려고 올라갔다. 나는 집 옆 바로 뒤에 자리한 집채보다 큰 바위 아래서 졸졸 흐르는 약수만 마시고 내려왔다. 봉화산은 낮았지만 두 봉우리를 받치고 있는 엄청 큰 바위가 특색이었다.

봉화산 기슭에 남향의 단층건물 세 채가 아늑해 보였다. 그 앞에는 초라한 조그만 3칸 집이 있는데 그분의 생가라고 한다. 집은 비어 있었지만 집값을 엄청나게 비싸게 달라고 한단다. 생가가 뭐 그리 중요할까? 어디서 태어났느냐보다 어떻게 자라왔으며 지금 어떤 생각을 가지고 어떻게 행동하느냐가 더 중요할 것 같았다.

"대통령님, 나오세요!"

라고 외치니 대문을 열고 천천히 걸어 나오면서 손을 들어 군중들에게 환영의 인사를 하였다. 집 앞 골목길에는 군중들이 서 있고 길에서 1m 위 길은 노무현 씨 집 들어가는 길이다. 그분은 약 30m 거리를 왔다 갔다 하며 마이크도 없이 인사말 몇 마디를 하고 사진 찍으라며 포즈만 취해 주었다. 부인 권양숙 여사는 나오지 않아서 '보고

싶으니 나오시라.'고 외치자,

"마누라가 나오면 그 사람만 쳐다보고 나는 안 볼 것 같아 못 나오게 했다."

고 농담도 한다. 방문객이 현 정부에 대해 한 말씀하라는 어느 분의 말에 비웃는 듯

"잘하겠지요"

라는 말이 귀에 거슬린다. 마음이 깊은 큰 그릇이 아닌 듯싶어 좀 아쉬웠다. 카우보이모자를 벗으니 기름기 없는 머리카락은 염색이 탈색되었다. 이마의 특유한 두 줄기 주름은 사진에서보다 더 깊이 패어 있었고 약간 살이 찐 그의 얼굴은 검게 탔다. 옷은 회색 점퍼에 검정바지 차림이었다. 잘 차려 입고 집무실서 보던 대통령 때와는 달리 영락없는 소박한 농군의 모습이었다.

군중 앞에 서 있는 저분도 잘난 사람이면 모두가 선망하는 그 자리가 시달림이 오죽했을까. 얼마나 힘들고 진저리가 났으면, 누구나 동경하지만 실천에 옮기기 어려운 고향마을에 내려와 어린 시절에 낯익은 산천에 안기려 했을까. 툭하면 트집 잡고 물어뜯고 흔들어 대는 비바람 막느라 가슴 조이던 5년이 결코 행복하지만은 않았으리라. 이제 훌훌 털고 고향마을에 정착하여 오염된 하천을 정화시키려고 장화를 신고 쓰레기를 건져 올리고 농민과 어울려 낙후된 고향마을을 발전시켜보고자 하는 지금 저분의 심정은 어떨까?

가정이나 국가나 다를 바 없다. 나라의 대표자로 내세워 놓고 헐뜯고 몰아붙이고 잘못되면 모든 걸 뒤집어 씌워 함부로 다루는 것만은 삼갔으면 싶다. 사사건건 물고 늘어지는 당파싸움은 제발 하지 말았

으면 한다. 집안 식구 모두가 협조해야 가정이 편안하듯이 나라의 책임자라 하여 완전한 사람이 어디 있겠는가. 좀 모자라면 도와주고 협조하는 것이 국민의 도리일 것 같다. 국민들의 질도 좀 높아졌으면 한다. 남을 탓하기 전에 자기반성부터 해볼 일이다.

누구든 죽고 나면 그 사람의 삶을 평가하고, 이사를 가고 나면 좋고 나쁘고를 평한다. 저 많은 관광객들은 서민으로 돌아와 마을사람들과 함께 어울리며 지내는 노무현 전 대통령의 그 순수한 모습을 보려고 찾아온 게 아닐까? 유난히 큰 입을 벌려 가식 없이 활짝 웃는 웃음이 모두에게 전이되어 흐뭇했다. 손을 흔들어 잘 가라는 인사를 하고 집안으로 들어가는 뒷모습이 무척 편안해 보였다.

(2008. 4. 5)

수필의 날

'수필의 날을' 7월15일로 정한 것은 실학파이자 한국역사상 최고의 문학가인 연암 박지원 선생이 〈열하일기〉 중 일신수필을 쓴 날을 기념하기 위해서란다. 전국의 수필가들이 모여 연암선생을 기리고 그 정신을 본받기 위해서리라. 각 지역을 돌며 '수필의 날' 기념행사를 한다. 2008년 7월 15일, 올해는 경상북도 대구광역시 프린스호텔에서 모였다.

전라북도 수필가들은 대형버스로 하나 가득 타고 갔다. 우리나라의 대 수필문학가들이 모인다니 그들의 눈과 마음, 행동을 보고 싶은 호기심이 일어 동행했다. 오후 5시에 각처에서 모인 수필가들 모두는 인품이 수려하고 내적으로 멋을 풍기는 사람들이었다. 먼 곳에서 온 분들은 호텔의 숙소를 배정받고 대회의실에 500여 명이 넘는 수필가들이 모였다. 서로 인사를 나누고 정해진 좌석에서 프로그램에 따라

화기애애한 분위기 속에서 행사는 진행되었다. 준비한 대구 수필가들의 인사와 여러 단체들의 축사들, 원로 수필가들의 말씀, 수필 낭독, 장기자랑 등 다채로운 행사에 웃음꽃이 만발했다. 밤이 깊도록 남녀노소가 손을 잡고 마음을 하나로 모아 수필 문학을 첫째가는 문학으로 만들자는 각오를 다졌다. 대구지방의 날씨만큼이나 수필가들의 열기도 달아올랐다.

수필은 거짓이 없는 진솔하고 소박한 문학이다. 작가의 경험의 바탕에서 철학적이면서도 재미있고, 울리고 웃기고 진한 감동을 느낄 것이 있는 글이어야 한다는 걸 여러 선배님들로부터 들었다. 개미 쳇바퀴 돌듯 살림만 살던 내가 칠십이 넘어서야 햇병아리수필가가 되었다. 날고 싶은 마음이야 어찌 없으랴만 날개 깃이 이제 나기 시작했으니 다 자랄 때까지 영양가 있는 모이를 부지런히 주워 먹자고 마음을 다잡는다. 그러다 보면 언젠가는 달걀을 낳을 수 있는 암탉이 될 것을 바라며.

우연한 기회에 동양란 전시실에 들렀다. 갖가지 난들의 아름다운 자태에 매혹되어 다리 아픈 줄도 모르고 서너 시간을 보냈다. 키가 크고 질서 없이 핀 화려한 양란은 향기가 없어 바라보고 있으면 이내 싫증을 느낀다. 하지만 동양란은 수줍은 듯 가냘프면서도 곧은 꽃대에 겸손한 자세로 고개 숙인 자태가 너무 아름다워 넋을 잃었다. 고상하고 품위 있게 잘 차려입은 맵시와 은은한 향기, 그 어느 것 하나도 멋이 흐르지 않는 것이 없다. 난을 가꾸는 분들의 말을 빌리면 여간 공들여 기르지 않으면 좀처럼 꽃을 볼 수 없단다. 양란은 몇천 포기를 다량으로 농원에서 기를 수 있지만, 동양란은 온갖 정성을 다 들여야 꽃 한 송이 볼 수 있단다. 깨끗한 공기에 알맞은 습도와 온도, 거름도 아주 알맞게, 거기에 기르는 사람의 마음씨가 합해야 된다니 얼마나 고결한 꽃인가. 그러기에 옛 선비들이 난을 좋아하고 난을 가꾸면서 자신들을 단련하고 화폭에도 담았으리라.

수필도 난과 같을 것이다. 향기도 없이 겉만 화려하게 미사여구로 치장한 양란보다, 내적 아름다움에 은은한 향기를 풍기면서 많은 사람의 사랑을 받는 동양란 같은 수필을 말이다. 그러자면 난을 좋아했던 선비들의 정신처럼 자신의 내면을 갈고 닦고 겸손한 자세로 성찰해야 할 것이다. 생명을 가진 것들에게 마음을 다해 사랑할 때 고결한 동양란 같은 수필이 나오지 않을까? 남의 흉내를 낼 수 없는 것이 수필이라고 하지 않는가. 이 나이까지 보고 듣고 생각하고 경험한 것들을 내 나름대로 글로 표현해 보리라 용기를 가져 본다.

이제 연암 박지원 선생님의 정신을 이어받아 항상 골고루 잘사는 사회가 되도록 시대를 앞서서 선도하는 역할을 하는 것이 우리 수필가들의 몫이려니 싶다.

(2008. 8)

제4부
지금은 며느리 전성시대

사랑하는 남편을 낳아 길러주신 시부모가 불만이 쌓이고 서러운 마음을 갖는다면, 힘든 직장을 다니며 고생하는 것이 무슨 보람이 있을까. 버둥거리며 고생하는 것도 가족 모두의 행복지수를 높이려는 목적이 아닐까?

– 〈지금은 며느리 전성시대〉 중에서

지금은 벗는 시대

요즘 TV나 신문, 잡지를 보면 영하 10도가 넘나드는 추위에도, 각종 음악회, 화려한 배우들의 시상식, 신차 홍보나 각종 광고물, 홈쇼핑 방송, 심지어 밤늦은 시간대의 대담 프로그램에서도 여성들의 벗은 모습을 심심찮게 보게 된다.

지난 겨울방학 때 가족들이 모이는 날, 고등학교 1학년인 외손녀의 모습을 보고 가슴이 뜨끔하며 말문이 막혔다. 1m70cm 가까이 되는 큰 키에 참새가 빨고 난 벼이삭처럼 생긴 머리카락이며, 새끼매의 발톱 같은 손톱, 앞가슴이 푹 파인 T셔츠, 금방 탱탱한 살이 터져 나올 것만 같은 꼭 끼인 청바지에 목에는 누에 섶 같은 긴 목도리를 두르고 뜨개질한 하얀 모자를 머리에 살짝 쓴 채 나타났다. 그곳에 모여 있던 다른 가족들은

"야! ○○이 멋쟁이다." "언니 몸짱이다."

하며 감탄사를 발하지만 이 할미의 눈살은 곱지 않았다. 최고의 명문 여고 학생 모습이 저 모양이니 안타까운 심정이었다. 제 어미가 고등학교 교사이기에

"네 딸이 저 모양을 해도 가만두느냐?"

하고 나무랐더니,

"학생 모두가 다 그러는 것을 어찌 막겠어요? 유행이니 어쩔 수 없어요. 잠깐 지나는 유행병이니 지나가면 달라질 거예요."

라며 대수롭지 않게 생각한다.

세대 차이는 어쩔 수 없구나. 나의 소녀 시절에는 나들이에 두 갈래 머리를 땋고 나서면, 할아버지께서는 처녀들이 머리를 두 갈래로 하고 다니니 나라가 남북으로 갈라졌다고 야단을 치셨다. 여름철에도 소매 짧은 옷을 감히 입지 못했다. 나 또한 세 딸이 서울에서 대학교를 다닐 때 행여 남학생들의 눈에 가볍게 보일까 봐, 미니스커트가 유행이었지만 입히지 않았다. 머리도 어미가 다듬어 준 가지런한 단발머리에 정숙한 차림이었다. 요즘 세상 꼴은 한창 모방하고 싶은 사춘기 아이들의 눈에 보이는 것 모두가 그 모양이니 그들인들 어찌하랴. 참된 기준은 무시하고 개성만 추구하는 시대이니 철없는 아이들만 탓할 수도 없다.

성경 창세기 3장에서 첫 인간이 하느님께 불순종하면부터 죄를 진 것을 알고 부끄러워 나뭇잎으로 몸을 가렸다고 했다. 그때부터 몸을 가릴 곳은 가려야 된 것 같다. 동물과 다른 점도 사람은 옷을 입는다는 것이다. 인간의 3대 요소가 의식주가 아니던가. 의복이 날개란 말도 있듯이 생활에서 의복비에 지출되는 것도 만만치 않다. 아직도

아프리카 원주민들처럼 벗고 있는 곳이 있긴 하지만, 문명이 발달할수록 옷은 그 사람의 신분을 알리는 역할도 한다. 그러니 옷에다 많은 투자를 하고 신경을 쓴 것을 역사는 알려준다. 옛날 사람들이 길쌈을 해서 옷을 만들어 입을 때 지금같이 반나체로 살았다면 여자들의 고통을 줄였을 것이 아닌가 생각하니 쓴웃음이 터진다.

몇 년 전, 네 집 자녀들과 동해안으로 여름휴가를 갔는데 마지막 날 비가 와서 설악산 자락 한화콘도 옆에 있는 워터피아로 물놀이를 갔다. 입장료가 만만치 않았다. 실내 해수욕장인데 수영복 차림이 아니면 입장불가였다. 시설이 잘되어 있어 아이들은 물론 어른들도 하루해가 짧게만 느껴졌다. 식사도 수영복 차림으로 그 안에서만 허락되었다. 그 안에서는, 안사돈 바깥사돈, 시아버지와 며느리, 장모 사위 모두가 한 타령이니 옛날 갓 쓰고 다니던 할아버지가 이 꼴을 봤다면 해괴망측하다고 기절할 노릇이다. 나 역시 나이 든 사위들 앞에서 수영복 차림이어서 처음엔 쑥스러웠지만, 그렇다고 그곳에서 옷을 입고 허우적거리고 놀았다면 더 볼썽사나웠을 것이다. 벗을 곳에서는 벗어야 하고 입어야 될 곳에서는 입는 것이 옷이구나, 라고 생각하니 별 흉이 되지 않아서 재미있게 잘 놀았다.

신사들은 더운 여름철에도 긴 팔 Y셔츠에 '목댕기'를 매고 상의 양복까지 입고 다니는데 여인들은 못 벗어 안달이다. 여자들 옷은 경제에 따라 변덕을 부린다고 한다. 나팔바지와 맘보바지, 땅을 질질 끄는 통바지, 넓은 통치마, 좁은 타이트치마. 끈만 붙은 치마, 배꼽티, 밑이 짧은 청바지, 엉덩이만 살짝 가린 미니치마와 허벅지까지 갈라진 좁고 긴 치마 등 변화무쌍하다. 유행이란 힘은 대단하여 막을 수가 없다. 노소가 상관없이 유행을 따라가고 싶어 하니 말이다.

이런 유행들을 누가 부추기는 것일까? 옷을 만드는 사람들의 이기적인 상혼일까? 개성을 내세워 몸매를 자랑해서 인기를 독점하고픈 심사? 남성들을 자극해서 성적 쾌락주의로 빠지려는 심사? 도대체 자꾸만 벗고 싶어 하는 이유가 뭘까? 이제는 세계적인 유행을 한눈에 보니 선진국 후진국 가릴 것 없이 스펀지 물 먹듯 금방 스며든다. 관능주의로 빠져드는 현시대를 막을 길은 없을까. 요즘 헝클어진 머리 모양에 옷매무새만큼이나 세상은 어수선하고 혼란스러워 염려스럽다.

손녀를 한쪽 방으로 불러놓고, "진짜 멋쟁이가 되고 많은 인기를 얻으려면, 먼저 건강관리를 잘하고 마음을 아름답게 가꾸면 외모는 따라서 아름다워지는 거란다. 아무리 유행이 돌고 돌아도, 옷이란 때와 장소에 따라 적절하게 입어야 하고, 항상 정숙한 차림새는 너 자신을 보호해주는 역할도 한단다. 집에 가면 손톱도 짧게 하고, 머리도 가지런히 자르며, 바지도 여유 있는 옷으로 바꿔 입도록 해라." 하고 할미로서 충고해 주면서 잠깐 스쳐 가는 유행바람이길 바란다.

(2006. 2)

지금은 도박시대

요즘 연일 보도 매체들이 바다 이야기니 뭐니 하면서 도박에 관한 이야기를 쏟아내고 있어서 귀가 아프다. 도박의 종류도 다양해지고 지능화되어 나이 든 우리는 알 수조차 없는 것들이 수두룩하다. 게임이란 것들 모두가 도박의 모체임을 먼저 알아야 할 것 같다.

21세기 인간은 모두가 도박꾼이고, 이 세계는 이미 거대한 카지노이며 도박이 세계를 지배한다고 하는 말이 맞는 것 같다. 이 작은 나라인 한국도 남성 20%가 도박을 즐기고 중독성향이 있단다. 거기에 여성들까지 합세해서 도박인구가 자꾸 늘어간다니 여간 큰 걱정이 아니다. 현 세상을 망치려드는 도박과 싸워 이기지 못하면 이 아름다운 세상을 도박이란 악마에게 내주고 멸망에 이를 것이 아닌가 하는 생각을 하니 소름마저 끼친다.

56년 전, 15세 때쯤 일이다. 설 명절에 친구들한테서 민화투를 배웠다. 설거지를 하면서도 솥단지 속이 온통 화투짝으로 어른거리며 밤이 기다려지고 나가지 못하게 하면 어떤 구실을 대서라도 나가곤 했다. 화투짝에는 마력이 있나 보다. 정말 재미가 있었다. 엄마가 알고 야단치는 바람에 맛만 살짝 보고 화투놀이에는 종지부를 찍었다. 그 뒤에 아버지께서 서울 갔다 오시면서 시조 백 수를 찍은 카드를 사다 주셨다. 끝말 한 줄은(큰 글자로 됨) 방바닥에 깔아놓고 전체가 쓰인 카드는 한 사람이 읽으면 재빨리 맞는 카드를 줍는 놀이였다. 카드를 제일 많이 주운 자가 읽는다. 그렇게 하여 나는 시조 백 수를 다 외울 수 있었다. 아버지께 받은 은혜를 어떻게 다 갚을지. 지금도 감사함은 이루 말할 수 없다.

그때도 지금처럼 마을에서는 도박이 성행하여 가산을 탕진하고 패가망신하는 사람들이 늘고 있었다. 노름에 빚진 남편의 횡포에 견디다 못해 삶을 포기하는 일까지 있었다. 아버지는 걱정을 하시며 동네 사랑방에 가셔서 밤늦도록 신문이나 책을 읽어주며 사람들을 그런 방향으로 못 빠지게 노력하시는 것을 보았다. 일본이 한국을 침략하면서 내부의 가산 탕진을 목표로 화투를 만들어 보급했다는 말도 떠돌았다. 그 때부터 도박이 얼마나 무서운 것인가를 알았기에 화투놀이는 보기만 해도 역겹다.

예나 지금이나 도시, 시골 할 것 없이 도박이 성행하여 고통을 당하는 가정이 늘고 있다. 1960년대 말, 광주시에서 살 때, 주인집 아주머니는 도박에 빠져서 집을 비우기 일쑤였다. 장애자인 아저씨 얼굴은 늘 굳어 있었고 주인집 딸애는 엄마가 집에 없으니 방 한 칸

세들어 사는 우리 방에서 우리 아이들 4명과 어울려 놀았다. 나는 여간 고통스런 일이 아니었다. 도박 행위는 남들에게까지 영향을 미친다. 집안을 돌봐야 할 남자나 여자가 도박의 올가미에 걸려 헤어나지 못하니 그 가정은 오죽할까. 중독성 도박은 자신의 굳은 의지가 아니고선 말리지 못하는 무서운 병이다.

몇 년 전, 유럽여행 중 영국에 갔을 때 가이드의 말에 의하면, 영국인들은 심지어 왕실 안에서 일어나는 사소한 일들을 가지고도 내기를 걸고 매사에 내기 걸기를 좋아한다고 했다. 문명이 발달하면 할수록 도박 행위가 더 심하다고 한다. 내기라고 하면, 동서고금을 막론하고 남녀노소들이 모두가 좋아하는 까닭은 무엇일까? 노력하지 않고도 횡재를 하니 그걸 좋아하는 걸까? 도박판을 보면 담배연기 속에서 쭈그리고 앉아 밤을 새우기가 예사다. 건강을 해치는 오락도 오락일까? 정신건강과 육체건강에 유익을 주는 것이 진정 즐길 만한 오락인 것이다. 이제 경로당 노인들까지 치매에 걸리지 않는 방패막이로 한다며 십 원짜리 내기를 한다. 꼭 화투짝밖에 없단 말인가?

요즘 어린아이들까지 컴퓨터로 게임부터 먼저 배운다. 게임 박사들이다. 집에서 못하게 하면 저금통을 털어서라도 PC방으로 향한다. 도박성이 짙은 게임은 중독되기 아주 쉽다. 왜 하필이면 폭력적인 괴물들을 등장시켜 아이들을 유혹하는지 알 수 없다. 도박성이 강한 게임들이 아이들의 마음속에 자리 잡는다면 '바늘도둑이 소도둑' 되지 않을까? 도박게임을 만들어 부자 되려는 사람들은 각성해야 하리라. 유익할 게 하나도 없는 독버섯 같은 도박 행위는 이 세상에서 사라져야 한다.

아이들의 연령에 맞게 철 따라 피는 꽃이나 새, 동물들, 세계의 나라, 산, 강의 이름 등 자연을 소재로 한 것들을 카드나 게임놀이감으로 이용함도 좋으리라. 어른들에게 맞는 여러 가지 이로운 것들을 이용하여 재미있는 놀이로 삼는다면 많은 도움이 될 듯싶다. 현 도박놀이는 인간을 멸망시키려는 악한 신의 발악 행위임을 절실히 깨달아야 하리라.

(2006. 10)

지금은 속이는 시대

김장하느라 바쁜데, 국민은행이라면서 롯데백화점에서 150만 원을 사용했는데 그것을 확인하는 전화란다. 롯데백화점엘 가본 적도 없고 국민은행 카드도 없는데 가슴이 철렁 내려앉는다. 전화번호부를 놓고 국민은행을 찾아 물어보려니 안내에선 번호만 이리저리 알려주어 나이 든 노인들은 알 수조차 없다.

우편물이 왔다가 반송되었으니 도장 갖고 어디로 오라는 전화사기가 노인들을 당혹케 한다. 매일 그와 같은 사기성 전화가 기승을 부린다. 그것뿐이랴! 날마다 뉴스의 절반은 속임수 이야기로 채워진다. 정치인들의 공약사기, 가짜 박사학위, 가짜 졸업장, 각종 공문서 위조, 위조지폐, 기업가들의 탈세, 각종 전시회에서 심사위원들의 거짓 행위 등 늘 듣다보니 이제 귀가 불감증에 걸릴 정도다. 심지어 종교 지도자들까지도 절대자를 내세워 천국에 가게 해준다고 각종 감사헌

금의 명목을 내세워 돈을 요구하는 일들이 팽배하고 있어 많은 사람들을 실망시킨다. 문맹인도 아닌 고급인간들이 이런 짓들을 하니 참으로 딱한 노릇이다.

요즘 노령인구들을 겨냥한 건강식품과 건강의료기들이 밀물처럼 쏟아져 판을 친다. 옛날에도 말 잘하면 약장수라 했다. 만병통치약처럼 말하는 그들의 화술에 넘어가지 않을 수 없다. 칠십이 넘은 나이에 어찌 아픈 곳이 없겠는가. 나이 들어 나타나는 징조인데도 행여 좋아지려나 싶어 나 역시 종종 비싼 건강식품을 사먹기도 하고 건강의료기도 몇 가지를 구입했다. 별 효력이 없어 처박아 놓고 있는 것이 한두 가지가 아니다. 화장품이나 의약품, 보험 상품, 각종 물품 등의 제품명은 대문짝만 하고 설명서는 채송화 씨만 하게 써진 것을 볼 때면 정말 어처구니가 없다.

이제는 농촌에까지도 속임수가 확장되었다. 수입품을 국산품으로 속이는 일은 다반사다. 몇 년 전에 호두를 사러 산지로 갔는데 시골 상회에서부터 중국산을 섞어 국산으로 둔갑시켜 판다고 했다. 참깨도 터는 곳에서부터 수입품을 섞어 나온다고 한다. 영농보조금을 타내려고 남의 땅까지 경작지로 신고하는 편법으로 법을 속이는 일, 어디서든 무엇이든 속여서 돈만 벌고 보자는 세상 상태를 어떻게 막아야 할지.

남의 귀중한 생명을 담보로 의사가 약사들과 짜고 허위진료비를 의료공단에 청구했다가 덜미가 잡혔다는 내용들, 선거철만 되면 지도자감들이 봇물처럼 쏟아내는 그 많은 공약들, 권력을 이용하여 불법자금의 거액을 떡고물 주무르듯 하는 높으신 분들, 가짜휘발유 판

매사건, 학교 급식에 불량식품 공급 등은 요즘 사회에서 일어나는 상황들을 지켜보면 살얼음판을 딛는 심정이다. 날로 봇물 터지듯 쏟아지는 지능화되어 가는 사기성 속임수에 이제 진력이 난다. 꼭 거짓된 혀로 사기를 쳐야만 처자식 입에 풀칠이라도 할 만큼 어렵단 말인가.

속이는 배후에는 경마나 도박에 빚진 자들, 유흥비 마련이나 명예에 굶주린 자들, 호의호식에 거들먹거리고 우쭐대며 살고 싶은 자들의 짓인 것 같아 불쌍한 마음이다. 돈이 사람들의 양심마저 먹어버린 세상이 심히 염려스럽다.

아이들이 보고 듣고 배울까 무섭다. 나쁜 짓들을 TV에서 배웠다고 하지 않던가. 좋은 것보다 나쁜 것들을 더 쉽게 모방하는 아이들에게 이롭지 못한 것들은 제발 보여주지 말았으면 좋겠다. 우리 모두 오늘날 아무리 살기 힘들다 해도 거짓된 혀로 양심을 속이는 일만은 행하지 말아야겠다. 성경 말씀에 '의로운 자는 걸식하는 법이 없다.' 하지 않던가. 정직하게 성실히 노력한다면 설마 산 목구멍에 거미줄이야 칠까?

(2007. 2)

지금은 사진광고시대

요즘 눈만 뜨면 TV에서부터 시작해 신문을 펼치기가 무섭게 각종 사진광고물이 먼저 내 눈을 훔친다. 현관문을 열면 던져놓은 마트 광고물을 비롯하여 대문이나 담벼락에 덕지덕지 붙은 사진광고물 등 이것들을 제거하기도 성가시다.

60여 년 전만 해도 군 소재지에서나 사진관 한 군데쯤 있을 뿐, 시골에서는 얼굴 사진 한 장 없는 사람들이 많았다. 55년 전에 돌아가신 내 엄마사진도 지금 69세인 남동생 백일 때 동생을 안고 찍은 사진 한 장뿐이다. 내 어릴 때 사진은 초등학교 4학년 때 선생님과 친구들 6명이 찍은 사진밖엔 없다. 그렇게 귀하던 사진이, 내 나이 15세에 민족의 동란인 6 · 25 전쟁이 일어나고 미군이 들어오면서부터는 카메라사진이 생겨 1953년에 도민증을 만들면서 한국의 18세 이상 남녀는 얼굴사진을 갖게 되었다. 그때부터 명절이면 친구들과 어울려 사진 찍는 것이 유일한 낙이었다. 1956년 내 결혼사진도 신랑신부사진, 가족사진, 우인들 사진만 큰 사진이고 나머지는 모두 지금 명함만 한 카메라 사진이었다. 옛 추억이 그리울 때 빛 바랜 사진을 들추어보면 돋보기를 쓰고 봐도 너무 얼굴이 작아 누구인지조차 알기 어렵다.

한때는 화가들이 시골마을로 다니면서 영정 사진을 그려주었다. 그러다 사진기술이 발달함에 따라 30여 년 전에는 결혼사진이 없는 사람들은 명함사진으로 다른 사람 결혼사진에 합성시켜 주는 것도 유행했었다. 점점 발달한 기술은 흑백이 칼라로 바뀌면서 보는 이의 마음에 기쁨을 더했다. 그 후 사진기 한 대쯤은 누구나 다 갖고 있을 만큼 흔해졌다. 비디오카메라가 가족들을 배우로 만들어 TV 안에서 영원토록 볼 수 있게 되었다. 요즘은 뱃속 태아사진까지 초음파로 찍어 보관한다니 태어나면 얼마나 많은 사진이 쌓일까.

프랑스 파리에 있는 베르사이유 궁전 벽에 걸린 많은 대형 그림들은 당시 왕가의 가족 상황들을 잘 알려준다. 얼굴 표정과 선명한 눈동자는 지금도 살아 움직일 것만 같았다. 각종 꽃무늬들의 옷자락들이며 아름다운 색채들, 가구들의 모양, 그 섬세한 표현은 사진보다 더 매혹적이었다. 루브르 박물관에 있는 그림들, 샤갈미술관의 그림들을 보면서 어쩜 사람들의 손으로 사진이나 다름없이 잘 그렸을까 하고 탄복하였다.

서울 역사박물관에서 봤던 조선시대 영조대왕이 66세 때 15세의 정순왕비를 맞는 가례행렬의 긴 그림이라든지, 김홍도의 풍속화 같은 그 옛날의 유명한 그림들을 보면서 사진기가 없던 시절엔 화가들이 큰 몫을 했을 것 같다는 생각이 들었다. 옛날 화가들의 훌륭한 솜씨에 감탄하지 않을 수 없다. 요즘 화가들은 풍경도 사진을 걸어놓고 그리는 걸 보면서 세상발달로 화가들도 참 편리해졌구나 싶다.

문명의 발달을 업고 이름도 모르는 온갖 사진기들이 개발되어 지구촌에서 일어나는 일들이나 가볼 수 없는 먼 곳의 생활상들, 지상의 온갖 동식물의 생태계를 안방에서도 볼 수 있다. 때로는 글자보다 삽화가 더 효과적일 수도 있다. 병원에서도 사진으로 병을 알아낸다. 이제 사진기가 없이는 살아갈 수 없을 만큼 인간사에 큰 몫을 차지하고 있다.

요즘은 은행뿐만 아니라 어디나 감시카메라가 돌아간다. 심지어 안방에까지 걸려있어 감시를 당하고 있다. CCTV에 핸드폰으로도 사진을 찍어대니 자신도 모르게 찍히는 동영상 사진에 두려움을 갖는다. 인구 17명당 감시카메라가 1대 꼴이라니 얼마나 많은 사진이 찍힐까…. 문명발달이 가져다준 선물에 감사해야 할지 두려워해야 할지 감을 잡을 수 없다. 집집마다 남녀노소가 보유한 사진이 주체할 수 없이 많다. 별로 사진 찍기를 좋아하지 않는 내가 가진 사진만 해도 몇 권의 책이 될 정도니 말이다. 사진도 잘 보관하려면 많은 정성과 시간이 필요하다. 나이가 들면 사진 찍고 싶은 마음이 멀어진다. 누구나 본인 없는 사진은 별로 보고 싶어 하지 않는다. 바쁜 세상에 날마다 사진만 들여다보고 살 수도 없고 이 많은 사진들을 어떻게 할까 고민이다. 꼭 필요한 사진만 찍고 보관하는 것이 좋으리라 싶다.

요즘 놀랍도록 발달한 사진기기로 찍은 온갖 광고물들이 나이 든 사람들에게는 필요치도 않은데 너무 쏟아져 들어오니 처리하는 것도 문제지만 사진 값도 만만치 않을 것 같아 걱정이다. 선거철만 되면 귀하신 분들의 사진들이 온 길거리에 낙엽처럼 나뒹군다. 정말 엄청난 사진광고 홍수시대다. 때로는 너무 흔한 것은 없는 것만 못하다는 생각이 든다. 소중한 가족들의 모습이나 옛 친구들의 추억이 담긴 빛 바랜 사진첩을 뒤적이며 잠 못 이루던 그 시절이 오히려 그립다.

(2007. 4)

지금은 노인시대

지금이 노인시대라는 것은 누구나 느낀다. 열차를 타거나 공원엘 가도 노인들, 재래시장엘 가도 사고파는 노인들이 많다. 이리 가나 저리 가나 걸리는 게 노인들이다. 저 많은 노인들이 무슨 일을 하며 어떻게 살아갈 것인지 궁금해지고 염려스럽다.

얼마 전, 이웃에 사는 분의 권유로 건강식품을 파는 곳에 갔더니 65세에서 80세 사이의 멋쟁이 할머니들 100여 명이 모여 손뼉을 치며 웃음꽃이 만발하다. 점심까지 주면서 재미있게 놀아주니 돈인들 아까울까? 어느 자식들이 그토록 반갑게 맞으며 즐겁게 해줄 것인가. 매일 출근을 하다시피 가는 것도 이해가 된다. 시간만 있다면 나도 그런 곳에 가서 놀고 싶은 충동이 일었으니 말이다. 요즘 우후죽순처럼 그런 곳이 많아 집에 있는 노인들은 몸이 불편한 분들뿐이다. 수영장이나 병원 물리치료실, 건강기구 파는 홍보관, 동마다 있는 복지회관, 어디엘 가도 노인들이 득실거린다. 한마디로 지금은 노인시대다.

현재 7, 80대 노인들은 시대를 잘못 만나 젊은 시절을 가난과 문맹으로 온갖 어려움을 다 겪으며 살았다. 자식들에게만은 우리 같은 삶을 물려주지 않으려고 너나 없이 허기진 배를 졸라매고 자식들 교육에 생을 바쳤다고 해도 과언이 아니다. 땀이 밴 옷에 무거운 쌀자루를 짊어지고 김치단지에 옷 보따리를 이고 들고 도시에서 공부하는 자식 자취집을 찾아 어둑한 골목길을 헤매는 초라한 아버지, 어머니들, 이 세상 어느 모습이 그보다 더 숭고하고 아름다울까. 모든 부모들이 그토록 노력했기에 이 나라가 이만큼이라도 잘살게 되었다고 한다면 누가 부인하겠는가? 최선을 다한 우리 노인들 자부심을 갖고 대접을 받아야 함은 마땅하다.

그러나 현 세태는 나이 먹었다 해서 거저먹고 노는 것만이 상책은 아닌 듯싶다. 바쁘게 사는 자식들만 바라기보다 할 수 있을 때까진 자기 부양은 자기가 해야 되는 세상이다. 지금까지 쌓은 경륜에서 얻은 것들을 사용할 때가 바로 지금이다. 돈 버는 때는 지났으니 재물은 물려줄 게 없고 오랜 세월 살아오면서 깨달은 지혜라도 일러주어 어려운 세파를 슬기롭게 헤쳐 나갈 수 있게 도와주고 싶다. 찾아보면 노년에도 할 일이 참 많다. 어떤 분들은 등굣길에 어린 학생들을 돌봐주는 일도 하고 노인이면서 외로운 노인의 말벗도 되어주고 거리에서 쓰레기를 치우는 일도 한다. 건강해지려고 친구들과 어울려 등산을 즐기기도 하고, 전문지식이 있는 분들은 무료로 강의도 한다. 노년에는 돈 버는 일을 떠나서 무엇인가 사회에 도움이 되는 일을 봉사정신으로 하면 더 즐거움을 갖게 될 것이다.

90이 넘은 노인들이 많아지면서 '구구팔팔'이라는 유행어가 나돈다. 구십구 세까지 팔팔하게 살자는 뜻이란다. 요즘은 먹을거리도 풍부하고 위생도 좋아 오래살 수밖에 없다. 세상이 핵가족화 되면서 노인들도 자녀들과 같이 살기를 원치 않는다. 옛날 시집살이를 하며 많은 식구들의 치다꺼리에 너무 힘들었으니 노년엔 스트레스를 받지 않고 편하게 살고 싶은 것이 공통적인 바람이다. 일흔 고개를 넘으니 건강에 자신만만하던 나도 척추 협착으로 허리가 아프고 무릎도 아파 고통스럽다. 아픈 것을 생각하고 있으면 더 짜증나지만 어떤 일에 몰입하다보면 아픔이 잊히기도 한다.

요즘 나는 무척 행복하다. 네 자녀가 모두 짝을 찾아 떠나고 손자녀들 셋을 12년이 넘도록 길러주었으니 이제 모든 무거웠던 짐들은 벗었다. 마음은 아직도 꿈 많은 소녀다. 소녀시절부터 꽃 가꾸고 바느질하고 공부하길 좋아했으니 그것들을 지금이라도 이루고 살고 싶다. 성경공부를 하면서 아름다운 이 지구를 낙원으로 가꾸는 일에 동참하고 싶어 매일 진리를 알리는 일에 봉사한다. 몸은 고단하지만 마음의 즐거움은 그 이상 더 없다.

멀리 있는 4명의 자녀들과 7명의 손자들에게 내 마음을 전달하는 방법은 우선 컴맹을 면해야 하겠기에 밤잠을 수없이 설쳐가면서 컴퓨터를 익혔다. 전북대학교 평생교육원 수필창작반에 입문하여 71세인 지난해는 종합문예지 ≪대한문학≫에서 수필가라는 인정을 받기도 했다. 봉사하랴, 글 쓰랴, 살림하랴 시간에 쫓겨 영감님 시중에 짜증을 내면

'자기가 좋아서 하는 일에 짜증내며 하는 것은 그 일이 아무 가치가 없다며 무리하지 말라.'고 정곡을 찌른다. 가끔 바느질도 하면서 앞마당엔 꽃나무들로 집안을 꾸민다. 이층 옥상에 여러 가지 채소를 가꾸노라면 세상사에서 쌓인 스트레스는 꽃 향기가 쫓아버리고 유기농산물의 식품을 먹으니 일거양득이다. 노년에 얻은 귀한 시간들을 즐거운 마음으로 가치 있게 사용하려고 시간과의 전쟁을 벌이고 있다.

우리 노인들도 자기에게 맞는 일을 찾아서 열정을 다하다 보면 노년을 더욱 값지고 행복하게 보내는 방법이 되지 않을까?

(2007. 6)

지금은 자동차시대

날씨가 더워지니 길 나서기가 무섭다. 길만 나서면 꼬리에 꼬리를 물고 질주하는 자동차와 마주치고 열기를 뿜어대는 차들을 보기만 해도 지겹다. 오늘따라 솔 냄새 그윽한 조용한 시골길, 부드러운 모래와 진흙이 섞인 오솔길을 들꽃 향기 맡으며 맨발로 거닐고 싶다.

며칠 전 울산에서 치르는 오후1시 결혼식에 가기 위해 아침 6시 반 전주를 출발했다. 5, 6명을 태우고 전주를 출발한 버스는 군소재지와 면소재지를 지나며 1,2명씩 오르고 내리면서 진주에 도착했다. 방학 철이어서 조금 손님이 있는 편이지만 큰 차에게 미안할 정도로 자리가 많이 비어 다닌다. 진주에서부터 넓은 고속도로가 각종 자동차들로 엉켜서 가다서다 하니 겨우 1시 반에야 울산에 도착했다. 오나가나 자동차에 질릴 정도다. 중형자동차를 혼자 타고 다니는 분들은 대중교통을 이용하면 서로가 좋으련만. 기름 한 방울 나지 않는 나라에서 이래도 되나 싶다.

남노송동 우리 동네는 인도가 없는 좁은 2차선도로인데 신호를 받지 않고 왕래하려는 자동차족들 때문에 걸어다닐 수가 없다. 그러다 보니 아예 먼 길로 돌아서 다니는 불편을 겪는다. 우리 마을에서 구도청까지 걸어서 20분이면 충분한데 차를 몰고 가서 하루 종일 마당에 세워둔다. 건물보다 주차장이 더 넓다. 500m도 걷기를 거부하고 차를 몰고 다니면서 집안에는 운동기구를 사다놓고 땀을 흘리며 달리기 연습을 한다. 유치원생들부터 초등학생까지도 걸으면 10분 거리인데도 차로 데려다 준다. 차 한 대는 물론 2대 있는 집도 많다. 전염병이 돈다면 나라 안이 발칵 뒤집히면서, 자동차 사고로 때 이른 죽음을 맞고 장애자로 평생을 고통 속에서 살아야만 하는 일이 매일 몇 건씩 벌어지지만 모두 무관심이다. 이런 일들이 자동차가 너무 많아 생긴 병폐가 아닐까?

나는 초등학교 3학년 때, 8 · 15해방을 맞기 며칠 전, 부산에서 경남 거창군 덕유산 자락에 있는 할머니 댁으로 피난을 왔다. 여름엔 나무 신발(게다)에 겨울엔 검정고무신을 신고 비 오는 날이면 삿갓을 쓰고 5킬로미터가 넘는 학교에 다녔다. 우리 아버지도 고모도 그렇게 먼 학교를 다녔다. 4학년 때 함양군으로 와서 3km 넘는 중학교까지 걸어서 다녔다. 가끔, 철 따라 자연을 접하면서 오솔길을 걸어다녔던 행복한 그 시절 꿈을 꾼다. 그 뒤로도 살면서 참 많이 걸었다. 일흔이 넘었지만 매일 2km 이상은 걷는 편이다. 요즘 젊은 사람들에게 그렇게 걷고 살라면 다 주저앉을 것이다. 몸은 단련하면 할수록 단단해지는 법이련만, 차만 타고 다니는 요즘 젊은이들 오히려 염려스럽다.

요즘 흔해빠진 자동차가 상팔자란 생각이 든다. 사람들은 높은 새장 같은 집에서 땅을 한 치도 차지하지 못하고 사는데 아무리 작은 차라도 금싸라기 땅에서 4,5평 이상은 차지하고 잠을 잔다. 게다가 일하는 시간보다 산소가 풍부한 곳에서 쉬는 시간이 훨씬 더 많다. 사람은 구석진 길로 가지만 차는 판판한 대로로만 다닌다. 고관대작은 물론 남녀노소를 막론하고 차만 다가오면 무서워서 비켜선다. 낳아서 길러준 부모는 일 년 내내 몇 시간 만나도 손 한번 잡아보지 않는 경우가 허다하다. 하지만, 자동차는 매일 닦아주고 만져주고 온갖 호사스런 것으로 치장을 다 해준다. 행여 먹을 것이 부족한지 늘 살피며 쩔쩔맨다. 바다로 산으로 경치 좋은 곳은 다 다니며 호강도 한다. 조금만 아프면 자동차병원으로 바로 모셔간다. 결혼 혼수품에 재봉틀은 없어도 자동차가 등장하는 시대다. 지금은 자동차가 임금 대접을 받는 자동차시대다.

그러나 자동차는 사람들의 편리함을 위해 이용하는 하나의 기계에 불과하다. 자동차의 노예가 아닌, 자신의 용도에 맞게 갖는 것이 옳을 것이다. 교통법규를 잘 지키고 조심하고 양보하면서 잘 사용하면 좋은 물품이다. 자신의 품위유지의 척도로 삼거나 자기과시로 삼는 잘못된 생각일랑 버렸으면 한다. 텅텅 비어 다니는 버스를 이용함도 슬기로운 일이다. 전주시는 주체할 수 없이 많은 차를 모시려고 시내의 기존 집을 헐고 주차장만 늘린다. 길을 넓히고 자동차만 많아지면 살기 좋은 세상이 될까?

전주는 시내의 산자락 밑마다 모조리 아파트 숲을 만들어 산소를 차단시키니 열섬현상이 나타난다. 쾌적하던 도시가 전국에서 제일 더운 지역으로 변한 원인도 자동차가 너무 많아 생긴 병폐가 아닐까? 더 어리석은 일이 벌어지지 않았으면 좋겠다.

(2007. 7)

지금은 안경시대

온 가족 17명이 모두 모였다. 큰사위만 빼고 유니폼처럼 얼굴에 모두 안경을 끼고 나타났다. 어른들은 원래 안경을 끼었던 것은 알고 있었지만 중고등학생인 손자들 7명도 다 안경쟁이가 되었으니 나는 안쓰럽고 딱해서 속이 상했다. 원인이 어디에 있을까?

옛날에는 할아버지 할머니들의 콧등에 걸친 돋보기안경만 보았지 젊은이나 어린 학생들이 안경 낀 것을 보지 못했었다. 요즘은 우리 아이들뿐만 아니라 안경 낀 어린이들이 수두룩하다. 문명이 발달하면 더 건강하고 좋아져야 할 텐데 어찌된 일인지 어린이들까지 불편하기 그지없는 안경을 끼고 살아야 하는지 알다가도 모를 일이다. 옛날에 없었던 전깃불, 형광등, TV, 컴퓨터, 핸드폰 등 최고의 문명이 안겨준 혜택이니 받아 안고 살아야 되나 보다.

안경도 발달하여 근시, 원시, 난시에 돋보기, 졸보기, 보안경, 물안경 멋내기 안경까지 수십 가지가 안경가게마다 쌓여 있다. 안경이 불편하다며 눈동자에 끼워 넣는 렌즈가 유행하여 많이 애용한다. 문명의 발달이 가져다 준 선물이니 누구를 탓할 수도 없다. 아프리카 미개인들은 안경 낀 사람이 별로 없는 걸 보면 짐작이 가리라. 이제는 너나 없이 안경 없이는 불편하여 살 수가 없는 안경시대다.

나 역시 나이가 들면서 돋보기가 제일 친한 친구다. 책이나 컴퓨터 바느질도 모두 안경 덕이다. 내가 현재 사용하는 안경만 6개나 된다. 컴퓨터하고 책 볼 때 끼는 돋보기, 전화기 앞에 둔 막 돋보기, 부엌에서 가끔 쓰는 돋보기, 강연 듣고 성경책 볼 때 끼는 이중돋보기, 가방에 항상 갖고 다니는 작은 돋보기, 외출 때 끼는 보안경 등이다. 그러니 이 세상 사람들이 사용하는 안경을 다 모은다면 백두산더미 같을 것이다.

내 남편은 40대초에 백내장 수술을 하고 눈동자에 딱딱한 유리렌즈를 넣다가 소프트렌즈에 의지하여 40년 가까이 사회생활을 하고 있으니 고통은 말할 수 없다. 렌즈 값만 해도 만만치 않았다. 하지만 이만큼 발전시켜온 안경 전문가들의 노고가 아니었다면 감히 상상이나 할 수 있으랴! 그분들께 고맙고 감사하다.

우리 모두가 불편한 안경을 끼지 않아도 되는 세상이 온다면 얼마나 좋을까. 성경책 이사야 35장의 '눈먼 자가 환희의 기쁨을 얻을 것'이란 하느님의 목적인 미래에 대한 약속만을 믿고 바랄 수밖에 없다.

(2007. 9)

지금은 며느리 전성시대

"나는 며느리가 무서워."

세상이 바뀌어도 이렇게 바뀔 수 있을까. 시집을 가면 무섭기 1호가 시어머니인데 그 시어머니가 며느리를 무섭다니 세상 알 수 없는 일이다. 70대 할머니들 몇이 모여 수다를 떨며 놀다가 자식들 이야기로 돌아가니 한 분이 "나는 며느리가 무서워."라고 하자 모두가 공감하는 눈치였다.

우리 70대 이상의 여인들은 남녀차별시대에 태어나 3종지도三從之道의 덕목을 지키느라 한세상을 움츠리고 살아왔다. 이제 며느리 시집살이까지 하며 산다니 서러운 세상살이에 수다가 아니라 하소연이 절로 나온 것이었으리라. 요즘 아들보다 수입이 높은 똑똑한 며느리를 쌍수로 환영할 일이지만 오히려 시부모들에게 부담까지 안겨주는 것은 무엇 때문일까?

우리 세대들의 여인들은 가난과 책임만 물려받았으면서도 투정 한 번 못하고 살아왔다. 시어머니란 존재가 얼마나 무서웠던지 눈물을 삼켜가며 가시방석에 앉아 살아왔다. 친정 갔다 오라는 날을 어기면 불호령이 떨어질세라 사립문을 열고 들어서기 망설였다. 딸을 연거푸 낳으면 미역국이 아닌 눈물국을 먹었다. 무조건 순종에, 행여 비위를 어길세라 벌벌 떨다시피 하며 고개를 들지 못하고 살아왔다. 김치나 간장은 고사하고 손자를 맡기는 일은 엄두도 내지 못했다.

우리 세대들도 좋은 환경에서 높은 교육을 받았다면 요즘 젊은이들보다 결코 능력이 부족하진 않았으리라. 온갖 고난을 지혜와 슬기로 대처하고 인내하며 살아온 우리 노인들을 노년의 생활비를 마련하지 못했다 하여 무능하다 여기고, 물려줄 재산이 없는 것을 탓하고 푸대접한다면 하늘이 무심치 않으리라. 그런 시어머니들이 며느리시집살이까지 한다면 불행한 시대에 태어났음을 자위하면서도 땡감 씹은 마음 오죽할까. 가진 것은 다 주고 싶은 것이 부모의 마음이다. 없는 재산을 많이 요구하는 자식이나 부모가 어디 있겠는가. 맞벌이를 한다고 고생하는 며느리들을 시어머니들도 이해하며 안쓰럽게 여긴다.

요즘 방송되는 사극에서도 시어머니인 인수대비가 똑똑한 며느리를 폐위시켜 사약까지 내린 것은 시어머니와 며느리의 갈등이 빚어낸 비극이었다. 손자인 연산군의 가슴에 비수를 품게 한 원인 제공은 할머니인 인수대비의 자기중심적이고 이기적인 욕망이 낳은 비극이 아니었던가. 사랑하는 내 아들, 사랑하는 내 남편을 위한다면 가장 가깝게 잘 지내야 할 두 쪽이 대결한다는 것은 무지한 소치이다. 옛 세상이나 지금 세상이나 가정의 모든 권한이 여자에게 있음을 깨닫게 해준다. 또한 가운데 끼여 있는 남자가 중심을 잘 잡아 정리해야 집안이 편안함을 보여주는 교훈이기도 하다. 좀 섭섭한 점이 있어도 서로 사려 깊게 배려하고 이해하는 마음으로 대화를 해서 풀어야 하는데 일방통행으로 치닫다보니 다른 사람에게까지 엄청난 비극을 초래한 것이 아니었나 싶다.

이젠 우리 노인들도 무조건 젊은 세대들을 탓할 것이 아니라 세상탓을 하며 이해를 먼저 해야 할 것이다. 우리 노인세대들은 눈, 귀, 입이 있어도 없는 것처럼 살았지만 그들은 다 열고 살아왔으니 무슨 일인들 못하랴. 아들딸 차별 없는 세상에서 교육받은 그들이 시댁가족이라 해서 할 말 못하고 움츠리고 살겠는가. 윗사람이 먼저 진실한 사랑으로 끌어안아 주면서 좋은 본을 보여야 하리라.

젊은 며느리들이여! 그대들도 다 준비되지 않은 상태에서 세월은 눈 깜짝할 사이에 흘러간다는 걸 아는가. 자가용을 몰고 다니는 터에 몇 분도 걸리지 않는 곳에 계시는 부모에게 통장으로 생활비를 보내면서 생색까지 내고 부담스레 여긴대서야 말이 되는가. 철 따라 과일 몇 개라도 사들고 와서 잠깐 얼굴이라도 보고 안부라도 묻고 생활비를 드리고 간다면 부모 마음이 얼마나 기쁠까. 가끔 식사 한 끼라도 같이 하는 정도를 바라는 것이지, 큰 것을 바라지는 않는다. 멀리 있는 처지이면 안부전화라도 한다면 더없이 고마울 뿐이다. 요즘은 멀리 사는 손자들 얼굴도 잊어버릴 정도다. 나이 들수록 가족이 보고 싶고 외로울 때가 있음을 알아야 하리라. 가정의 행복열쇠가 며느리 손에 쥐어져 있다는 것을 명심할 일이다.

얼마 전 TV에서 보았던 어느 강사의 말이 생각난다. 현재 한국이라는 나라는 세계 230여 개 나라 중에 잘살기로는 11번째요, 소비와 낭비로는 4번째요, 행복지수는 130번째가 넘는다고 했다. 돈이 많다고 해서 사람의 마음까지 결코 행복한 것이 아님을 일깨워준 자료다. 고등교육을 받고 수입이 많은 똑똑한 현대 며느리들이 매사를 이론과 논리를 내세워 사무적으로 대하기 때문에 '며느리가 무섭다.'는 말이 나오지 않았을까?

조금만 관심을 갖고 다정다감하게 대한다면 시부모는 좋아하고 더 가까워질 것이다. 사랑하는 남편을 낳아 길러주신 시부모가 불만이 쌓이고 서러운 마음을 갖는다면, 힘든 직장을 다니며 고생하는 것이 무슨 보람이 있을까. 버둥거리며 고생하는 것도 가족 모두의 행복지수를 높이려는 목적이 아닐까?

시어머니의 대를 이어가야 할 사람이 바로 며느리이다. 가정의 창시자인 하느님께서 여자의 역할을 마련한 것을 새겨보면서 행복한 가정에 기여하는 며느리들의 책임이 막중함을 깨달았으면 좋겠다.

(2008. 3)

쓰레기들의 이야기

요즘 컴퓨터를 열면 손자녀들의 이메일이 제일 먼저 내 마음을 설레게 한다. 오늘은 무슨 말을 썼나 하고 읽어보는 재미가 쏠쏠하다. 열두 살배기 외손녀가, 오늘은 할머니가 갖고 있는 이야기보따리에서 재미있는 것 하나 보내 달라고 했다. 생각지도 않은 주문을 받고 한참 생각하다가, 집만 나서면 길모퉁이마다 흉물스럽게 쌓여 있는 쓰레기더미를 보며 늘 느꼈던 일이 생각나서 이야기로 꾸며 보았다.

첫눈이 탐스럽기보다 폭설로 쏟아지던 날, 쓰레기더미 옆을 지날 때 수군거리는 소리가 들려 발길을 멈추고 귀 기울여 들어 보았다. 머리에 눈을 수북이 이고 있던 키 큰 장롱이 추워 덜덜 떨면서 하는 말,

"엊그제까지만 해도 따뜻한 안방에 버티고 앉아 있으면, 식구들이

하루에도 셀 수 없이 문을 열고 문안인사를 했었지. 지나치게 문을 여닫다보니 문짝에 고장이 나고 몸에 상처가 생기고 피부가 좀 더러워졌어. 그리고 구식이 되었다고 늘 구박까지 하더니, 이 추운 날 밖으로 쫓아내는 거야."

하며 억울해 한다. 바로 옆에 있던 서랍장도 거든다.

"우리들이 가구가 되어 오기까지 과정을 생각해 보세요. 아주 먼 나라 아프리카 밀림에서 몇 십 년을 자라서, 위험한 바다 위를 배를 타고 여러 날 잠도 못 자고 건너왔지요. 장인들이 힘들게 만들어서 장롱, 서랍장, 침대, 책상, 의자 등 여러 가지로 변모되어 비싼 값에 안방까지 갔지요. 그런데 사람들은 감기만 들어도 병원엘 가면서, 우리도 쓰다 보면 고장이 날 수 있지. 손을 좀 봐주면 얼마든지 더 살 수 있는데도 사정없이 내다버린단 말입니다."

하며 나무를 자꾸 베어내기만 하는 사람들의 미래를 염려하면서 원망하는 목소리로 더 살고 싶다고 투덜거린다.

찬 눈을 맞고 몸이 다 젖어 땅바닥에 누워 있던 목화솜 이불들이

"우리도 마찬가지야!"

하며 맞장구를 친다.

"우리도 아주 먼 곳에서 왔단다. 인도라는 더운 곳에서도 오고 미국에서 배를 타고 바다를 건너왔단다. 처음 어떤 집으로 왔을 때는 우리들에게 비단옷을 입히고, 신혼부부에서부터 어린아이들, 노인들까지 다 좋아했었지. 그런데 난방장치를 보일러로 바꾸면서 무겁다는 이유로 쫓겨나게 되었단 말이야. 값싼 나일론 솜에 밀려 이 지경이 되어 불 속으로 들어가게 되었어."

하며 신세타령을 늘어놓던 이불솜은이 갑자기 큰소리로 외쳤다.

"언젠가는 우리들을 몹시 그리워할 때가 올걸. 사람들은 멍청인가 봐. 사람들에게 자연 섬유인 목화솜보다 더 좋은 게 어디 있겠어. 이제 우리 목화밭도 점점 줄어들고 있다는 걸 알아야 해."

하면서 화가 단단히 난 목소리였다.

산더미처럼 쌓여 있던 다른 잡동사니들은

"우리들 몸은 더러워서 부끄러우니까 아무것에나 담아버리면 싫단 말이야. 우리같이 더럽고 재생할 수 없는 것들은 잘 썩지도 않고, 태워도 냄새와 다이옥신이라는 것이 나와서 땅과 공기를 오염시킨대요. 다시는 더러운 몸으로 태어나고 싶지 않아요. 꼭 규격봉투에 담아 주세요. 검정봉투나 다른 봉투에 넣으면 미화원 아저씨들이 미워하면서 수거하지도 않고 버려두고 가요. 되도록이면 일회용품은 사용하지 마세요. 우리들 일반쓰레기 때문에 지구가 몸이 아프대요. 지구가 아프면 사람들은 몇 배나 고통스러움을 당하지요. 우리들 말을 잘 들어야 해요."

하며 애처로운 소리로 간곡히 부탁한다.

한쪽 옆에 놓인 음식쓰레기통 속에서 얼굴을 삐죽이 내밀고 있던 음식 쓰레기가 기다렸다는 듯이 목소리를 높인다.

"우리음식물 쓰레기들은 동물들의 사료가 되고, 퇴비로도 쓰이게 되는 귀하신 몸이에요. 더럽고 냄새난다고 봉투도 벗기지 않고 전갈 떼어버리듯 획 집어 던지고 달아나면 되나요? 버릴 때는, 이쑤시개, 쇠붙이, 단단한 뼈 같은 것은 잘 골라내고 물기를 쏙 빼서 비닐봉지를 벗겨 통에다 잘 담아주면 고맙겠어요. 또 충분히 먹을 수 있는 것도 마구 버리는 못된 젊은 아줌마를 보면, 머지않아 가난뱅이가 될 것 같아 한심스럽고 참 안타깝네요. 먹을 만큼만 만들어 먹는다면 버릴 것이 없지 않을까요? 그러면 내통이 넘쳐흘러서 냄새가 나지 않아 좋으련만 쯧쯧……."

각종 책이나 박스, 신문들은 신이 나서 우쭐댄다.

"재활용이 되는 우리들은 집 밖에 나오기만 하면 서로 주워가려고 기다릴 정도야. 채 보지도 않은 알림신문까지 가져오는 사람들도 있어서 어이가 없을 때도 있단다. 우리들은 고물상으로 가면 바로 돈으로 바꿀 수 있어 인기가 좋은데 말이야. 하지만 유리조각, 페트병, 플라스틱, 쇠붙이, 깡통 같은 것은 천덕꾸러기로 여기는데, 재활용품 모두를 고루 사랑해 주세요. 차별대우는 나쁜 일이잖아요. 자원도 부족한 형편이니까 각 가정에서 철저히 분리해서 버려 주면 좋겠어요."

하며 부탁한다.

캄캄한 헌옷 함 속에 들어있던 헌옷가지들도 질세라 고함을 지른다.

"우리들도 한마디해야겠어요. 우리들을 버릴 때는 아주 헌옷은 따로 버려주시고, 입을 수 있는 것들은 깨끗이 세탁하여 단추도 달아주고 손을 좀 봐서 비닐에 싸서 통속에 넣어주세요. 우리들은 다시 어려운 나라로 가서 새 주인을 만나 사랑을 받고 싶어요. 사랑은 나눌수록 커진답니다. 아시겠어요?"

한다.

쓰레기들의 이야기를 듣고 보니 쓰레기통 옆에, 싹이 조금 난 감자 한 박스와, 수수쌀이며, 어린 무청 삶아 말린 것, 떡가래 등 얼마든지 먹을 수 있는 것도 버려져 있다. 시골에서 부모들이 애써 보내온 것 같다. 가져와 이웃과 나눠 먹은 일도 있다. 요즘 젊은이들은 배고파 보지 않아서 음식 아까운 줄 모른다. 지구 한쪽에서는, 배를 채우지 못해 앙상한 몸에 눈만 뜨고 있는 처참한 몰골들을 TV로 볼 때면 죄스러워진다.

할머니는 이렇게 쓰레기들이 화가 잔뜩 나서 사람들의 흉을 보기도하고, 나무라기도 하며 애원하는 소리를 듣고 부끄러워 집으로 달려왔단다. 더러운 쓰레기들에게 칭찬은 고사하고 욕은 먹지 않아야지 싶어 온 집안을 휘둘러보았다. 마당 한구석이 좀 지저분하긴 하지만, 오래 전부터 잘 지켜오고 있었기에 다행스럽게 여겼다.

하늘에는 우주선 쓰레기가 난무하고, 바다에도 폐선박에서부터 그물이며 강에서 떠내려간 온갖 것들로 바다가 날로 오염되어 어종들이 줄어들고 있다고 한다. 땅은 어떤가? 하나밖에 없는 삶의 터전인 지구를 오염시키는 범인은 바로 쓰레기들이다. 이 쓰레기는 바로우리들이 사용한 것들이다.

백 마디 말보다 실천이 앞서야 겠다. 쓰레기들을 최소한으로 줄이고 철저히 분리하여 잘 버려주면 쓰레기들에게 칭찬도 받고 땅을 오염시키지 않으니 지구를 만든 하느님이 활짝 웃으시지 않겠니? 아름다운 이 땅을 영원히 잘 보존해서 우리 후손들에게 물려주기 위해 우리 모두 노력하자꾸나.

(2005. 12)

요즘 사람들

바쁘다는 핑계같이 무난한 것은 없다. 요즘 사람들은 너나 없이 바쁘다. 이것도 바빠서 못했고 저것도 바빠서 못했다는데 무슨 탈을 잡으랴. 하물며 낙엽도 가을바람을 타고 바삐 굴러가는데 문화인인 사람이 어찌 바쁘지 않으리.

늘 적는 가계부를 오늘따라 유심히 살펴보다 세금난을 보고 새삼 놀랐다. 2008년 11월 집 전화료 84,500원+(인터넷 접속료 30,000원), 남편과 내 휴대폰 이용료 47,000원, 유선방송 8,710원, 신문 2가지 23,000원, 전기료 24,520원, 수도료 8,850원이었다. 품위유지비는 만 단위에서 몇 십만 단위가 넘어서니 먹고 사는 것이 크다는 말은 옛말이다. 두 식구의 쌀값과 찬값, 과일값, 전기와 수도료를 합쳐도 문화비가 항상 앞선다. 핵가족시대가 되면서 통신비용이 앞자리로 온 것도 이유 중 하나다. 정보화시대란 말이 실감난다. 팔십에 가까운 노인들의 살림이 이럴진대 젊은이들은 오죽할까? 모두가 현 시대를 피해 살 순 없으니 말이다.

보다 빨리 대화하고 싶어 전화가 나오고, 세상사를 한눈에 빨리 보려고 TV에 유선을 달고 휴대폰을 만들어 건널목에서도 달리는 자동차에서도 위험을 무릅쓰고라도 빨리 통화하려고 안달들이다. 달콤한 긴 연애편지를 받고 밤새도록 읽고 또 읽으며 사랑에 빠지던 시대는 옛이야기다. 핸드폰으로 몇 마디 주고받는다. 그러니 금방 사귀다 여름철 콩죽 변하듯 변하는 게 요즘 젊은이들의 형태다. 달구지 타고 다니던 시절, 자동차나 석탄기관차가 나왔을 때 빠르다고 놀랐는데 이젠 고속열차도 느리다고 아우성이다. 종이에 펜으로 또박또박 글씨를 쓰는 사람 구경하기도 어렵다. 주소나 이름도 컴퓨터로 작업하여 프린터로 쭉 뽑아 사용한다. 요즘 아이들은 긴 말도 싫어해서 글도 말도 약자로 사용한다. 우습다거나 좋아한다는 말은 'ㅋㅋ ㅎㅎ'로 문자 메시지나 이메일을 보낸다. 컵라면처럼 뜨거운 물만 부으면 먹을 수 있는 3분 식사를 좋아한다. 무엇이든 모든 것이 빨라야만 직성이 풀리는 시대에 살고 있다. 앞으로는 얼마나 더 빨리빨리가 나올지 궁금하다.

갓난아기도 병원 신생아실에서부터 엄마 집으로, 외가로, 친가로 옮겨다니자니 바쁘다. 어린이는 제 몸보다 큰 가방을 메고 어린이집과 유치원으로 가기 바쁘다. 학생들도 학교와 학원 몇 군데를 전전하느라 잠시도 뛰고 놀 수조차 없다. 젊은 남녀는 아침부터 출근 준비에 밥도 챙겨먹지 못하고 밤늦게야 부부간에 얼굴을 마주친다. 거리에는 혼자 탄 자가용들이 여름철 하루살이처럼 엉켜서 설쳐댄다. 노인들까지도 병원, 건강기구 파는 홍보관, 약장사 구경, 수영장, 노인복지관까지 다니느라 집에 있는 이가 별로 없다. 쉬는 날인 일요일엔 종교인들의 큰 차가 이 교회 저 교회 찾느라 바쁘다. 무엇이 그리도 바쁜지 모두가 종종걸음이다. 옛 선비들의 여유 있는 팔자걸음이 보고 싶어진다.

이 세상에 발을 딛고 사는 나라고 어찌 예외일까? 한 달여 전에 시간대로 갈 일이 있어 바삐 발걸음을 옮기다 늘 좋지 않던 무릎이 헛돌면서 그 자리에 주저앉았다. 절뚝거리면서도 무리하다 2, 3일 사이 두세 번을 넘어지면서 아주 걸을 수 없게 되자 이 병원 저 병원을 전전하며 치료를 받아보지만 통증은 가시지 않고 지팡이에 의지하며 볼썽사납게 고생하게 되었다. 입원한 셈 치고 다리를 아끼라는 의사의 말은 귓전으로 듣고 자고 나면 많은 일에 빠져 설치다 아픈 다리를 쉬지 않고 끌고 다니곤, 밤이면 통증에 시달려 잠도 못 자면서 말이다. 어서 나아지고 싶다 한들 낡고 닳아빠진 연골이 찢어지기까지 했다는데 금방 좋아질 리도 없거늘 조급해서 진통제를 먹고 안달하니 불면증으로 잠도 설치고 어지럼증까지 겸해 무릎 아픈 것보다 생활리듬이 망가지니 더 고통스럽다.

요즘 사람들은 초등학생에서부터 노인에 이르기까지 손전화기를 갖고 산다. 그러나 부모자식 간에 전화가 없어 노후를 외롭게 보내는 노인들이 많다고 한다. 나 역시 손자녀들 7명이지만 전화 받은 기억이 일 년에 손가락 수보다 적다. 뭐가 그리 바쁜지 모르겠다. 이 늙은 이도 바빠서 전화할 시간이 없다. 할미와 손자 간에도 단절되는 세상이 자꾸만 무섭다. 생각을 바꾸자. 바삐 도는 팽이에 채찍은 더 가하지 않아야겠다. 어떤 삶을 살아왔는지, 어떤 삶을 살아갈 것인지 성찰하는 여유부터 가져야겠다.

그동안 마음은 있어도 잊고 살아왔던 친족들에게 안부도 여쭙고 오랫동안 소식 없이 지낸 옛 친구들에게 전화라도 해보자. 가끔은 하늘에 뜬 구름도 올려다보고 사색에 잠겨보며 넓은 바다를 찾아가 마음도 넓혀보자. 가까운 동산에 올라 흐드러지게 핀 들꽃도 챙겨보며 그들과 도란도란 속삭여 보자. 빛 바랜 사진첩을 뒤적이며 추억에 빠져보기도 하자. 하루해를 잡고 쉬엄쉬엄 보내면서 세월이 가면 아픈 다리도 좋아지겠지 하는 기대감에 느긋해지자. 여유를 가지고 모든 것에 감사하니 오히려 생활에 활력이 솟고 생기가 돈다.

요즘 성경 전도서를 읽는다. 부귀영화를 다 누린 솔로몬의 지혜가 담긴 말들이다. 4장을 읽다보니 "경쟁심이나 물질의 부는 바람을 잡는 것과 같다."고 하면서 "한 줌만큼의 휴식이 두 줌의 바람을 쫓아다니는 것보다 낫다."고 했다. 말을 할 때도 생각할 여유도 없이 급히 하고 보면 후회할 때가 많다. 어떤 일을 결정할 때도 천천히 생각을 해서 하면 실수가 적다.

요즘 사람들의 조급증을 치료하려면 특효약인 느림의 미학을 다시 배워야겠다.

(2008. 11)

제5부
흙, 그를 사랑한다

철마다 맛 다르게 입맛을 돋워주는 다양한 곡식들과 채소들, 맛있는 갖가지 과일들, 우리에게 더위와 추위를 가려주는 집의 재료들, 이 모두가 흙에서 나온 것들이라 생각하면 나는 감탄하여 고단함보다는 즐거움이 더해 갔다.

— 〈흙, 그를 사랑한다〉 중에서

씨와 밭

몇 년 전, 여섯 살 쌍둥이 외손자가 유치원에서 돌아오자마자,

"할머니, 씨가 더 중요해요, 밭이 더 중요해요?"

하며 난해한 질문을 던진다. 선생님이 "남자는 씨이고, 여자는 밭이다."라고 했단다.

남아, 여아로 태어난 쌍둥이 외손자들은 자라면서 조금도 양보가 없어 기르는 할미를 당혹스럽게 할 때가 많다. 그날도 유치원에서 아기가 어떻게 생기는가에 대해 알려주면서 씨와 밭의 비유를 든 것 같다. 오빠인 남자아이는 늘 우월감을 갖고 행동하고 여아는 억울해 하면서도 양보를 많이 하는 편이다.

그래서 이번 기회에 남자와 여자의 창조부터 이야기를 해주어야겠다 싶어서,

"하느님이 남자를 먼저 만들어놓고 남자 혼자 동물의 이름과 식물의 이름을 짓고 그것들을 돌보라고 했다. 그런데 혼자 하는 일이 너무 힘들어 보여서 도와주는 사람이 있으면 좋겠다고 생각했대요. 남자가 잠든 사이에 갈빗대 하나를 빼어 여자를 만들어, 그 여자와 남자가 부부가 되어 자손도 낳고 모든 일을 함께 하며 즐겁고 행복하게 살아가도록 하셨단다."
라고 이해할 수 있게 이야기해 주면서 누가 더 중요한가는 스스로 추리해보도록 했다.

남자와 여자로 태어나는 것은 어느 누구든 본인 마음대로 할 수 없다. 창조주의 마련에 순응할 따름이다. 남자와 여자가 구조부터 다른 것을 보면 하는 일도 다르게 마련한 것이 분명하다. 가정을 이루면 남자에게는 가장이라는 권위와 함께 가족을 돌봐야 할 책임과 의무가 주어지고, 여자에게는 그 남편을 도와 자녀를 양육하며, 자질구레한 가사일 제반사를 맡아 하도록 임무를 부여받았다. 이렇게 사는 것이 가정을 창시하신 분의 뜻이거늘 오늘날 세상은 어떻게 된 일인지 남녀가 자기 역할을 넘어 구분 없이 일을 한다. 그러다 보니 가정파탄, 저출산, 노인학대 등 문제가 산더미같이 쌓이고 사회는 더욱 혼란스럽다.

여자가 고등 교육을 받고 사회진출을 하면서 '여성 상위시대'라는 유행어까지 등장했다. 많은 문제도 덩달아 생겼다. 여성들이 문맹시대 때 남성들에서 받은 홀대와 억압에 대한 여자들의 한풀이인지도 모른다. 할머니, 어머니 세대들은 딸들에게

"너희들은 우리같이 살진 말라."

하며 그동안 남성들에게서 받은 억눌렸던 감정을 하소연하고, 딸 세대들은 엄마들의 고통을 보며 자랐기에

"우리는 엄마들같이 살진 않을 거야."

하는 이 두 세대들의 반항의식이 표출된 것일까? 원인을 제공했던 남성들이 고개 숙인 남자가 되었다. 남녀 양성이 대립하는 시대에 끼인 아이들은 세상 밖에 나오자마자 어미 젖은 고사하고 남의 품에서 서럽게 자란다. 어미 꼴 보기가 어려워 낯까지 가린다고 한다. 나이 든 부모들은 간장, 된장, 고추장, 김치까지 담가주고, 손자까지 돌봐야 하는 이중삼중고를 겪는다. 참으로 안타깝기 그지없는 세상이다.

'여성 상위시대'라고 하면서 요즘 젊은 여성들이 직장일과 가사일 두 가지를 어깨에 메고 낑낑대는 모습을 보면 안쓰럽다. 내 딸들만 봐도 아침 일찍 나가서 직장일에 시달리다 늦게 돌아오면 아이들 뒷바라지와 집안일이 한꺼번에 몰려 감당할 수 없어 한다. 아이들은 엄마와 함께 대화를 나눌 시간이 없다보니 멀리 있는 할미에게 메일 보내달라고 애원하니 가슴이 찡하다. 휴식이나 사색은 엄두도 내지 못하고 산다. 한정된 시간에 직장일과 집안일, 두 주인을 동시에 만족하게 섬길 수 없다. 집에서 하는 일들이 보잘것없어 보이지만 잠시만 손을 비워도 표가 난다. 요즘 하나 둘뿐인 자녀들의 인성교육도 돈으로 사려는가? 문명병을 앓고 있는 현대인들을 무엇으로 치료해야 될지 걱정이다. 과연 돈만이 약이 될까?

여자를 창조한 경위를 한번 생각해 보자. 왜 하필이면 머리도 발도 아닌 갈빗대를 빼서 만들었을까. 우리 몸 중에 가장 중요한 것은 심장과 폐이다. 그것들을 보호하는 갈빗대는 또 얼마나 중요한가. 갈비

뼈가 막아주지 않는다면 조그만 충격에도 심장이 손상을 입을 것이다. 이처럼 중요한 역할을 하는 것이 여자다. 창조주의 더 깊은 뜻을 헤아려보면, 머리에서 떼어 만들었다면 둘이서 머리 직분을 행하려고 다툴 것이고, 발에서 떼어 만들면 무시당할 것만 같으니 높지도 낮지도 않으면서 없어서는 안 될 중요한 부분인 갈빗대로 여자를 만들지 않았나 싶다.

"여자의 머리는 남자요, 남자의 머리는 그리스도요, 그리스도의 머리는 하느님"이라는 성경(고린도 첫째 11장 3절) 말씀은 변함없는 진리다.

우주에도 양전기 음전기가 있다. 생명체에는 모두가 수컷과 암컷으로 이루어져 있다. 창조주의 원칙 아래 씨와 밭인 양성이 서로 존중하며 맡은 역할에 충실하게 조화를 이룰 때 우리의 삶은 영원히 행복하리라.

(2005. 12)

구운 김

명절 때, 구운 김이 들어 있는 한 아름이나 되는 큰 박스를 받아 열어보면 너무 어이없다. 내용물은 기껏해야 김 한 톳도 못 되는 것인데 몇 겹의 포장으로 부피만 많아 보이게 되어 있어 허망하다. 한 끼 1인분도 채 안 되는 김을 잘라 얇은 비닐 박스에 담고 방습제 한 봉지 넣고 선전용 포장비닐 봉지에 넣었으니, 김 몇 장 먹고 나면 큰 쓰레기통이 가득 찬다. 굳이 이렇게까지 손 하나 대지 않고 바로 입으로 들어가게 해야만 되나 싶어 아쉽다.

잘 썩지도 않는다는 비닐봉투는 어떻게 처리할 것이며, 그것들을 만드느라 공장에서 나온 많은 공해와 폐수는 땅을 얼마나 오염시켰을까. 인건비도 만만치 않았으리라. 농촌엔 잡초만 우거진 옥토가 널려 있는데 젊은이들을 도시공장으로 불러다 하는 짓이 기껏 이런가 싶어 안타깝다. 괜한 염려를 한다 할지 모르지만 과대 포장에 비용과 인력을 낭비하기보다는 생산적인 곳에 인력을 사용한다면 우리가 더 잘 살아갈 수 있지 않을까?

몇 년째 많은 인원이 야외로 나가는 일이 있어 주문한 도시락을 먹는다. 도시락은 밥 그릇 1개, 반찬 그릇 1개, 물 한 컵, 국 한 컵, 숟가락 하나, 나무젓가락 등 모두 일회용품이다. 게다가 노인들이 많았기 때문에 음식 절반 정도가 남아 모두 쓰레기로 버린다. 자기가 먹고 남은 음식이니 갖고 가서 먹어도 되련만, 아까워도 체면 때문에 눈치보고 그냥 쓰레기통에 집어넣는 사람도 있을 것이다. 우리가 언제부터 이렇게 좋은 음식을 마구 버릴 만큼 잘살았단 말인가. 가난에 허덕이며 산 지 몇 년이나 지났다고 벌써 그 시절을 잊었는가. 난 남은 음식은 물론 일회용 그릇 하나 숟가락까지 가져와서 재사용한다. 그 순간에도 지구 곳곳에서 배를 채우지 못해 사투를 벌이는데, 이래도 되나 싶어 죄스럽다.

몇 년 전, 유럽여행을 갔을 때 독일에 들렀는데 호텔에서 떠날 때 중식을 차 속에다 넣어주었다. 52인분의 도시락은 빵 1박스, 물 한 통, 잘게 썬 햄 한 박스, 얇은 비닐 컵 50여 개, 사과 한 박스, 빵과 사과는 인원 수효대로 담았다. 먹고 나서 버릴 것은 컵 포갠 것뿐이었다. 휴게소 화장실은 손 씻는 물도 센서로 되어 있었고 화장실 사용도 동전을 넣고 사용하도록 되어 있었다. 낭비를 하지 않는 독일 사람들의 생활에서 많은 것을 배웠다.

한국 사람들은 특히 말 타면 종 부리고 싶어 하는 습성이 많다. 외국에 가서 보면 가장 사치스럽고, 흥청망청 돈을 잘 쓰는 한국인임을 볼 수 있다. 내면보다는 외면치레에 더 신경 쓰고, 과시형이 만연해 있다. 있을 때, 없을 때를 생각해서 아껴야지 항상 양지일 수는 없는 일, 어른들이 먼저 솔선수범하여 지켰으면 한다.

요즈음 바쁜 생활에 쫓기는 주부들이 김에 기름 발라 손수 구워먹는 사람은 별로 없다. 하지만 작은 김 한 장이지만 생각해 보자. 직접 구워먹으면 석 장 먹을 것을, 구운 김을 사다 먹으면 고작 한 장 먹는다면 어느 쪽이 이익인지 짐작이 되리라. TV 앞에 앉아 있는 남편, 컴퓨터 앞에 있는 자녀들에게 기름소금 좀 발라 달라고 해서 손수 구워먹는다면, 가족 간에 협동심이 생겨서 좋고, 쓰레기 줄여서 좋으며, 경제적으로도 도움되어 일석삼조가 아닐까?

(2004. 10)

물이 마르니 정도 마르고

밤늦은 시각, 누워서 TV를 보다가 나도 모르게 벌떡 일어나 앉았다. TV 화면에서 눈이 떨어지질 않는다. 말 못하는 짐승이지만 산다는 것이 무엇이기에 한모금의 물을 찾아 수백 리를 터벅터벅 힘없는 다리를 옮기는 것일까? 먼 나라의 이야기인데 나는 왜 잠을 못 이루고 천 갈래 만 갈래 상념에 잠기는 걸까?

모든 생명의 생사를 가름하는 게 바로 물이기에 생명체에 물이 필수임은 누구나 다 아는 사실이지만, 물의 중요성을 겪어보지 않고는 잘 모르리라. 다른 나라로 흐르는 물줄기를 돌리려다 나라끼리 분쟁이 일고 가뭄에 농민들이 벌이는 물꼬싸움도 살려고 벌이는 물 전쟁이다. 케냐 지역에 가뭄이 심해서 급수차로 물을 공급하는데 물통을 들고 나온 주민들은 서로 먼저 받으려고 물 호스를 잡아당기다 보니 물통으로 들어가야 할 물은 땅만 흠뻑 적셔 놓고 급수차는 달아났다.

주민들은 열 올라 그야말로 전쟁이 따로 없었다. 씁쓸한 기분에 안타까운 마음이 일었다.

마사이족들이 목마른 가축 떼를 이끌고 수백 리를 찾아가도 흡족하게 마실 물이 없어 애타는 걸 보니 측은하고 안타까워 눈물이 솟는다. 견디다 못한 원주민들처럼 케냐의 수도 나이로비로 이주하여 쓰레기장 옆에다 천막을 치고 우물을 파서 식수로 사용하나 지하로 스며든 오염물로 인해 피부병, 설사병으로 더 고생이다. 목욕은커녕 빨래는 엄두도 못 내고 사는 그들의 생활은 차마 글로 표현할 수조차 없다.

"다른 음식은 일주일 안 먹고도 살지만 물은 하루만 안 마셔도 못 살아요."
라며 외치는 여인의 통곡 소리가 아직도 귓전에서 맴돈다.

그런데 고지대에 사는 정부 귀족들은 저지대에 사는 그들과는 대조를 이룬다. 그들의 파인애플 농장에 호스로 물 뿌리는 것을 보며, 부익부 빈익빈이란 말을 실감했다. 같은 나라에 살면서 이래서는 안 될 일이다. 저지대 사는 이들은 측은하고 고지대 귀족들이 미워진다. 이 시대의 물 문제는 그곳만의 문제가 아니다.

얼마 전 필리핀 참사와 이상기후도 모두 인재라 하지 않는가. 아프리카 밀림지대는 무차별 벌목으로 날로 황폐화하고 세계 곳곳은 난개발로 각종 쓰레기들은 바다, 강, 하천을 오염시켜 지구가 온통 몸살을 앓고 있으니 누가 책임진단 말인가. 바로 나 자신과 우리 모두가 책임져야할 염려거리다.

나는 잠깐 50년 전으로 돌아가 보았다. 남편의 첫 부임지인 군산에서 살 때다. 언덕배기에서 셋방살이를 하는데 수도시설이 미비하여 주인집 아주머니가 아침이면 아래쪽 공동수도에서 물 한 지게(양철통 2통)를 져다 주면 아기까지 세 식구가 목욕 빨래까지 모두 해결해야 했다. 가뭄이 있는 봄철에는 수돗가에 길게 줄을 서서 전쟁이 따로 없었다. 봉급 7천 원 받는데 한 달 물 값이 천 원이었으니 물 아끼는 습관은 그때부터 생겼다. 지금도 맑은 물을 절대 버리지 않는다. 아나운서가 "진정한 결핍은 곧 삶의 원동력이 됩니다."란 말을 했을 때 고개가 끄덕여졌다. 직접 겪어보지 않으면 이해도 동정심도 갖지 못한다. 나이로비 귀족들처럼 말이다.

이기적인 인간들은 일시적인 이득만을 탐하여 자연을 마구 훼손하여 큰 손실을 일삼는다. 강대국이나 약소국가나 전쟁 준비에 엄청난 자원 낭비를 하고 있다. 이제 무기개발 경쟁은 자신들을 망치는 전쟁임을 깨달았으면 한다. 나 혼자만 잘살고 다른 사람은 모른 척 해도 될 것 같지만 더불어 사는 세상, 모두가 좋아야 나도 너도 좋다는 것쯤은 알아야 하리라. 전쟁 무기 만드는 비용으로 사막지대나 물 부족 국가에 맑은 물을 공급할 수 있도록 송수관을 설치한다면 물도 솟아나고 정도 솟아나서 지구촌 모두가 행복한 삶이 될 터인데 말이다.

(2006. 3)

화분에서 얻은 깨달음 하나

이 세상 어떤 집이든 주인 잃은 빈집은 서글프기 짝이 없다.

나는 흙을 좋아해서 조그만 땅이라도 보이면 무엇이든 심고 가꾸는 것이 취미이다. 하지만 도시생활은 땅을 갖기 쉽지 않다. 좁은 마당에 나무든 꽃이든 되는 대로 심고 가꾸며 늘이다 보니 꽃 화분이 100여 개가 넘어 다니기도 비좁다. 몇 평 아닌 화단엔 나무들이 키 재기만 한다. 이층 옥상엔 80여 개의 그릇들에 채소도 가꾼다. 내 자식 돌보는 심정으로 정성들여 가꾸니 그들도 나풀나풀 잘도 자라 준다. 일 년 내내 꽃들이 시샘하듯 피어 집을 항상 예쁘게 치장해 준다. 식구가 많아지다 보니 자식 많이 둔 어미같이 그들에 매달려 좋아하는 여행도 못 가고 내 시간을 빼앗겨 모두 없애버릴까 하는 생각도 없지 않았다. 하찮은 식물이라 해서 언제는 좋아서 가꾸다,

좀 귀찮다고 버린다는 것은 마음이 허락지 않는다. 자녀들은 올 때마다 몸도 좋지 않은 것을 염려하며 말리지만 하나하나 눈 맞추며 친구처럼 마음을 교감하면 나를 행복의 나라로 빠져들게 한다. 원하는 분들에게 나눠주는 재미도 쏠쏠하다. 꽃 가꾸기의 재미는 해보지 않고는 잘 모르리라.

15년 전, 이 집을 지으면서 모든 사람들의 만류를 뿌리치고 꽃나무들을 생각해서 거실을 마루로 놓았다. 꽃나무에 대한 나의 애착은 말리지 못한다. 겨울이면 거실이나 앞 베란다, 지하실, 어디든 공간만 있으면 모두 꽃나무들이 차지하여 온 집안이 식물원 같다. 산소가 많아서 공기가 쾌적하니 건강에 도움될 것 같아 값어치나 모양새 따위는 가리지 않는다.

25년 전 알로에 한 포기를 사다가 기르는 동안 늘여서 셀 수 없이 나눠주고, 건강식으로도 사용했다. 30년 전 밤알만 한 아마릴리스 구근 하나 얻어 온 것도 많이 나눠주고도 내 주먹만 한 구근 20여 개가 늦봄이면 화려한 자태로 나를 매혹시킨다. 서울 목동아파트에서 이름도 모르는 나무에서 순 몇 개를 떼어 집에 오자마자 화분에 꽂아 놓고 얼마나 정성을 들였던지 하나도 죽이지 않고 5년을 길렀더니 내 키만큼이나 자랐다. 이렇듯 정성을 쏟아 기른 꽃나무들을 하룻 밤사이 나의 실수로 동장군들에 도둑맞으니 아깝기 그지없다.

다른 해의 겨울나기에는 정신을 써서 추위에 약한 것들을 구분해서 베란다 및 지하실에 넣어둘 것들, 베란다에 둘 것들, 거실에 둘 것들을 구분해서 들여놓고 만반의 준비를 했었다. 그런데 컴퓨터를 배우면서 정신을 나누다보니 꽃 관리에 소홀했다. 베란다에 두고 미처 피신을 시키지 못한 채 물을 주고 문을 열어 놓은 상태에 하필이면 전화를 받고 내 건망증이 그대로 방치했으니 어떻겠는가. 벤자민은 추위에 약한 것이었는데 일곱 나무 중에 거실에 둔 것 하나만 남고 다 죽었다. 군자란은 잎은 다 얼었지만 뿌리는 살아 있을 것 같아 그대로 두고 본다. 자잘한 선인장도 반죽음한 것이 보기 싫어 뽑아버렸다. 가는 목에 꽃송이가 탐스러워 고개를 숙였던 제라늄도 아주 고개를 숙였다. 아마릴리스도 물렁하다. 베란다에 놓아둔 것들 중에 추위에 약한 것들은 모두 수난을 당했다. 귀한 보석보다 더 사랑했는데 몽땅 얼어죽어 애석하여 마음 아프다.

이렇듯 수십 년을 사랑과 열정을 갖고 가꾸던 꽃나무들을 잠깐의 실수와 방심한 틈을 비집고 쳐들어온 강추위에 아깝게도 잃고 말았다. 겨울 내내 강추위를 당해야 했던 그들은 관리를 못해준 나를 얼마나 원망했을까. 나는 보기 흉한 주인 잃은 화분들을 정리하며 많은 교훈을 얻었다. 매일 일어나는 교통사고, 누구나 무심코 던진 말 한 마디, 행동 하나도 긴장상태에서 풀린 방심이 가져다 준 결과들이다.

요즘 보도매체는 모 고위관직자의 방심한 태도와 말 한 마디 실수로 한평생 쌓아올린 부귀영화가 무너지는 소리에 연일 귀가 따갑다. 꽃나무이니 잠시 아깝고 아쉬움뿐이지만, 인생길에서 이런 실수를 하였다면 일평생을 두고두고 후회하고 마음 아팠으리라. 혼란스러운 세상을 살아가려면 언제나 정신을 바짝 차리고 긴장감을 늦추지 않아야겠다. 이번 일로 잠깐의 방심이나 실수가 얼마나 무서운 결과를 가져오는지 절실히 깨달았다. 꽃나무들은 나에게 아름다움을 완상할 기회만 준 게 아니라 자신의 귀한 목숨을 내주면서 큰 깨달음 하나까지 주었다.

(2006. 4)

햇볕사랑

집 앞 길거리에서 생산자가 직접 가지고 온 사과가 왔다고 외쳐대자 주부들이 모여들었다. 사과는 세 등급으로 나뉘어 값이 달랐다. 그 이유는, 같은 나무라도 햇볕을 많이 받고 못 받은 차이라고 했다. 가게보다는 좀 싼 듯해서 중간 것으로 한 상자를 샀다.

집에 와서 먹어보니 좀 전에 맛보기로 준 것보다는 단맛도 적고 서걱거리는 맛이 별로였다. 같은 나무에 매달려 자랐지만 햇볕을 받지 못한 것은 모양은 별 차이가 없는데 맛이 달랐다. 사람도 이와 같으리라. 같은 세상에 태어났지만 어떤 사람은 모두가 좋아하고 어떤 사람은 가까이하기 싫은 경우가 있다. 그 이유가 자라는 과정에서 햇볕과 같은 엄마의 사랑을 받지 못했음이 아닐까?

창조주 여호와께서 가장 먼저 만드신 것이 빛이었다. 생명체는 햇빛이 없으면 도저히 살 수 없다. 이 햇빛이 하는 일은 너무도 광대하여서 내 능력으로는 지면에 모두 옮길 수조차 없다. 거기에 무한정 주고도 값을 달라 하지 않으니 너무 감사하여 숙연해질 따름이다. 이렇듯 큰 사랑과 은혜를 입고 살면서도 그분의 고마움을 모르고 사는 때가 얼마나 많은가. 어머니의 사랑도 이와 같으리라.

60여 년 전 나의 소녀 시절, 항상 즐겨 부르던 노래가 떠오른다.

어머니 사랑

어머니 사랑은 따뜻한 사랑,
봄 햇빛 같이도 따뜻한 사랑
동짓날 추위도 이기는 사랑

어머니 사랑은 동그란 사랑
보름달같이도 동그란 사랑
화가도 못 그릴 동그란 사랑.

어머니의 사랑을 햇빛에 비유한 작사자는 어머니의 사랑이 햇빛에 버금가는 사랑임을 안 듯싶다. 한 인간이 태어나서 장성할 때까지는 생명체에 햇빛이 필요하듯 어머니의 사랑이 절대 필요하다. 옛날 어머니들은 칠남매, 십남매를 길러도 엄마가 다 끌어안고 길렀다. 요즘 세대는 자기들의 이익만을 위해 이혼을 쉽게 하면서 어린 자식까지도 남에게 떠맡기는 사례가 빈번하여 '버림받은 아이들'이란 새 단어가 떠돌고 있다. 엄마가 있으면서도 돈을 번다고, 자기 일을 해야 한다고 하나뿐인 자식을 천리 밖 외가나 친가로 보내고 어린이집에 하루 종일 보내는 요즘 엄마들. 진정 자식을 사랑하는지 묻고 싶다. 사과나무 밑에 반사경을 깔아주기도 한다지만 진짜 햇볕만 할까? 만일 해가 없어지고 해 대신 달빛으로 살아간다면 이 세상 생명체들이 어떻게 될까?

햇빛 같은 어머니의 사랑을 담뿍 받은 사람과 못 받은 사람의 차이가, 바로 이 맛있는 사과와 맛없는 사과 같으리라. 모양은 비슷하지만 질이 다르다. 새콤달콤한 사과는 누구든지 좋아하지만 맛없는 사과는 사람들이 꺼려한다. 누구든 엄마가 되었으면 맛이 잘 들 때까지 햇볕 같은 어머니의 참사랑을 듬뿍 쬐어 주었으면 하는 바람이다.

(2007. 2)

꽃이 아름다운 것은

요즘 같은 봄철에는 꽃집 앞에 서면 내 눈은 지남철이 되어버린다. 이 꽃 저 꽃에 홀려 눈인사를 하다가 약속시간이 다되어 허둥대기까지 한다. 소녀 시절에도 비가 오면 꽃모종을 들고 온 이웃을 조리 돌리듯 했으니 오래 전부터 무척 꽃을 좋아했나 보다.

지금 우리 집 정원은 5평 남짓한데 이것저것 꽃나무들이 하늘만 보고 큰다. 100여 개나 되는 꽃나무들이 주인의 욕심을 탓하지 않고 비좁아도 잘 자라주니 고맙다. 비가 오면 자다가도 나가서 꽃들을 내다놓고 비를 맞힌다. 자식처럼 사랑하는 나의 정성을 아는지 사시장철 시새워가며 예쁘고 아름다운 꽃들이 나를 반긴다. 가족들은 몸이나 돌보라며 꽃나무들을 없애라고 하지만, 꽃집에서 사온 것이 아닌 씨앗에서부터 꺾꽂이로 애지중지 길러 2,30년 같이 지내온 정을 아무도 모르리라.

나는 여름철이면 꽃나무들 때문에 좋아하는 여행까지도 아예 포기할 만큼 꽃을 무척 사랑하는 편이다.

누구와 만나는 장소도 시내보다는 야외로 정할 때가 많다. 철 따라 피는 점만 찍은 듯 작은 이름 모를 풀꽃들도 색깔이나 모양이 어찌나 예쁜지 반해버린다. 화창한 봄날 연두색 잎 사이로 배시시 웃으며 피어 있는 무지개도 시샘해서 토라질 것 같은 현란한 꽃들의 향연을 보면 어찌 감탄하지 않으랴. 이 봄이 온통 꽃들의 세상인 양 그들의 속삭임도 들려온다. 무덤가에서 외롭게 고개 숙인 자주색 할미꽃, 마른 나무들 사이로 수줍은 듯 한들거리는 연분홍색 진달래, 눈처럼 하얀 조팝나무꽃, 진한 보라색 옷을 예쁘게 차려입은 앙증맞은 오랑캐꽃, 노란 단발머리 민들레, 색색의 철쭉, 한 그릇에 몇 가지 색을 담은 팬지꽃 등 이름 모를 많은 꽃들. 그들을 보고 있노라면 나는 어느새 나비가 되어 꽃 속에 빠져 버리고 만다.

이른 봄 선비들의 예술혼을 부추기는 고상한 매화꽃, 순결한 백합화, 목련, 처녀 볼 같은 복숭아꽃, 살구꽃, 각종 과일 꽃은 벌 나비까지도 반해 찾아와 머물다 가지 않는가. 인공으로 재배한 꽃들이지만 꽃박람회에서 본 난 꽃들의 귀티 나는 자태는 우리들을 매혹시킨다. 이렇듯 많은 꽃을 모양과 색깔을 다르게 하여 우리 사람들의 눈과 마음을 즐겁게 하신 창조주 여호와 하느님의 넓으신 사랑과 경이로움에 오직 감탄할 뿐이다.

어느 날 문득 궁금증이 생긴다. 왜, 꽃은 이토록 아름다울까? 어찌하여 보잘것없는 풀 한 포기에도 갖가지 예쁜 색으로 모양도 다양하게 치장을 해 주셨을까? 분명 까닭이 있으리라. 그저 사람들의 눈과 마음을 즐겁게 하고, 벌 나비들을 위해서일까? 하찮은 들풀에서부터 아름드리나무에 이르기까지 온갖 것들의 식물들도 종족보전을 위해선 따가운 여름 햇볕과 쏟아지는 폭우와 장애물을 이겨내야만 결실을 맺을 수 있다. 그러기에 아름답고 고운 모습으로 향기로운 마음을 끝까지 지키며 갖은 고난을 극복해 나가라고 처음을 아름답게 치장해주며 축복해 주는 것일까? 만물의 영장인 우리 사람들도 결혼 첫날을 생애 최고로 아름답게 치장하지 않는가. 창조주의 한량없이 깊은 뜻을 어리석은 인간이 어찌 알리요. 아름다운 꽃을 보고 깨닫게 했으련만 칠십이 넘도록 그 이치를 깨닫지 못했으니 안타까울 뿐이다.

신은 공평하게 똑같은 눈을 주었지만 보는 이의 마음에 따라 느낌이 다를 것이다. 심성을 꽃처럼 곱게 가지면 예쁜 꽃을 볼 때 아름답게 느껴 기쁠 것이고, 매사에 짜증을 내며 불평불만을 안고 사는 사람은 예쁜 꽃을 보면서도 무관심하리라. 행복의 꽃은 사랑의 씨를 뿌려놓고 희생적인 정성으로 가꾸어야 아름답고 매혹적인 향기를 지닌다. 우리 인생살이도 며칠 피었다 지는 꽃과 무엇이 다르랴. 다만 창조주의 섭리에 순종하며 지는 그날까지 꽃들의 고운 모습을 닮고 싶은 마음만 간절하다.

(2007. 5)

흙, 그를 사랑한다

이 세상에 흙을 모르는 사람 있을까? 그러나 진정 흙을 소중히 여기는 사람들 과연 얼마나 될까?

내가 처음 흙과 친하게 된 것은 지금으로부터 55년 전이다. 어린 시절부터 공무원이신 아버지를 따라 늘 도시에서만 살다 보니 흙을 접할 기회가 없었다. 그러던 중 6 · 25라는 민족동란 3년째 내 나이 17세 되던 해 어머니가 돌아가시자, 거창 덕유산 자락 계시던 조부모님께서 그곳 전답을 팔아 우리가 사는 함양으로 오시면서부터 비로소 흙을 알게 되었다.

넓은 밭은 많은 손을 필요로 하게 되어 나는 할머니를 도와 처음으로 농사일을 하게 되었다. 갖가지 곡식들과 채소들을 심고 가꾸고 수확하기까지의 과정을 겪으면서, 신기하고 놀랍고 매혹적인 그 모든 것들이 흙이 만들어 내놓은 작품이란 것을 알게 되자 흙에 완전히 매료되었다. 흙에 심은 팥알만 한 목화 씨 하나가 흰 구름 같은 솜으로 변화되는 것도 신기했고, 사람 키보다 큰 삼이 여름철 땀복으로 우리들의 몸을 보호해주는 것도, 뽕나무 잎을 먹고 자란 누에고치는 나의 예쁜 옷감을 만들어 주는 것, 모두가 감격스러웠다. 철마다 맛 다르게 입맛을 돋워주는 다양한 곡식들과 채소들, 맛있는 갖가지 과일들, 우리에게 더위와 추위를 가려주는 집의 재료들, 이 모두가 흙에서 나온 것들이라 생각하면 나는 감탄하여 고단함보다는 즐거움이 더해 갔다.

할머니께서는 일찍이 흙의 소중함을 아셨음인지 늘 밭에서 살다시피하시면서,

"밥 잘 먹는 것은 하느님 덕, 옷 잘 입는 것은 마누라 덕, 돈 잘 쓰는 것은 부모 덕이라 그 중에서도 먹는 것이 제일이다. 이 흙은 생명의 근본이거늘 흙을 소중하게 여겨야 한다."

라고 말씀하셨다. 나는 흙의 특성을 알면서부터 흙을 사랑하게 되었다. 한창 손이나 다듬을 나이였지만 늘 흙을 만지다보니 손마디가 굵어지고 볼품없어도 좋았다. 갖가지 작물들을 심고 가꾸고 거둬들이는 일에 심취하면서 엄마 잃고 마음 둘 곳 없는 나에게 흙은 친한 벗이 되었다. 흙도 내 정성과 마음을 알았는지 가꾸는 작물마다 일등품이었다.

아스라한 지난날이 추억으로 떠오른다. 결혼 후 남편을 따라 도시에서 살다가 45년 전, 남편이 승진하여 면 시골 우체국장으로 전근이 되어 관사에 살게 되었다. 늘 한줌의 흙이 그리웠던 나는 관사 옆에 비어있는 모래밭을 돌덩이를 치우고, 음식 찌꺼기와 분뇨까지 뿌려

옥토를 만들었다. 냄새난다고 야단치는 남편의 지청구를 들으면서도 정성을 다해 씨앗을 뿌리고 가꾸었다. 무엇이든지 잘되었다. 보는 사람들은 '일등 농사꾼'이라며 칭찬도 아끼지 않았다. 그 곳에서 두 아이를 더 얻었다. 일곱 살 사이에 네 명의 아이들과 함께, 흙이 주는 소산물에 매료되어 고단함을 잊고 매일 흙과 뒹굴면서 행복에 젖었었다. 도시에서 사다 먹는 채소는 갈증만 안겨주었지만 내가 직접 가꾸어 먹는 재미는 해보지 않으면 잘 모르리라.

관사로 들어오는 마당 옆에는 봉숭아와 과꽃이 어우러져 방실거리고, 호박덩굴은 돌담 위에다 올망졸망 많은 식구 늘리기에 바빴다. 담장 밑에 키 큰 옥수수는 많은 아기들을 품었다고 으스대고, 봄부터 여름 내내 푸른 잎을 제공해주던 상추도 옥수수 따라 키가 훌쩍 크더니 씨앗을 맺었다고 나를 모른 체한다. 고추나무는 가지가 휘어질 정도로 크고 작은 가족을 거느리고 한여름 더위에 졸고 있는 모습이 안쓰럽다. 이렇듯 갖가지 채소들이 한창 어우러진 7월에 남편이 사무관으로 승진하여 대도시로 이동하게 되었다. 4년여 정들여 다듬고 가꾸던 흙의 가족들과 헤어지려니 사랑하는 사람과 헤어지는 것만큼이나 마음이 아프고, 누가 나만큼 그들을 사랑해줄까 싶어 못내 안타까웠고 한없이 섭섭했다. 떠나온 후로도 늘 그곳의 정경들이 꿈속에 나타나서 나를 즐겁게 해주었다.

도시에 있는 관사를 돌아다니면서도, 조그만 빈터가 있는 곳이나 정원수 사이라도 비어 있으면 꽃을 심고, 케일 몇 포기, 돌나물이라도 심을 만큼 흙을 사랑했다. 이렇게 흙을 좋아하는 나에게 야속하리만큼 가꿀 땅이 주어지지 않았다. 1991년 남편이 정년퇴직을 하자

아파트를 원하는 남편을 설득하여 전주시의 기린봉 산자락에 있는 고가를 헐어 단층 양옥집을 지었다. 좁은 앞마당에는 100여 개나 되는 갖가지 꽃 화분과 나무들이 식물원 같다. 2층 옥상은 내가 원하는 작은 농장이다. 이웃에서 버린 옹기그릇에서부터 고무함지박, 플라스틱 통, 스티로폼 박스 등 크고 작은 화분 할 것 없이 80여 개가 넘는 그릇에 흙을 담아 여러 가지 채소를 심었다. 여름철 가물 때면 물주기에 너무 힘들어하는 나를 보고 '값으로 따지면 얼마나 되느냐 고생하지 말라.'고 하지만, 흙을 떠나서는 살 수가 없을 만큼 흙을 사랑하는 내 열정은 아무도 못 말린다.

나는 흙에서 많은 교훈을 얻는다. 우울하거나 화가 났을 때 따분할 때면, 옥상에 올라 꽃삽으로 흙을 뒤집어 심고, 가꾸고 하다 보면 나는 어느새 한 마리의 행복한 파랑새가 된다. 사람들이 먹고 버리는 냄새나고 더러운 것들을 마다하지 않고 모두를 감싸 안으며 그것들을 좋은 거름으로 승화시켜 되돌려주는 그 위대함을 본받고 싶어서다. 흙은 나의 훌륭한 스승이자 친한 친구다. 나는 흙을 사랑하기에 그가 싫어하는 농약이나 비료는 절대로 사용하지 않는다. 집에서 나오는 온갖 음식 찌꺼기로만 가꾼다. 그도 나를 좋아하는지 내가 사랑한 것보다 더 많은 소산물을 내게 안겨준다. 참으로 고맙기 그지없는 창조주의 선물이다.

오늘날 인간들이 고도로 발달시킨 과학은 화학약품으로 그를 병들게 하고, 잘 썩지도 않는 갖가지 화학제품으로 그를 괴롭히고, 불필요한 건축물들은 그를 숨 막히게 한다. 이렇게 흙을 함부로 대하는 사람들의 하는 짓을 보면 정말 개탄하지 않을 수 없다. 우리 모두가 창조주께서 주신 귀중한 선물인 흙의 위대한 특성을 본받아야겠다. 생명의 근본인 흙을 진정 사랑하고 소중히 다룬다면 흙은 천년만년 우리들에게 몇 만 배를 되돌려 줄 것이다.

(2007. 5)

닭들의 수난기

요즘 날마다 닭들이 살처분당하고 있다는 뉴스 듣기가 무섭다.

닭고기를 먹고 병이 난 사람이 하나도 없는데 사람들은 지레 겁을 먹고 살아보겠다고 버둥거리는 그 닭들을 무참하게도 죽음으로 내몬다. 그 많은 닭들의 원성이 들리는 것 같아 마음이 아프다. 닭들이 무슨 죄를 지었기에 그렇게 잔인하게 생매장을 한단 말인가. 그들도 창조주의 뜻에 따라 종족보존하며 평화롭게 살아갈 권리가 있다. 잘 돌보고 필요한 만큼 식품으로 취하는 것이 순리이거늘 인간의 과대한 욕심이 그들을 그 지경에 이르게 한 게 아닐까 싶어 어쩐지 죄스럽기만 하다.

바꿔서 생각해보자. 몇 사람이 전염병 앓는다고 환자 주변 사람들을 모두 생매장하려 든다면 어쩌겠는가? 과거 일제치하에서 예방접

종이 없을 때에 홍역이 돌면 어린이들이 죽기도 하고 장질부사나 뇌염 등으로 어른들도 죽는 경우가 있었다. 하지만 한 집안에서도 전염되지 않고 살아남은 사람이 더 많았다. 아무리 말 못하는 조류라지만 이번 일은 너무 지나친 처사인 것 같다.

어미가 알을 품어 날짜가 되면 병아리가 되고 그 병아리들은 어미의 보호를 받고 마당을 돌아다니며 벌레도 잡아먹고 풀도 뜯어먹으며 곡식도 주워 먹는다. 물 한 모금 먹고 하늘 한 번 쳐다보고 구름도 바라보며 자라는 것이 자연의 섭리다. 그런데 못된 인간들은 하늘의 섭리도 어기고 생명을 기계로 다뤄서 한꺼번에 많은 양을 얻어내려고 움직일 수도 없는 좁은 감옥 같은 닭장에 가두고 밤이면 잠도 자지 말고 어서 크기만 하라고 전등까지 켜준다니 이 얼마나 잔인한 짓인가. 사료는 인간들의 욕심대로 만들어주고 햇빛 구경도 못하니 그들의 건강이 어찌 좋으랴! 건강하게 살 자유를 빼앗은 인간들이 과도하게 문명을 발달시켜온 죗값을 언젠가는 톡톡히 치를 것 같아 두렵다. 사람도 인구를 늘리기 위해 한꺼번에 대량생산하면 될까?

우리가 자라던 시절에는 시계가 귀해서 기세 좋은 수탉 울음소리로 시간을 짐작했었다. 첫닭이 울면 몇 시이고 두 번째, 세 번째로 울면 일어나서 밥을 짓고, 점심때 또 한바탕 크게 울어 시간을 알렸다. 그 위풍당당하던 수탉의 청아한 울음소리를 듣다보면 남자의 권위를 보는 것 같았다. 봄이면 암탉이 병아리들을 몰고 다니면 수탉도 "구 구 구" 하고 먹이를 찾아주는 그 평화스런 모습을 보며 행복했었다. 귀한 손님이 오면 닭 한 마리 잡아 집안잔치를 했고, 밥상 위에 계란찜이 오르면 입맛을 돋우었다. 공부를 잘해 상을 타오면 생계란으로 칭찬을 대신하기도 했었다. 이렇듯 닭과의 인연은 아주 깊다. 당시엔 조류독감이란 말을 들어보지도 못했다. 요즘 닭, 오리, 계란은 한줌의 채소보다 값이 싸다. 이러다간 닭이나 오리들이 멸종되지나 않으려는지 무척 걱정스럽다.

TV 화면에 나타난 닭들의 '저승사자'들이 머리에서 발끝까지 눈도 보이지 않게 하얀 옷을 입고 1m 간격으로 종종걸음으로 걸어가는 모습을 보면서 닭들이 애처롭게 느껴진다. 그들은 전국 각 지역에 흩어져 있는 양계장을 찾아간다. 병든 닭 몇 마리 때문에 산 것들을 포대에 무조건 담아 차로 실어다 포클레인으로 구덩이를 파고 포대째 마구 던져 넣는다. 그것들이 부패하면서 부풀어 올라 땅이 벌어지고 악취도 나고 근처에 물도 오염되니 여간 걱정이 아니란다. 문명이 최고로 발달했으면서 예방법이 없어 이런 일을 한단 말인가? 예방을 철저히 해서 다시는 이런 일이 일어나지 않았으면 좋겠다.

옛날 어른들은 곡식 한 톨, 헝겊 한 조각, 물 한 방울도 아껴 쓰라고 가르치셨다. 올해만 해도 50만 마리가 넘는 닭들이, 아니 국민들의 식품이 엄청난 손실을 당했으니 정말 아깝다. 세계 곳곳에서 재난이 일고 있다. 그 중에는 인재人災가 많다. 기름 값은 천정부지로 오르는데도 자가용들은 날마다 대형으로 늘어나고 있다. 교통사고로 죽는 일이 조류독감보다 몇 백 배 더 많지만 한국 사람들은 자동차 운전면허시험을 7가지 보던 것을 2가지로 축소시킨다는 보도가 있다. 그러나 아무도 항의하는 사람도 없다. 교통법규를 지금보다 몇 백 배 더 엄하게 강화해야 하거늘 이게 무슨 일이란 말인가?

사람들의 정신이 잘못된 것이 아닐까? 무모한 인간들의 이기적인 생각이 이와 같은 엄청난 일을 저지른 것이다. 어디까지나 창조주의 원칙에 따라 자연의 법에 순종하면서 살아야 하지 않을까? 우리 모두 다시 한 번 깊이 생각해 볼 일이다.

(2008. 5)

여름을 보내며

여름을 알리는 뻐꾸기의 울음소리에 날씨는 날마다 콩죽 쉬듯 더위로 변해 가고 있다. 농부들의 허리는 활처럼 굽어지고 산야가 온통 진초록 옷으로 갈아입으면 풀벌레들까지 초록색 옷으로 변장한다. 만물의 활동이 왕성한 무더운 여름 날씨는 예나 지금이나 그대로인데 사람들의 여름 대처방법은 많이도 변했다.

칠월 땡볕에 장독대 봉숭아가 탈 듯이 졸고 있고, 뜰아래 그늘에서 누렁이개도 긴 혀를 내밀고 헉헉거렸다. 감나무 그늘 아래 평상에는 할아버지께서 연방 부채질을 하시면서 소설책을 읽으셨다. 어머니는 자식들을 줄줄이 뉘어 놓고 밤새도록 모기와 더위를 쫓느라 손에서 부채가 떠나지 않았다. 농촌의 아낙들은 하루 세 끼 식사에 새참까지 준비하느라 손에 물 마를 시간이 없이 낮잠도 잊고 살았다. 시렁에 매달아 놓은 밥 바구니 속의 보리밥, 찬장 속의 가지나물은 철없는 시누이 삐치듯이 변하기도 잘했다. 나무도 장작불이면 그래도 나았다. 장마에 젖은 솔가지 불을 때고 나면 하얀 앞치마는 온갖 그림의 화폭이 되어 버렸다.

여름은 일 년 중에 가장 여자들의 일손이 많은 철이었다. 삼베길쌈까지 해서 옷을 만들어 입었으니 오죽하면 '첫딸을 낳으면 살림밑천'이란 말이 나왔을까. 찌는 듯이 더운 여름, 얼굴에 줄줄 흐르는 땀도 삼베수건이나 삼베적삼 긴 소매로 쓱 닦아야 눈을 뜰 수 있었다. 여름을 나는 데는 삼베 옷이야말로 제격이었다. 난 지금도 한여름에는 52년 전 시집올 때 가져온 삼베속옷을 즐겨 입으면서 할머니 어머니의 냄새를 맡는다. 삼베는 스펀지같이 물기를 잘 흡수하고 재빨리 증발시키기에 여인들의 속대도 삼베로 사용했으니 지혜로웠음을 알 수 있다. 화장이 발달하지 않은 시대엔 수의도 삼베가 으뜸이었다. 모시옷은 땀을 흡수하지 않아 당시에도 노동을 하지 않는 부를 상징하는 사치품이었다. 선비들은 죽부인을 즐겨 사용하고 머리엔 죽갓을 쓰고 다녔다. 요즘 세상에 제아무리 화학섬유가 판을 쳐도 여름철 옷은 자연섬유와는 비교할 수 없다. 한 가지 흠이라면 삼베는 수공업으로 해야 되고 세탁기에 돌리면 안 된다. 그 점을 연구해서 보완하면 인체에는 가장 좋은 옷감이 되련만.

목욕탕 시설이 갖춰지지 않은 그 시절, 남정네들은 웃옷을 벗고 등목으로 더위를 잠깐 잊고 저녁나절엔 냇가에 가서 목욕을 했다. 여인들은 어두운 밤에만 뒤란에서 물 한 동이를 떠다 씻었다. 처녀들은 모여 도랑물에서 목욕을 하면 총각들이 휘파람을 불며 애를 태웠다. 별이 총총한 밤엔 평상에 누워 견우직녀별을 찾았다. 아스라한 옛 추억이 떠올라 옥상에 올라가 하늘을 보니 은하수에 견우직녀별은 변함없이 그대로이건만 직녀의 꿈을 꾸던 친구들은 모두 흩어져 소식도 모르고 칠십 줄에 앉아 눈조차 희미해서 견우직녀별을 찾을 수가 없으니 서글퍼진다. 넓은 마당에 모깃불 피워놓고 평상에 누워 부채질을 하며 별을 보던 낭만이 주렁주렁하던 그 시절이 한없이 그립다. 요즘은 수도시설이 잘되어 있고 목욕탕이 집집마다 있으니 그런 추억거리가 있기나 하겠는가.

모기장을 치기도 하고 문에다 모기장 천을 바르기도 하고 발을 치기도 하면서 여름철의 모기와 파리를 이겨냈다. 몇 년 전만 해도 옥상의 채소들에 무당벌레, 노린재, 배추벌레, 사마귀도 찾아오더니 요즘은 아무 벌레도 찾아오지 않는다. 모기를 박멸하는 소독약을 뿌리면서 모기를 잡아먹고 사는 작은 곤충들이 없어지자 그 흔하던 제비의 모습도 볼 수 없다. 집 앞 나무에 늘 찾아오던 새들의 모습도 보이지 않는다. 사람을 괴롭히는 모기도 하나의 생명일진대 창조주께선 만든 까닭이 있으리라. 독한 약으로 박멸하는 것은 자연의 법칙을 어기는 것 같아 두렵다. 모기도 죽이지 않고 연기로 멀리 쫓아버리는 선조들의 지혜가 돋보인다.

옛날엔 여름철이면 열무김치를 우물에 담가 놓고 먹었다. 그 열무김치 맛이야 무엇으로도 바꿀 수 없는 맛이 아니었던가. 우리 아이들은 학창시절에 시큼한 열무김치를 어찌나 좋아하던지 사나흘마다 담갔던 일이 떠오른다. 지금은 김치를 일 년에 두어 번 담가 냉장고에 넣어두고 먹는다. 밥도 끼니마다 하던 것을 전기밥솥이 보온까지 되니 이삼일에 한 번씩 하게 된다. 빨래는 세탁기가, 청소는 청소기가 해 준다. 문명의 이기 덕택에 여자들이 한껏 편해져서 나무 그늘 아래서 화투놀이를 즐기는 중늙은이들을 흔히 본다. 음식은 한꺼번에 만들어 냉장고에 넣어두었으니 시간 여유가 생겼으리라. 그러나 음식이 냉장고에 들어갔다 나오면 제 맛을 잃는 것은 사실이다. 핵가족이 되면서 여자들이 밖으로 나가니 자꾸만 이런 편리한 기구를 만들어내는 것인지, 그러한 물품을 구입하려면 돈을 벌어야 하니 여자들이 설쳐대는 건지 무엇이 잘못한 것인지 알 길이 없다.

더운 여름을 슬기롭게 보내려면 근본부터 바꿔야 할 것 같다. 그러나 사람들이 고작 머리 써서 만든 작품이 더욱 열기를 부추기는 것들뿐이다. 부채는 골동품으로 걸어놓고 선풍기도 성가시어 에어컨만 돌아가니 건강도 전기료도 열기도 문제다. 저 많은 자동차에서 나오는 열기는 어찌한단 말인가. 지구의 온난화 문제가 도마 위에 올랐지만 적절한 요리방법은 아직도 없고 애꿎은 전력 소비만 날로 늘어간다. 전기가 단 며칠만 멎는다면 이 여름철 세상은 어떻게 될까?

우리 집은 10여 년 전에 아들이 에어컨을 보내서 설치해 놓았지만 전혀 사용하지 않는다. 앞마당에는 나무를 심어 식물원 같고 앞뒤로 넓은 창문을 열고 선풍기 몇 대로 매년 여름을 잘 지낸다. 빈터마다 나무를 심는다면 열기가 줄어들면서 더위를 조금은 이겨낼 수 있지 않을까? 열을 반사하는 시멘트 사용을 줄이고, 에어컨도 줄이고, 방충망이 달린 창문들은 활짝 열어놓고, 자연섬유로 만든 옷을 입고 부채질을 하다 보면 세월은 폭포수 같아 그럭저럭 여름도 지나가리라. 어느새 느티나무에서는 떠나는 여름이 아쉬운 듯 매미들만 애절하게 울어댄다.

(2008. 8)

하수구가 좋아야

이 지구에서 생명이 있는 것들은 입으로 들어가면 반드시 하수구로 배설물을 내놓아야 살아간다. 그런데 들어가기만 하고 나오지 못하면 어찌될까?

나보다 두 살 위인 75세 친구가 5박 6일의 여행을 다녀왔다기에 내심 부러워서 기분이 좋았겠다고 하자, 며칠을 들어가기만 하고 나오지 못한 것 때문에 여행이 아니라 고행이었다고 했다. 듣고 보니 웃을 일이 아니었다. 내가 여섯 살 때쯤인가, 셋째 숙모가 시집왔다가 처음 친정엘 가면서 나를 데리고 갔다. 일제 치하에서 한창 시달릴 때였으니 깊은 산중에서 겨울에 간식으로 감 껍질 고물에 묻힌 인절미와 곶감, 홍시 외에는 어린이에게 줄 것이 별로 없었다. 나는 주시는 대로 먹고 변이 나오지 않아 울고 보챘던 일이 생각난다. 사돈할머니는 나를 엎어놓고 꼬챙이로 파주시고, 할아버지는 아이에게 많이 먹였다고 야단을 치시는 등 시끄러웠었다. 67년이 지났지만 그때 일이 아직도 생생하게 기억났다. 그러니 친구의 사정을 알 만하였다.

요즘 잘살게 되면서 채식은 멀리하고 육식이나 가공식품을 좋아하다보니 대장암이라는 대장이 변비라는 중대장과 치질이라는 소대장을 거느리고 위협을 주기에 이르렀다. 아차! 하고 정신을 차린 문명인들이 배설물을 귀하게 모시자니 출구를 깨끗이하지 않을 수 없었으리라. 부랴부랴 수세식으로 바꾸고 비데란 놈까지 동원하여 배설물이 나오면 즉시 물총을 쏘아 깨끗이 씻어주고 보드라운 종이수건으로 자근자근 눌러 조심스레 닦아 주지 않는가. 하수구를 잘 단장하는 것은 참 잘한 일이다.

하수구 입구만 잘해 놓는다고 배설물이 잘 빠져나가겠는가. 전체 하수구를 잘 통과하도록 주인이 노력해야 한다. 세면대나 수세식 화장실에 아무거나 마구 버리면 막히는 것은 당연하다. 우리 몸의 하수구도 이와 같으리라. 하수구는 먹고 버리는 찌꺼기를 잘 내보내는 역할만 한다. 통과하기 어려운 식품을 먹고도 잘 통과하기 바라는 것은 어리석은 소치일 것이다. 채식동물인 사람이 기름지고 질긴 고기만 많이 먹어보라. 그러면 하수구는 막히게 된다. 고기는 여러 가지 양념으로 중화를 시켜 채소를 섞어 먹어야지 고기만 많이 먹다 보면 뱃살이 찌고 하수구는 부담을 느껴 통과시키는데 고통을 겪는다. 하수구는 고기보다 부드러운 생선 종류를 더 좋아한단다. 제일 좋아하는 것은 섬유질이 많은 여러 가지 채소와 과일이다.

먹는 물은 멀리서 길어다 먹을 수도 있지만 사용한 물을 멀리까지 내다버려야 된다면 얼마나 고생스러울 것인가. 하수구를 기분 좋게 해야만 우리 몸도 만사형통하리라. 먹는 입이, 항문보고 더럽다고 무시했다간 큰 코 다칠 일이다. 음식물이 들어갈 때는 깨끗한 차림으로 여럿이 보는 데서 들어가지만 배설물로 나올 때는 지독한 향기를 풍기며 위풍당당하게 나오기에 고관대작이나 천민이나 남녀노소 누구를 막론하고 독방을 차지하고 잘 모셔야 하니 참 재미있는 일이다. 이것이 나오려고 신호가 오면 정신이 없다. 오죽이나 급했으면 "뒤보러 갈 때 맘 다르고 올 때 맘 다르다."란 속담까지 나왔을까. 잘 안 나와도 걱정, 너무 빨리 나와도 걱정거리니 무시할 수 없는 귀한 존재임이 틀림없다.

성경을 보면 고대에도 배설물을 본 뒤에는 반드시 흙으로 덮어야 된다고 했다. 인간이란 동물이 내보내는 배설물에는 병균도 있고 악취가 대단했기에 사돈집과 뒷간은 멀수록 좋다고 했겠는가. 집 울안에서도 한쪽 구석으로 밀려나 있던 화장실이 요즘은 안방 옆으로 들어와 매일 밥그릇보다 더 깨끗이 청소를 해준다. 측간, 뒷간, 해우소, 변소 등으로 부르던 것이 이름도 예쁜 화장실로 바뀌었다. 몇 년 전만 해도 골목 으슥한 곳에서는 분탑이나 방뇨 흔적을 볼 수가 있었다. 요즘은 관청의 화장실을 개방하면서 길거리가 정갈해졌다. 이제 우리나라도 화장실 문화는 선진국에 뒤지지 않는다. 수세식 화장실이 물 낭비가 많은 줄 알면서도 배설물에 그만큼 투자를 하는 것을 보니 하수구의 중요성을 깨달은 모양이다. 지금까지 천시받던 것이 이제는 최고의 대우를 받게 되었다. 마침내 천한 사람들이 대접받는 사회로 변화되는 때가 온 것일까?

(2008. 4)

제6부
가슴앓이

마른 나뭇가지에선 파릇파릇 새잎이 돋고, 땅에서는 새싹이 고개를 내밀며 갖가지 예쁜 꽃들이 웃음을 짓는데, 나는 괜히 왈칵 눈물이 솟아나면서 아련한 그리움에 가슴이 미어지도록 아픔을 겪는다.

– 〈가슴앓이〉 중에서

나의 꿈, 문학

내가 자라던 시절은 일제 치하에서 한창 시달리던 때여서 산골 가난한 집 맏딸이면 아무리 끼가 있고 어떤 재주를 지녔다 해도 글공부란 꿈도 꿀 수 없었다. 그래도 난 일본에서 신학문을 배우고 공무원으로 부산 도청에 근무하셨던 아버지 덕으로 어릴 때부터 책을 가까이하던 행운아였다. 일찍이 일본 동화를 많이 듣고 읽었다. 그때부터 문학에 대한 꿈이 내 가슴 깊은 곳에 자리 잡지 않았나 싶다.

광복 후에 군청에 근무하던 아버지는 포스터 글이나 다른 글을 맡아 놓고 쓰셨고, 책읽기를 좋아하며 내게도 읽을 책을 자주 사주셨다. 지금 생각하니 책과 가까이하는 습관도 오직 아버지 덕이다. 어릴 때 습관은 쉽게 버려지지 않는다. 자녀들에게도 아주 어릴 때부터 좋은 습관을 심어 주어야 늙을 때까지 변하지 않는다는 것을 새삼 느낀다.

내가 중학교 2학년 때 발발한 민족의 비극 6 · 25전쟁은 내 일생에 큰 변화를 몰고 왔었다. "대학까지도 보내줄게 나만 살려다오!"라고 절규하던 어머니를 병마에게 내어주고 3학년 때엔 결석을 자주하였다. 수업료를 못 내서 조회 때 앞으로 불려나가고 독촉을 받으면서 가슴을 태웠다. 그때 내 일기를 보고 수업료를 면제해 주고 나에게 위로의 말씀까지 해주셨던 담임 선생님의 은혜를 잊을 수 없다. 글은 그 사람의 처지나 마음을 표현할 수 있는 대단한 힘이 있다는 걸 처음 느꼈다.

졸업하던 그 해 여름, 사범학교 꿈도 사라지고 그리도 서로 사랑하던 모녀의 인연을 아주 영영 끊어야 했다. 내 인생에 찬 서리가 내린 해였다. 맏딸인 나는 공부는 고사하고 엄마 대신 갓난 동생까지 넷을 돌보고 살림과 농사일까지 해야 했으니 나에겐 너무나 무거운 짐이었다. 그 뒤 멀리 계시던 조부모님과 새엄마도 오셨지만 때를 놓친 학업은 계속할 수가 없었다. 항상 공부하고 싶은 마음은 가슴 깊숙이 묻어 놓은 채 세월은 흘러갔다.

당시 마을에는 글을 모르는 친구들이 많았다. 그래서 나는 아버지의 도움으로 백지를 사다 노트까지 만들어 주면서 마을회관으로 모아 놓고 한글을 가르쳤다. 자원봉사였다. 새댁들도 글을 몰라 군인 간 남편의 편지를 못 읽어 저녁이면 여기저기서 나를 모셔가기 일쑤였다. 편지를 읽어주고 갖고 간 편지지에 근사하게 답장을 써서 읽어주면 감탄하면서 좋아하던 모습들이 지금도 눈에 선하다. 그때부터 문학이 무엇인지도 몰랐지만 내 가슴속에선 이미 꿈꾸고 있던 게 아니었을까?

21세에 결혼한 후 네 명의 자녀를 기르면서 내 자녀에겐 나 같은 불행은 물려주지 않으리라는 강한 집념이 지배하였다. 가난한 살림살이는 먹을거리 외에는 다른 곳엔 눈 돌릴 여유가 없다. 아이들에게 책을 사주지 못해 애가 탔다. 동료 직원 집에 질로 쌓여 있는 책이 정승보다 더 부러웠다. 어렵게 입을 열어 그 집에 있는 책을 빌려다 읽게 했고 꼭 필요한 사전은 월부로 사주면서 책과만 친하게 했다. 시간 없이 살아온 것에 대한 한풀이였을까. 귀한 시간을 헛되게 빼앗기는 게 싫어서 칼라 TV가 나올 때쯤에서야 고물상에서 흑백TV 하나 사다 놓았으니 시대에 뒤떨어진 삶을 산 셈이다. 다행히 네 자녀들은 모두 책과 벗하고 사는 사람들이어서 소원은 푼 셈이다.

2000년도에 둘째 딸의 쌍둥이를 맡아 7년 동안 기른 뒤 휴식 겸 큰딸을 따라 한 달 간 유럽 여행을 했다. 나는 매일 여행지며 보고 느낀 것들을 대충 기록했다. 기록에만 정신을 팔다 여권이 든 가방을 도난당하여 홍콩에서의 일주일 일정은 숙박료만 날리고 귀국하는 불상사도 있었다. 손자들에게 유럽여행기를 써서 보여 주려는 게 속셈이었다. 다녀온 뒤에 25페이지 정도 되는 '할머니의 유럽이야기' 원고를 막내딸이 컴퓨터로 작업하여 50부를 만들어 손자들, 함께 갔던 딸 친구 엄마들, 못가본 분들에게 나누어주었다. 내 보물상자엔 여러 권의 가계부, 일기장, 가족들의 편지 등이 가득하다. 서서히 문학에 대한 꿈이 잠을 깨기 시작했던 셈이다.

2001년 5월 5일 어린이날이었다. 막내딸의 아이인 손자가 15개월 사이로 둘이다. 그 사이에 쌍둥이 외손자손녀, 친손녀 셋이 끼여 있으니 5명이 모이면 모두 5쌍둥이 같았다. 1학년이 4명, 2학년 1명, 4학년 1명, 5학년 1명, 네 집의 손자손녀들 7명 모두가 보고 싶어 서울로 올라갔다. 선물을 사 가자니 무엇을 원할지 모르겠고 돈을 목적 없이 거저 주는 것도 가치가 없을 것 같았다. 글쓰기를 장려해야겠다는 생각이 들자 속으로 쾌재를 부르며 무릎을 쳤다. 소규모의 백일장을 여는 일이었다. 준비해간 연필과 종이를 나누어주고 '봄'이란 주목을 주었다. 그러자 나름대로 봄을 보고 느낀 것을 글로 잘 표현했다. 잘된 글은 칭찬하고 원고료를 주면서 행복감에 젖었다. 처음 이렇게 시작한 것이 8년째 이어졌다. 일 년에 몇 번 할미와 만나는 날엔 단골행사처럼 되었고, 원고료도 올렸다. 그래서 2010년 큰 아이가 중학교 졸업 땐 책으로 엮어 선물로 주려고 준비하고 있다. 어릴 때부터 문학에 대한 꿈을 심어주려고 글쓰기를 장려하는 이 할미의 맘을 손자들이 알기나 할까? 이렇듯 나의 문학에 대한 열정은 손자손녀들에게까지 전이되고 있다.

쌍둥이들을 맡아 기른 후 제 집으로 보낼 때 어린 시절을 기록해서 책으로 엮어주겠다고 약속했는데 막상 기억 속에만 있었던 일들을 글로써 나타낸다는 건 마음같이 쉽지 않았다. 1년 넘게 씨름을 했지만 승부가 나지 않아 애를 태웠다. 퇴고를 수십 번 하고 다듬어도 마음에 들지 않았다. 글이라곤 가계부 외엔 별로 쓴 것이 없으니 어찌 잘되겠는가. 하지만 씨앗을 뿌렸으니 가꾸고 거둬들여야 될 일이었다. 일을 시작은 했지만 참으로 어려웠다. 모든 학문의 기초는 바로 글쓰기가 아니던가. 생각해 보면 옛날 문자가 생기면서부터 개인의 생각들을 글로 적어 후손에게 물려준 분들 모두가 위대하다는 생각이 들었다.

쌍둥이 외손자들 육아일기 원고를 2002년도에 막내딸에게 넘겨주면서 컴퓨터로 작업해서 보내달라며 맡겼다. 그랬더니 2004년도에 중고 컴퓨터와 원고를 그대로 갖고 와서 엄마가 배워서 직접 하시라며 두고 가는 것이 아닌가. 그때부터 '그래 해보자' 하고 컴퓨터 교실을 기웃거리니 영어실력이 또 문제였다. 이때처럼 모르는 것같이 서러운 것이 없다는 생각을 해 본 적이 없다. 총명하던 머리는 아둔하여 몇 번을 해도 기억되지 않아 그곳에선 알았는데 집에 오면 감감했다. 답답하여 등에선 콩이 터졌다. 속을 태운 것을 어찌 말로 다하랴. 우선 타자부터 배워 그 원고를 컴퓨터로 써나가니 이렇게 좋을 수가 없다. 낱말에 받침이 틀리면 바른 글자로 고쳐주고 띄어쓰기도 해결하고 말이 잘 안되면 고치기도 쉬웠다. 돋보기를 쓰고 컴퓨터 앞에서 밤을 새워가며 원고를 옮겼다. 물고기가 가뭄에 물을 만난 격이니 춤이라도 덩실덩실 추고 싶은 심정이었다.

2004년도 70의 문턱에 닿은 나이에 전북대학교 평생교육원 수필창작 과정에 입문하였다. 중학교 때 결석을 자주 한 것에 한풀이었을까. 이왕 발을 들여놓았으니 결석만은 하지 않겠다며 한 학기를 보냈다. 김학 지도교수님이 늘 용기를 주었기에 힘을 얻어 한편, 두 편 한을 풀어 놓으니 답답했던 가슴이 숨을 토한 것 같았다. 어쩌다 어설픈 글이 신문이나 월간지 문학지에 실려 나올 땐 두렵기도 하다. 나의 못된 성품을 성찰하며 생각과 느낌을 표현하고 다짐하는 글을 쓸 수 있다는 것만으로도 얼마나 감사한지 아무도 모르리라. 문학은 나의 제2의 스승이기도 하다.

2006년도인 71세에 계간 문예지 ≪대한문학≫에서 등단까지 했다. 더욱 열심히 진솔한 글을 쓰라는 채찍으로 여긴다. 이제 나의 문학, 나의 꿈은 내 가슴 밑바닥에 숨어 있지 않고 수필이라는 날개를 달았다. 어떤 글을 어떻게 써야 독자들에게 도움이 되고 즐거움을 주며 사랑을 받을까. 온갖 사람들의 가슴속에 날아가 사랑을 속삭이게 되었으니 정성을 다해 노력하자고 다짐한다.

(2008. 12)

고개 숙인 벼

요즘 남편과 나는 고양이와 쥐 놀음을 한다. 남편은 33년 공직의 관리자 생활, 8년여의 어느 섬유회사의 이사생활로 40여 년을 낮이면 바깥세상에서 주로 세월을 보냈다. 70이 된 나이에 집안에서 아내의 잔소리에 세 끼 밥상을 받고 지내자니 알지 못하게 심사가 뒤틀리는 모양이다. 집안의 영역을 놓고도 서로 쟁탈전이 벌어지니 사사로운 일에도 분위기가 험악하기 일쑤다.

남자들은 밖으로 나가야지, 집에 있으면 여자들의 심사도 편치 않다. 젊은 날에도 쉬는 날 남자들이 집에 있으면 청소도 할 수 없고 다른 일도 할 수 없는 것을 여자들은 다 겪어 보았으리라. 젊을 때는 저녁식사를 함께한 날이 일 년이면 손으로 꼽을 정도이더니 매일같이 집안 가득 차지하고 있는 터에 끼니는 왜 그리 잦은지. 아무것도 할 수도 없고 나의 모든 영역들이 침식당한 채 신경을 곤두세우다보니 알게 모르게 나대로 지쳐 여간 고역이 아니다. 손자들이라도 있어 분위기 조성이라도 하면 좋으련만 힘들게 길러놓으니 서울 저희 집으로 다들 가버렸다. 둘이서 취미도 다르고 이상도 다르니 할 이야기도 없고 대화가 통하질 않는다.

나도 병이 날 지경에 이르렀다. 하다못해 정신과를 찾아 상담을 했다. 노년의 의사는 빙그레 웃으며 왈, '서울에 사는 한 아주머니는 남편이 퇴직한 뒤에 과천에서 강북의 경동시장을 매일 오가며 시간을 보냈다고 하며, 같이 있는 시간을 줄이는 것이 상책'이란다. 2년간만 그렇게 보내면 치료가 된다고 한다. 요즘 남편도 은근히 혼자 있길 좋아하는 눈치다. 가끔은 밖으로 날 내모는 것이 아닌가. 남편은 고양이, 나는 쥐로 변했다. 오늘도 별일 아닌데 화를 내며 나의 속을 쑤신다. 그렇지 않아도 찬란한 가을햇살이 유혹을 하던 참이라서 독이 오른 늙은 쥐는 언어로 독을 잔뜩 토해놓고 속이 후련해서 집을 나와 무작정 버스를 타고 야외로 나왔다. 티없이 맑은 파란 하늘, 황금 물결이 일렁이는 들녘, 갈색으로 갈아입은 산들, 무엇 하나 어울리지 않은 것 없이 아름답고 풍요로움에 나는 눈시울을 적시며 감사했다.

논두렁에 주저앉아 누렇게 익어가는 벼이삭을 무심히 바라보다 가슴이 뭉클하며 전율이 돈다. 참새도 허수아비도 없고 아무것도 두려울 것도 잘못한 일도 없는데, 낟알이 잘 여문 것일수록 모두 고개를 숙이고 있지 않은가. 이른 봄부터 비바람 맞아가며 그 뜨거운 햇볕을 참아가며 잘 길러낸 많은 자식들을 주렁주렁 매달고서 무엇이 부끄러워 고개를 들고 하늘도 쳐다볼 수 없단 말인가. 속담 하나가 떠오른다.

"벼는 익을수록 고개를 숙인다."

몇 번이고 되뇌어본다. 물도 언제나 낮은 곳으로만 흐른다. 자연은 창조주의 뜻을 거역하지 않고 변함없는 진리를 깨닫게 해준다. 만물의 영장인 사람만 너보다는 내가 높아야 된다고 안간힘을 다하니 부끄럽기 그지없다.

요즘 남편 앞에서 내 태도를 생각해 본다. 겉으론 져주면서도 속으론 기필코 이겨야 직성이 풀리고, 과거에 상처준 것들을 들먹거려 기죽이려 들기 일쑤다. 내가 더 잘 했다는 생각이 지배적이니 남편 하는 일이 사사건건 마음에 들지 않는다. 그러니 투덜대고 불만이 가득한 심사에 남편이 곱게 보일 리가 없다. 가는 말이 곱지 않으니 오는 말도 곱지 않다. 그러고도 성경책 들고 마음 공부한다고 들락거리고, 남에게 진리공부 봉사한다고 다니는 나를 여호와 하느님께서 어찌 보실까? 이런 내가 과연 그리스도인이라고 자처할 수 있을까? 몰라서가 아니다. 이래선 안 된다면서도 자꾸만 내가 앞서고 싶고 앙갚음하고 싶으니 어찌된 일일까. 아직도 마음속엔 위선이 가득한 양다리 인생임을 부정할 수 없다.

실생활에 적용하고 실천하기란 하늘의 별따기다. 다른 사람들도 나와 같을까? 높은 지식을 쌓은 사람들이 넘쳐나고 있지만 진실로 자기를 낮추는 겸손한 사람이 몇이나 될까. 사람이 행복하게 사는 데는 물질보다 정신적인 면이 앞자리를 차지한다. 요즘 내 생활은 먹고살기는 힘들지 않는데도 마음이 편치 않았으니 말이다. 이제 과거지사는 다 잊고 이해하고, 용서하고, 겸손해지자. 저 넓은 들판의

벼들처럼 고개를 숙인 자세로 살아가자. 오늘은 남편이 좋아하는 것이라도 사들고 가서 미안해요, 고마워요, 용서하세요, 하며 아양이라도 잔뜩 부려야겠다.

(2003. 10)

가시밭길 뒤에 숨은 행복

사람들은 누구나 행복해지길 원한다. 아마 모든 인간이 원하는 가장 큰 소망이 아닐까? 나 역시 그 행복을 잡으려고 예순여덟 해를 허덕이며 살아왔다. 그러나 행복의 파랑새는 잡으려고 하면 저만큼씩 날아가버리면서 따라오라고 손짓만 했다.

그 시대에 신학문을 배우고 공무원으로 계셨던 아버지와 지주의 딸인 어머니 사이에 맏딸인 난 철없던 시절 누구 못지않게 많은 사랑을 받으며 행복하게 자랐다. 그러나 인생의 맛도 모르던 열일곱인 나에게 하늘이 무너져 내리듯 큰 불행이 덮쳤다. 한민족의 비극인 6·25 동란 때 공무원이신 아버지와 경찰이었던 숙부의 피난생활에 너무나 큰 충격을 받았음인지 어머니는 병을 얻게 되셨고, 그리도 좋아하고 못 잊어하던 큰딸인 나에게 두 달도 안 된 동생까지 오남매를 맡기고 사십 세의 나이로 세상을 떠나셨다. 나는 어린 동생들을 돌보고 아버지 시중에 집안 살림을 도맡아하느라 그렇게도 가고 싶었던 사범학교 진학의 꿈을 그만 접어야 했다.

그 후 슬픔을 딛고 겨우 일어서려는 나에게 찾아든 결혼의 황홀한 꿈, 성대한 결혼식 뒤에 찾아온 그 허무함은 무슨 말로 표현하랴! 가냘픈 어린 소에게 결혼이란 굴레를 씌워 자갈밭을 갈라 했으니 현실은 너무나도 가혹하기 그지없었다. 열두 살 때 아버지를 여의고 홀어머니 슬하에 오남매의 맏이인 신랑은 결혼식을 치른 5일 만에 신부만 데려다 놓고 앞날을 설계해 볼 겨를도 없이 지리산 어느 암자로 고시공부한다고 떠났다.

겨우내 무 절반 쌀 절반의 엉성한 밥은 왜 그리도 소화가 잘되었는지 설거지를 하기도 전에 뱃속은 허전했다. 무섭게 찾아온 춘궁기는 삶의 전쟁이었다. 시어머니와 함께 비단치마 위에 흰 광목 앞치마를 두르고 누릇누릇 익어 가는 보리논으로 향했다. 설익은 보리 목을 따 홑이불에 싸서 이고 돌아오는 석양 길에 건넛산 뻐꾸기 울음소리는 왜 그리도 구슬퍼 어린 새색시 가슴을 그리도 후벼대었는지. 달 밝은 밤 뒤란 모퉁이에 홀로 선 스물두 살 새색시의 눈물보를 터트렸으니 가시밭길의 시작이었다.

옛날 말에 자식이 호랑이보다 더 무섭다고 하더니, 석삼 년 시집살이도 다 살기 전에 어느새 품안에는 네 마리의 새끼 호랑이가 더 가혹한 채찍을 가한다. 하늘이 맡겨주신 이 귀중한 보물들을 어떻게 해야만 영원토록 빛을 내게 할 수 있을까, 불철주야 긴장 속에서 노심초사해야만 했다. 그들의 건강을 위해서 영양가 있는 먹이를 동분서주 바쁘게 사냥해 와야 했고, 털도 늘 예쁘게 다듬어 줘야 했다. 품위 있고 훌륭하게 살아갈 수 있는 지식을 갖추도록 힘써야만 했다. 착하고 사랑 많은 마음을 갖도록 하는 것은 얼마나 중요한가. 험한 세상 헤쳐나갈 수 있는 지혜와 용기와 자신감을 갖는 훈련도 빼놓을 수 없으니 그 막대한 책임감에 어미의 어깨는 점점 무거워졌다.

사랑하는 자녀들에게는 나와 같은 생활은 물려주고 싶지 않았다. 그러니 어미는 먹고, 입고, 갖고, 보고, 가고 싶은 것들 다 접어두고, 낮이면 이리 뛰고 저리 뛰면서도 밤이면 새우잠을 자고 새벽별이 반짝일 때 일어나야만 했다. 5남매 맏며느리 노릇, 까다로운 성품에 건강이 좋지 않았던 남편 시중, 친정 동생들 돌보기에 가난은 늘 그림자처럼 따라다녔다. 때로는 앞을 가로막는 강물도 모진 마음을 먹고 헤엄쳐 건너야만 했다. 나라는 존재는 잊어버리고 오직 가족들의 평안을 위해 고달픈 생활을 감수해야만 했다. 그때마다 "초년고생은 빌려서라도 해야 한다. 참는 것이 이기는 것이다."라 하셨던 친정할머니의 말씀들을 가슴속에 묻어두고 먼 훗날에 있을 참된 행복의 꿈을 간직하며 오래 참고 살아왔다. 뒤돌아보면 참으로 험한 가시밭길을 걸어왔다. 지금 생각하니 한바탕의 꿈만 같다. 내 딴엔 최선을 다해왔지만 그래도 늘 부족한 것에 미안한 맘뿐이다.

지금은 모든 것에 감사하며 행복하다. 부족한 나에게 이토록 많은 축복을 주시고 진정한 사랑을 알게 해주신 창조주 여호와 하느님을 알게 된 것에 감사한다. 건강한 내 몸이 있어 감사하다. 엄하기만 하던 남편은 요즘은 180도 달라져 나에게 고맙다는 말을 자주 하며 건강하게 사회활동을 하고 있다. 시댁의 형제들도 모두 건재하고, 친정 동생들도 다 잘 지내고 있어 감사하다. 아들 하나 딸 셋도 내가 바라던 대로 품위 있고 훌륭하게 잘 자라 이 사회에 충실한 일꾼들이다. 7명의 손자손녀들은 더없는 나의 즐거움이다. 나를 아껴주는 많은 친구들이 있어 행복하다. 지금은 젊은 날에 하고 싶었던 공부를 하느라 눈코 뜰 새 없이 바쁘다. 성경공부, 일본어, 영어, 컴퓨터, 수필 공부까지 즐거움에 하루해가 짧기만 하다. 꿈으로만 그리던 유럽과 일본을 여행할 수 있었던 것에도 감사하다.

지금 생각해보면 내게 주어졌던 쓴 고통과 눈물이 아니었으면 내가 이만큼 행복한 사람이 되었을까? 행복의 나무는 고통과 눈물의 거름을 먹고 자랐기에 그 그늘 아래 찾아드는 나그네들을 평안하게 쉬어가게 할 수 있지 않았나 싶다.

요즘 젊은이들이 너무 참지 못하고 성급하게 결정하고 행동하는 것이 자못 걱정스럽다. 성경말씀 갈라디아 5:22 절에 9가지 성령의 열매 중 네 번째 오래 참음이 있다. 그 오래 참음에는 서로에게 좋은 결과를 가져오기 때문이리라. 우리 모두 대처하기 어려운 때 살고 있지만 좀 더 오래 참고 이해하고 용서하며 자성할 줄 아는 자세를 지녔으면 한다. 행복은 가시밭 뒤에 숨어 꼭 기다리고 있을 테니 말이다.

(2003. 11. 20)

몽당비

내게는 매일 아침 제일 먼저 반기며 만나는 친구가 하나 있다.

아침에 일어나면 간단히 몸풀기 체조를 하고 나서 습관처럼 집어 드는 몽당비, 그가 바로 나의 첫 친구이다. 나는 그 몽당비로 밤새 담 너머 길로 떨어진 무궁화꽃, 대문밖 항아리에 심어 놓은 분꽃나무에서 떨어진 꽃잎, 뜰안 여기저기에 떨어진 꽃잎들과 잎사귀들, 옥상 위에 심은 여러 가지 채소들에서 떨어진 것들을 그와 함께 깨끗이 치운다.

이 몽당비는 친정아버지께서 평생에 해보지도 않은, 텃밭 가장자리에 빗자루수수를 심어 그것으로 서투른 솜씨지만 야무지고 예쁘게 만들어 주신 것이다. 아버지는 그 해 봄, 79세로 갑자기 세상을 떠나셨다. 이 몽당비를 쓸 때마다 아버지 생각이 난다. 1991년 몽당비가 우리 집에 올 때는 키도 제법 크고 몸에는 삼색 색실로 예쁘게 단장한 우아하고 멋진 비였다. 하지만 주인인 나는 이 비를 데려오자마자 가혹하리만큼 부려먹기 시작했다. 지금 사는 집을 지을 때 날마다 길거리에 늘어진 건축 찌꺼기, 옥상 위의 모래 등 험한 것은 다 쓸어내야 했다. 그 이후로 하루도 빠짐없이 일을 하다 보니 오늘날 머리카락도 다 빠지고 키도 작아져 볼품없는 몽당비의 몰골이 되어 버린 것이다.

시장에서 키가 큰 멋진 비를 하나 사다 사용해 보지만, 어쩐지 키만 크면서 엉성하여 시키는 일에 고분고분 잘 듣지 않는다. 일을 시키면 거칠어 마음에 들지 않아 잘 쓰지 않고 한쪽 구석에 모셔 놓고만 있다. 하지만 아버지의 솜씨가 담겨 있는 이 몽당비는 왔을 때부터 주인이 원하는 곳이면 어디든 마다하지 않고 잘도 해낸다. 좁고 구석진 곳도, 더럽고 냄새난 것도, 험한 모래밭도 가리지 않고 깨끗하게 잘도 쓸어낸다. 그러니 이렇게 충직하고 성실하게 일 잘하는 몽당비를 내 어찌 싫어하겠는가. 피부는 검고 몸은 닳아져 비록 볼품은 없어졌지만 마음만은 세상 무엇보다 아름다운 것을. 나는 몽당비 머리에 다시 고운 헝겊으로 모자를 씌우고 몸에도 예쁜 끈으로 치장을 해주면서 '너 정말 아름답구나!'라고 칭찬을 아끼지 않는다.

요즘 세상을 보면 세 가지 기피 현상이 있다. 힘든 것, 더러운 것, 위험한 것. 이런 것들은 누가 해야 한단 말인가? 나는 하기 싫으니 네가 해야 한다는 생각들로 너도나도 지식만을 머리에 집어넣고, 남을 이용해서 이런 일들을 해결하려고 안간힘을 다한다. 그러고도 남을 위한 일 좀 하면 사진까지 찍어 보이면서 생색내고 자랑하지 않는

가. 성경에서 "왼손이 한 일 오른손이 모르게 하라."는 진리말씀을 다시 되새겨보게 한다.

현 사회는 교회며, 사찰이며, 각종 종교가 난무하고, 고등교육을 받은 사람들로 넘쳐나고 있다. 자기희생 없는 봉사가 어디 있던가. 말로는 애국자요, 봉사자요, 선량한 자라고 자처하지만 진정 내 몸이 닳아빠지도록 남을 위해 힘들고 더럽고 위험한 일들을 묵묵히 실천하는 사람 얼마나 될까? 우리 집 몽당비 같은 사람이 많아지는 사회였으면 오죽 좋으랴!

어리석은 나는 항상 나의 일생이 볼품없는 몽당비처럼 되어버린 것을 한탄하며 투덜거리고 속상해 하였다. 오늘부터 생각을 바꿔야겠다. 남은 생애는 화려하기만 하고 거추장스럽게 생겨서 별로 쓸모없는 새로 사온 비 같은 사람은 되지 말자. 우리 집 몽당비처럼 힘들고 어려운 일을 마다하지 않고 잘 해내는 삶을 살아보자. 모든 사람들에게 꼭 필요한 사람이 되자. 그리고 사랑받는 사람이 될 것을 아버지 전에 다짐해 본다.

(2004. 8)

가슴앓이

나는 언제부터인가 만물이 소생하는 화창한 봄이 되면 심한 가슴앓이를 하는 버릇이 생겼다. 마른 나뭇가지에선 파릇파릇 새잎이 돋고, 땅에서는 새싹이 고개를 내밀며 갖가지 예쁜 꽃들이 웃음을 짓는데, 나는 괜히 왈칵 눈물이 솟아나면서 아련한 그리움에 가슴이 미어지도록 아픔을 겪는다.

나와 인연을 맺었다가 먼저 떠나신 분들이 보고 싶어 마음을 달랠 길이 없다. 영영 만날 수 없는 분들이기에 더욱 애달픈지도 모른다. 그리운 모습들이 가슴에 사무치도록 보고 싶어질 때면 방황하기 시작한다. 날을 잡아 한적한 곳을 찾아가 그분들의 생각만으로 하루를 보내고 나면 마음이 조금은 가라앉는다.

나의 할아버지와 할머니. 할아버지께서는 맏손녀인 나를 무척 아껴주시면서 늘 남의 집 주기 아까운 보물이라 하시던 말씀이 아직도 귓가에 맴돈다. 편찮으실 때 나를 보고 싶다 하셨는데 뵙지 못하고 세상을 떠나셔서 내내 죄송하다. 술을 좋아하셨는데 다시 뵈올 수 있다면 좋은 술을 대접하고 싶은 마음 간절하다.

할머니는 나의 제2의 어머니나 다름없는 역할을 하셨기에 고맙다는 말로는 그 은혜를 다 표현할 수 없다. 오늘날 내가 이만한 사람으로 살아가게 해주신 것은 오직 할머니의 보살핌 덕이었다. 어려운 가정으로 시집가서 고생하고 동서의 까다로운 성격을 맞추고 사는 것에 늘 마음 아파하시면서 내 몸을 돌보지 않고 남편과 자식만 생각한다고 항상 염려를 하시던, 사랑과 정이 넘치셨던 그리운 할머니! 네 아이를 낳아 기르고 나 살기 바빠 자주 가 뵙지도 못하고 옷 한 벌도, 맛있는 음식 한번 대접해 드리지 못한 채 돌아가셨다. 할머니 생각만 하면 내 가슴은 짠 간장으로 비벼놓은 듯 쓰리다. 늘 못 잊어하던 손녀가 이렇게 잘사는 모습을 한번이라도 할머니께 보여드릴 수 있다면 얼마나 좋을까.

나의 아버지. 아버지께서는 중년에 다니던 공직에서 물러나 정치를 하신다고 바깥으로 나도셨다. 아버지는 당신이 할 일을 못하고 내게 맡기셨기에 늘 미안해 하셨다. 큰딸인 나를 제일 믿고 사랑해주셨다. 딸 집에 오셨을 때마다 좀 더 쉬고 가시라 해도 사위 보기 어려운지 휑하니 그냥 떠나가실 때면 용돈 한번 드리지 못해 죄송하고 가끔은 원망스러워 속도 많이 상했다. 40세에 상처를 했으니 그 신세가 오죽하셨을 것인가. 파란만장한 일생을 사시다 가신 아버지가 안타깝고 안쓰러워 견딜 수 없다. 남자는 처복이 가장 큰 복인 것을. 아버지는 바로 새엄마를 만나셨지만 늘 어머니 생각에 속울음을 많이 우셨다. 잊을 수 없는 아버지다.

나의 친정어머니. 53년 전 내 나이 열일곱 살 때, 맏딸인 나를 유난히도 사랑하셨던 어머니가 사십의 나이에 5남매를 두고 병마로 돌아가셨다. "떡 장사를 해서라도 너를 대학까지 보내주마. 나만 살려다오!"라고 애원하시던 모습이 잊히지 않는다. 몹시 보고 싶다. 그렇게도 살고 싶어 하셨는데…. 남들같이 오래사셨다면 딸과 함께 정다운 이야기도 나누고 귀여운 손자들을 보며 얼마나 좋아하셨을까. 생각할수록 가슴이 아려온다. '어머니! 어머니가 되어보니 어머니마음 알 것 같네요. 어머니에게 배운 대로 저도 자식들을 무척 사랑한답니다.'

나의 시어머니께서는 삼대독자인 시아버님을 만나 1녀 5남을 두셨다. 막내아들 첫돌이 지나지도 않을 무렵, 독립운동을 하시던 시아버님이 33세에 순국하셨다. 시어머님은 37세에 홀로 되어 그 자녀들을 돌보고 사신 한 많은 분이다. 그런 분의 맏며느리인 나는 시어머님을 똑바로 쳐다보기가 어려웠다. 같은 여자의 입장으로 바라보면 안쓰러워 늘 가슴 아팠다. 좀 더 잘해 드리지 못하여 죄송하기 그지없다. 15년 전 85세에 한 많은 일생을 마치셨다. 돌아가시기 전 내 며느리인 손부에게 "너는 너희 시어머니의 본을 따르려고 해라. 그리하면 온 집안이 잘될 것이다."라고 말씀하셨다고 한다. 그 말을 전해 듣고 시어머님께서 나를 믿고 사랑하셨음에 고개 숙여 감사한다.

이렇듯이 어른들의 사랑을 받았던 나는 이제 이 세상엔 어디를 둘러봐도 진정한 사랑을 주실 분도, 기댈 곳도 없으니 그분들만 생각하면 가슴앓이를 하지 않을 수 없다. 사랑은 내리사랑이라는 말이 맞다. 어느덧 70고개에 서고 보니 이제는 나의 차례가 된 듯싶어 마음이 울적해진다. 어른들처럼 더욱더 참사랑을 베풀어 좋은 어미, 좋은 할미가 되어 후손들의 가슴속에 영원히 머물 수 있었으면 싶다.

(2005. 5)

추억여행

찔끔거리던 초가을의 장마도 그치고 오랜만에 티없이 파란 하늘을 쳐다보니 어디론가 훌쩍 떠나고 싶은 충동이 일어 잠까지 설쳤다. 아침 일찍 서울 사는 열세 살 아래 막내 여동생에게 전화를 했다. 네 살 때 엄마를 여의고 자랐기에 늘 안쓰러운 생각을 떨칠 수가 없는 동생이다. 동생과 함께 자랐던 고향으로 추억여행을 떠나자고 했더니 쾌히 맞장구를 친다.

우리들은 경상도 함양에서 만나 고향마을로 발길을 옮겼다. 동생은 그곳에서 태어나서 20여 년을 살았고 나는 11세부터 결혼할 때까지 10여 년을 산 곳이다. 나는 떠나온 지가 반백 년이 지났건만 지금도 아련한 추억에 가슴 설레며 생각할수록 코끝이 찡해온다. 이곳을 잊지 못함은 성장기를 보내면서 기쁨과 슬픔을 맛보아 온 곳이기에 그것들의 체취가 묻어 있을 것만 같아서이다. 늘 그립고 보고 싶은 마음이 앙금처럼 가슴 밑바닥에 깔려 있었기에 이곳이 오고 싶었는지도 모른다.

읍내에서 걸어오면 30분 거리인 마을이다, 철연봉 산자락에 자리한 약간 비탈진 동향 마을이다. 그 옛날에는 오솔길이었는데 버스도 들어가는 포장길로 변했다. 봄이면 살구꽃이 온 마을을 분홍색으로 갈아입히고 가을이면 빨간 감들이 마을을 치장해 주었다. 고개를 넘어서자 멀리서 오색 옷을 입은 감나무에 매달린 주황색 감들이 눈에 안기며 제일 먼저 우리들을 반겼다. 마을 앞 저수지는 꽤나 넓어서 모 심고 난 후에 물이 마르면 붕어와 미꾸라지가 온 마을 사람들의 영양보충을 해주었는데, 절반은 메워져 연밭으로 변해 있었다. 100여 호가 넘는 큰 마을은 양옆으로 도랑물이 흘러 여름 밤이면 아낙들의 간이 목욕탕이었건만 복개하여 자동차 길로 바뀌었다. 물이 좀 귀한 것이 흠이었다. 마을에는 네모진 대형우물이 아랫마을, 윗마을에 두 곳이 있었는데 가뭄이 잦을 때는 저녁 무렵이면 물이 달려 여간 고역이 아니었다. 지금은 수도시설로 인해 맑은 물이 철철 넘치고 있었다.

골목길로 접어들자 낯익은 얼굴이 나를 알아보고 손을 잡고 반긴다. 나의 결혼을 중매한 분의 오빠였다. 만나는 사람들은 서로가 바로 알아볼 수 없어 말을 하면 그제야 알아보고 반갑게 맞는다. 코흘리개들이 머리가 희끗희끗한 장년들이 다 되었다. 강산이 다섯 번이나 바뀐 세월이 지났으니 변하기도 했겠지. 그 옛날 우리 집이 보이자 동생은 눈에 이슬이 맺히면서 말을 잊는다. 마을 중앙에 자리한 집 앞에 다가서자 집에는 사람이 살고 있지 않는지 을씨년스럽기 짝이 없다.

넓은 마당에는 잡초가 무성한 사이로 청둥호박들만 이리저리 뒹굴고 낯익은 장독들이 잡초 속에서 말없이 옛 주인들을 맞는다. 우리 집은 30여 년 전, 남동생이 도시로 떠나면서 농기구며 장독 등을 다음 주인에게 주고 갔다. 그 집 아저씨도 이미 세상을 떠나셨고 새아주머니는 서울로 자식들 따라가고 집은 그대로 방치되어 있었다. 사랑채 외양간 앞에 걸려 있는 농기구, 부엌에 자리하고 있는 내 손때 묻은 큰솥, 살강이며 시렁 모두가 그대로다. 내가 사용하던 방, 결혼 때 신혼방이던 대청마루 건넌방은 문살 사이로 방안이 들여다보여 착잡함이 일렁이며 눈물이 왈칵 솟는다. 돼지우리 위의 화장실이며 이끼 낀 돌담 등 이곳저곳 둘러봐도 크게 변한 곳이라고는 없다.

나는 잠깐 먼 옛날 소녀시절로 되돌아갔다. 어머니의 죽음. 새엄마가 오시던 날 밤 뒤란 모퉁이에서 차가운 겨울 달을 쳐다보며 엄마 생각에 얼마나 울었던가. 사랑채에서 들려오는 할아버지의 ≪운현궁의 봄≫ 소설책 읽는 소리가 귓전에서 맴돈다. 흥선대원군의 일대기를 긴 겨울 밤에 할머니와 내게 들려주시면 지금의 TV 연속극보다 더 흥미진진하여 다음을 기다리곤 했다. 여름밤 평상에 누워 별을 보며 가곡을 구슬프게 부르면 할머니께서 "이 예쁜 것을 누굴 줄꼬?" 하시던 모습들이 눈에 선하다. 머슴까지 아홉 식구 대가족들이 어울려서 북적이던 모습들도 뒤범벅이 되어 나타났다. 사랑채 옆에 붙은 넓은 양잠 방에서 겨울 밤이면 친구들이 몰려와 재잘거리며 수도 놓고 공부도 하며 꿈을 키웠건만 다들 어디로 가서 사는지? 이 모든 모습들이 영화 장면처럼 획획 지나간다.

내가 시집갈 때, 별명이 새침데기였던 여덟 살짜리 동생도 육십을 바라보는 나이에 찾아왔으니 말없이 이곳저곳을 훑어보기만 한다. 말을 하지 않는 그 속은 오죽하랴. 우리 둘은 아무도 없는 큰집에서 지나간 추억들을 돌려달라고 큰 소리로 통곡이라도 하고 싶었다. 윤이 나도록 닦았던 마루도 주인의 손맛을 못 본 지 오래여서 앉기도 어설프다. 먼지를 훔치고 잠시 앉아 정신을 가다듬고 사립문 앞에 말없이 이 집을 지키고 선 감나무 밑으로 갔다. 밑에서부터 두 가지로 뻗은 감나무도 나이가 들어 이제는 고목이 되었다. 홍시 몇 개가 떨어져 있다. 감나무는 말은 못해도 무척 반가웠는지 잘 익은 홍시 두 개를 살짝 더 내려준다. 우리 할아버지께서 장대로 홍시를 따서 장난기 어린 모습으로 손으로 받으라고 감을 던져주던 옛 모습도 스쳐 지나간다. 고향 찾은 두 나그네의 출출한 배를 홍시 몇 개가 달콤하게 위로해 주었다.

상기된 마음을 가라앉히고 마을을 한 바퀴 돌았다. 자갈밭 길이던 마을길은 포장길로 바뀌었고, 현대식 건물에 집 모양들이 바뀌어 누구 집인지 알 수가 없다. 젊은 사람은 잘 모르고 나이 든 분들은 만나는 분마다 반가워하며 맞는다. 우리 옆집에 사시던 구십이 넘은 집안 아주머니는 우리 엄마 이야기를 듣고 나와 눈물을 찍어내며 한사코 자고 가라고 붙든다. 언제 또 뵐 수 있을는지. 아버지도 면장이었고 아들은 2대 국회의원을 지냈던 집안 아저씨 댁은 마을에서 한쪽을 차지하고 떵떵거렸는데 주인 바뀐 집들은 초라해 보였다.

한때 마을을 주름잡던 인걸들은 세월의 강물 따라 모두 떠나고, 고향 찾은 나그네의 발길은 무겁기만 하다. 아, 세월의 무상함이여!

(2005. 10)

아낌없이 주는 나무

지난 한 해를 보내는 마지막날 밤, 이메일을 열고 늘 무심히 보아오던 내 아이디를 보는 순간 얼굴이 확 달아오르고 가슴이 덜컹 내려앉으며 두방망이질 쳤다. 2년 전 컴퓨터를 배울 때 선생님이 아이디를 하나 정하라기에 주저함 없이 '아낌없이 주는 나무'로 하겠다고 했다. 그 순간의 생각은 '지금까지도 아낌없이 주었으니 앞으로도 그렇게 살자.' 하는 마음으로 선뜻 그렇게 정했던 것이다.

그런데 과연 아낌없이 주는 삶을 살았단 말인가. 누구보다 유달리 일 욕심이 많은 나는, 소녀시절부터 밤 자정이 넘어서야 잠자리에 들면서도 시간이 아까워 밤도 없었으면 좋겠다고 뇌까리며 살아왔다. 그러나 되돌아보니 무엇 하나 내세울 만큼 잘해 놓은 것이 없다. 아낌없이 줄 만큼 가진 것도, 아는 것도, 능력도 없는 여인이 왜 그리도 허덕이며 살아왔는지 부끄럽다. 한창 사랑받을 열일곱 나이에 어머니를 여의고, 고달픈 인생살이에 주기만 해야 했던 환경에 젖어 무의식적으로 나타낸 말이었을까. 세월이 흐를수록 가냘픈 어깨에 짐은 자꾸 무겁게 실리고 줄 것은 없는데 주고 싶은 마음만 간절하여 그랬는지 모른다.

어린 시절, 할머니께서 하신 말씀이 새롭게 떠오른다. 할머니께선 집안에 음식이 있을 때, 배고파 보이는 사람이 지나가면 불러놓고 상을 차려 내오라고 하셨다. 나는 귀찮아서 입을 내밀고 투덜대면 타이르셨다.

"남에게 줄 때 받을 것을 생각하고 주는 것은 뇌물이 되어 마음을 어지럽게 만들지만, 작은 것이라도 남에게 줄 때 아까운 생각 갖지 말고 기쁜 마음으로 주어라. 그리하면 받으려고 하지 않아도 언젠가는 되돌아올 때가 있느니라. 언젠가 배고파 보이는 사람 불러다 음식 대접했더니 오래된 후에 장날 만나서 그때 이야기를 하며 무거운 짐을 갖다 주더라. 받고 싶은 생각 없이 베푼 것이 이렇게 되돌아오더구나." 라고 하신 말씀은 살면서 참으로 귀감이 되었다. 옛 어른들 말씀이나, 성경말씀이나 "주는 자가 행복하다."는 말씀은 늘 배우지만 실천하기는 왜 그리도 어려운지.

우리들은 너나 없이 주기보다 받기를 더 좋아한다. 태어나면서 욕심은 갖고 나오는 것 같다. 한 돌도 되지 않은 아기도 손에 쥔 것을 뺏기지 않으려고 뒤로 감춘다. 어떤 사람들은 횡재를 꿈꾸면서 복권이나 경품에 당첨되기를 바라고 불로소득을 원한다. 시중보다 싸게 준다는 말에 속아 허탕을 치는 사람들, 도박을 하거나 은행을 털어서라도 잘살아보려는 한탕주의자들의 불쌍한 모습도 없지 않다. 남부러울 정도로 많이 가진 사람들도 더 많이 가지려고 온갖 수단을 다 부리다 평생 쌓아올린 부귀영화가 하루아침에 와르르 무너지는 것도 종종 본다. "욕심과 교만은 패망의 선봉이다."라는 성경말씀을 되새겨보게 한다.

천지를 휘둘러보면 값없이 받아 안은 것이 너무 많다. 잠시도 없으면 살아갈 수 없는 공기, 햇빛, 물, 아름다운 이 땅, 건강한 몸, 모두가 값없이 받은 것이 아닌가. 모든 분의 수고로 아쉬운 것 없이 잘살아가고 있으면서 남에게는 먼지만도 못한 것을 주면서 더 줄까 덜 줄까 아까워서 저울질하고 마음을 심히 괴롭게 하진 않았는지. 내 욕심 다 채우지 못해 안달하고 불평만 하면서 살아온 지난날들이 부끄럽기 짝이 없다. 오늘따라 쥐구멍이라도 있으면 숨고 싶은 심정이다. 생각을 바꾸면 모든 것이 거저 받은 것뿐인데 말이다.

남에게 물 한 모금이라도 주려면 내가 덜 먹어야 준다. 내 욕심 다 채우자면 아무것도 줄 수 없다. 내 것 주는데 아깝지 않은 것 어디 있으랴. 남을 기쁘게 해주려면 사랑이 동기가 되어 희생이 따르지 않고는 절대로 이룰 수 없다. 아무리 흥청거리며 지내보려 해도, 습관은 제2의 천성이 된다던가. 어려웠던 시대를 살아오면서 몸에 밴 생활습관은 쉽게 바뀌지 않는다. 마구 버리지 않는 것이 내 생활신조다. 지금도 작은 폐비닐 봉투도 아주 못쓰게 되어야 버리고 깨끗한 것은 모아 노점 상인들에게 갖다 준다. 광고지나 우편물의 이면지 사용은 당연하고, 먹고 버리는 쓰레기도 아까워 2층 옥상에 농장을 만들어 거름으로 사용한다. 꽃 화분이 많지만 아무리 힘들어도 쓰고 난 물로만 가꾼다. 수돗물을 바로 준 적은 한번도 없다.

4명의 자녀들을 서울로 대학을 보내면서부터, 결혼을 시켜 놓고도 20년이 넘게 김치며 장물까지 보내준다. 나이가 드니 때로는 힘들어 못하겠다 싶어도 사랑하는 마음이 일면 주는 것에 대한 기쁨을 맛보고 싶어서이다. 돈 가치로 따지면 얼마 안 되는 것이지만, 내 손수 만들어 주는 재미는 해보지 않는 이는 모르리라. 이 나이에 주는 재미도 없다면 무슨 낙이 있을까. 아무리 힘들어도 자식들 주는 것이 아깝지 않는 것은 엄마들의 공통된 마음이리라. 내게 쓰이는 것은 아까워 못 쓰는 못난 어미의 마음 말이다. 현시대는 이것마저 무너져 내리는 것 같아 안타깝다. 이런 세상에 나마저 물들까 두렵다.

요즘 세상은 소비를 너무하지 않으면 경제가 어려워진다고 한다. 그래서 쓸 수 있는 물건이나 의복들, 먹을 수 있는 것도 마구 버리고 사치스러움이 극에 달하고 있는 것인가. 말로 다 표현할 수 없을 정도다. 그럼, 나는 시대에 뒤떨어진 촌스런 행동을 하는 것일까? 어떤 삶이 가장 바람직한 삶일까?

아무리 시대가 변해도 남에게 조그마한 것이라도 베풀려면 나 자신을 뒷자리로 밀어내고, 내가 사용하는 모두를 절약해야 베풀 수 있다고 고집스런 생각을 해본다. 내가 손수 할 수 있고, 내가 알고 있는 것은 무엇이든 아낌없이 나누어 주고 싶은 심정이다. 늘 마음은 간절하지만 능력 없고 나이 드는 것이 안타까울 뿐이다. 남은 생은 '아낌없이 주는 나무.' 내 이메일 아이디에 부끄러움 없는 삶을 살고자 더욱 근검절약하고 온 마음을 다해 노력하련다.

(2006. 1)

2006년 ≪대한문학≫ 여름호 등단작

약속은 인연의 모태

혼기가 차면 누구나 좋은 인연을 만나고 싶어 한다. 어떤 이들은 선을 몇 십 번 보고도 아직 인연을 만나지 못했다며 애를 태운다.

우리들은 살아가면서 크고 작은 많은 약속들을 한다. 약속은 상대가 있어야 한다. 보이지 않는 하느님이거나 사람일 수도 있고, 때로는 나 자신일 수도 있다. 약속에는, 행위가 수반되고 책임도 따른다. 기대가 있고 결과도 있다. 약속을 잘 지킬 때는 좋은 결과가 있지만, 어길 때는 상대방에게 실망을 주고 나 자신의 신뢰도가 떨어진다. 그러기에 지키지 못할 약속은 아예 하지 않은 것만 못하다. 어떤 약속을 지키는 데는 때로는 부단한 노력과 인내심이 눈물겹도록 따라야 함을 누구나 다 겪어 보았으리라.

많은 약속들 중에도 가장 큰 약속은 혼인서약이 아닐까 싶다. 생을 마칠 때까지 지켜야 하니까. 그럼에도 불구하고 요즘 일부 사람들은, 많은 사람들이 지켜보는 가운데 주례 앞에서 큰소리로 대답까지 해놓고도 조금만 맞지 않으면 약속을 헌신짝 버리듯 하는 걸 보면 통탄하지 않을 수 없다.

이 세상에 100점짜리 사람이 어디 있겠는가. 내 자신도 내 마음에 만족하지 않는데, 50%만 합당하다면 나머지 50%는 내가 채워주겠다는 약속을 자기 자신에게 해보라. 그러면 좋은 인연이 다가올 것이고, 얻을 것만 생각하면 인연은 도망간다. 자라온 환경이 다르고 성품이 다르며 사고방식이 다른 사람끼리 만나서 사는데, 100% 마음에 흡족하기를 기대한다는 것은 어리석은 일이 아닐까?

50년 전, 나 역시 열아홉 살 때부터 혼기가 되었다고 중매쟁이가 들락거렸다. 그러던 중에 한 마을에 사는 친한 언니 남편이 전라도 남원이라는 곳에 사는 지금의 남편을 중매하러 와서 하는 말이,

"지금은 가난하지만 앞으로 비전이 있는 좋은 총각이 있는데, 처제 같은 사람이 꼭 필요하니 혼사를 하면 어떻겠느냐?"

는 내용으로 할머니를 설득했다. 경상도에서는 전라도 사람을 그다지 달갑게 여기지 않았던 시대였기에 할머니는 첫말에 거절했다. 밖에서 가만히 듣다보니 은근히 동정심이 일면서, '전라도면 어때? 100리 길밖에 안 되는 곳인데.' 하며 호기심이 생겼다. '별것도 아닌 나를 필요하다면 가서 도와가며 살아주는 것도 좋은 일이지 뭐.' 하며 마음속으로 작정하고 내 자신에게 약속을 했다. 그 사람과 결혼하게 해달라고 둥근 달을 보며 빌기까지 했으니 지금도 생각하면 웃음이 나온다. 그때부터 한번도 보지도 않은 그에게로 내 마음은 쏠렸다.

약속은 인연의 모태인가 보다.

당시도 직장 구하기가 어려웠던 때라 직장도 없는 가난한 노총각에, 시아버지 없는 5남매 맏며느리라면 고생길이 훤하다며 반대를 하셨다. 게다가 궁합도 좋지 않단다. '생이별수가 있고 자식들도 불효하고 가정이 평탄치 못하다.'는 것이다. 좋은 조건을 가진 혼처가 생겼어도 마음의 문을 닫고 열지 않으니 할머니는 애가 타셨다. 할머니는 마지막으로 이웃 마을에 맹인인 노파가 궁합을 잘 본다 하니 다녀오셔서,

"이 두 사람 궁합은 큰 태산을 무너뜨려 처음은 좁은 길을 닦지만 점차 넓은 대로를 닦아 놓으면 그 길로 지나는 사람들이 길을 닦은 공로를 치하하는 격이라 초년고생은 많아도 노년에는 좋을 것이란다. 여자 쪽에선 항상 넓은 논에 뿌려지는 씨앗 역할을 해야 한다." 라고 하셨다.

옆에서 듣고 계시던 할아버지께서는 '옛날 어느 규수가 결혼한 뒤에 큰 화재로 망할 것이라는 수가 있다는 말을 듣고 평생을 아궁이 앞에 물 한 동이를 두고 살다보니 화재를 당하지 않고 잘 살았다.'는 이야기를 하시며 내 뜻에 동조해 주셨다.

21세에 27세인 신랑을 선도 보지 않고 말만 듣고 결혼하고 보니, 남편은 여러 가지 지병으로 사람 노릇이나 하겠느냐고 염려할 지경이었다. 고시 공부를 한다고 깊은 산속 암자에서 생식을 하고 있었고 집안 살림은 궁하기 짝이 없었다. 어려울 때마다 내 자신과 모든 사람들 앞에서 한 약속을 지키기 위해서, 그 노파가 한 말을 가슴 깊이 간직하며 위안을 삼았다. 먼 훗날의 행복을 바라보며 눈물을 삼키면

서 50년의 세월을 꾹 참고 견디며 살아왔다. 지금까지도 그때의 약속과 말씀들은 또렷이 내 마음에 각인되어 늘 채찍으로 다가온다. 사노라면 다 팽개치고 어디론가 떠나고 싶을 때가 어찌 없었으랴! 만일 참지 못했다면 사주궁합 책에 쓰인 대로 맞았을지 모른다.

모든 어려움을 참고 50여 년을 남편의 건강을 위해 살다보니 사람 노릇하기 어렵다던 남편은 80이 되도록 공직생활에 사회활동까지 한다. 아들 하나, 딸 셋도 항상 기쁨만 안겨주는 효도를 하고, 손자녀 7명도 유달리 우애하며 잘 지낸다. 나이 들어 하고 싶은 일 하느라 눈코 뜰 사이 없이 바쁘다. 오늘도 무슨 식단으로 남편의 건강을 위하고 즐겁게 해줄까 행복한 염려를 한다. 지금까지 축복을 넘치게 주신 하느님께 항상 감사드린다.

좋은 인연을 만나려면 얻을 것보다 상대편을 도와주려는 마음가짐을 자신에게 약속을 해보라. 사주팔자나 궁합은 자신이 만들어 가는 것이지 태어날 때 갖고 나오는 것이 아님을 말하고 싶다.

(2006. 8)

달빛에 젖어 추억에 젖어

금년 7월 윤달, 시부모님이 계신 남원의 선산에 우리 4형제 부부가 나란히 들어갈 가묘를 만들었다. 추석에 아들이 내려와서 가보자고 권했지만 몸이 좋지 않아 나는 따라 나서지 못했다. 돌아온 아들 가족들은 서둘러 서울로 올라가고, 시원섭섭하여 옥상에 올랐다. 전주의 명산 기린봉 위에 높이 솟은 밝은 달은 세상사에 지친 나를 포근히 안아준다.

창조주께선 말은 없어도 하신 일이 어찌 이리도 오묘한지! 이 찬란한 가을 햇빛으로 지구 삼라만상의 소원을 만족시키고도 넘친 빛을 달에게 주어 울적한 사람들의 마음을 다독여 주시니 감탄사가 절로 나온다. 강한 햇빛은 바라볼 수 없지만 달빛은 은은하면서도 가슴을 적시는 아련함을 주기에 난 달빛을 좋아한다. 달은 초승달에서부터 보름달까지, 보름달에서 그믐달까지 보는 이의 마음 따라 천태만상으로 다가오며 울리기도 웃기기도 하며 심신을 달랜다. 어느 인간이 이런 재주를 부릴 수 있단 말인가. 위대하신 창조주의 경이로움에 경탄할 따름이다.

차가운 겨울 달을 보며 첫사랑을 잊어버리고 다시 희망에 부풀기도 하고, 우수 낀 봄밤의 달은 애수에 젖은 여인의 눈물을 자아낸다. 이슬에 젖어 고요한 여름 달밤 은은한 피리 소리라도 들려온다면 무아경에 빠지지 않을 자 있겠는가. 맑은 가을하늘 밝은 달을 쳐다보노라면 옛 추억에 젖어들지 않고는 못 배기리라. 나는 오늘 밤, 검정 융단을 펼쳐놓고 반짝이는 별들의 사열을 받으며 사령관처럼 유유히 걸어가는 저 달빛에 젖어든다. 까마득히 잊고 두고 온 60년 전으로 되돌아가 그때 그 추억에 푹 빠져보고 싶다.

일제치하에 억눌려 지내다 해방을 맞던 해 추석이었다. 거창군 덕유산 자락에 자리한 마을에도 해방을 맞은 기쁨에 동네 청년들이, 〈이수일과 심순애〉의 신파극을 공연하고 노래도 불렀다. 끝날 무렵엔 신명나는 농악놀이 소리가 달나라까지도 들렸으리라. 달이 중천에 떠있을 무렵 뒤풀이 잔치가 벌어졌다. 십여 명이 넘는 마을 처녀들은 넓은 마당이 있는 집으로 모였다. 치렁치렁한 검정머리에 붉은 댕기를 하고 소복을(하얀 속치마) 입고 달이 서산으로 기울도록 노래를 부르고 춤을 추며 놀았다. 일제 탄압에서도 어떻게 배워 알았는지 노래는 끝이 없었다. 고운 노랫소리, 아름다운 자태는 선녀가 따로 없었다. 마을 어른들과 어린이들도 밤이슬에 젖는 줄도 모르고 함께 어울렸다. 그 모습들은 열 살배기 나의 가슴에 각인되어 육십여 년이 지났어도 한가위 밝은 달을 보면 추억에 젖어든다. 그날 밤 달도 오늘밤처럼 몹시 밝았다. 달님도 해방을 맞은 우리들을 더 밝게 비쳐주며 축복해주고 싶었으리라.

내가 자라던 시절 시골은 전기가 없어서 밝은 달빛 아래서 일을 많이 했다. 정월 보름 달집을 태우며 온 마을 사람들이 모여 달을 보며 일 년의 풍년농사와 가족의 건강 등 소원성취를 빌었다. 음력 칠월 백중 전날은 마당에 숯불을 피우고 달빛 아래서 전을 부쳤다. 처녀시절 영화구경도 달이 있을 때만 보러 갔다. 달빛 아래 이뤄진 추억들은 섬으로 담아도 남는다.

그 중 가장 잊을 수 없는 추억이 또 하나 있다. 그때 아이들도 명절 때만 되면 모여 춤이나, 노래, 연극을 하며 놀기를 좋아했다. 어른들이 출타중인 집은 임시극장이 되었다. 작은방에서 분장을 하고, 대청마루는 무대로 꾸미고, 엄마 치마로 막을 치고 마루는 관람석으로 꼬마들을 관객으로 앉혀 놓고 하다보면 제법 그럴싸한 굿판이 되곤 했다. 이렇게 해마다 하다 보니 연극 솜씨도 늘어갔다. 중학교를 졸업하고 엄마가 돌아가셔서 사범학교 꿈을 접어야 했던 나는 19세 때부터 글 모르는 처녀들을 마을회관에 모아놓고 한글도 가르치고 ≪이솝 이야기≫나 ≪여원≫ 잡지책도 읽어 주곤 했다. 저녁이면 나를 찾아오는 친구들이 위로 아래로 많아서 나는 항상 바쁜 몸이었다. 왠지 나보다 못한 사람들을 보면 안타까워 늘 선구자가 되어 이끌어 주고 싶었다.

20세 되던 해 추석 무렵, 군청에 다니시던 아버지께서는 내 꿈을 아시고 마을 어린이 예술제를 권유하시며 모든 것을 후원해 주셨다. 내 창작을 발휘할 때라 여기며 총감독 역할을 하였다. 남녀칠세부동

석의 잔재가 있던 때여서 배우들은 모두가 초등학교 여학생으로만 이루어졌다. 150호가 넘는 큰 마을이라 아이들도 많았다. 마을 아이들 하나도 빠짐없이 고루고루 시켜서 희망을 갖게 하는 것이 내가 가장 마음을 기울인 점이었다. 무용은 4학년 이상은 자기들이 창작해서 하도록 했다. 독무를 맡은 6학년 아이는 노래말에 맞게 잘도 표현해 냈다. 몇 명의 친구들도 함께 협력하여 여러 가지 의상도 만들고 소품이나 꽃도 만들었다. 고된 낮의 일과를 마치고 밤에 마을회관에 모여 연습을 했다. 각자가 모두 열정을 갖고 협조하는 모습을 보는 나는 신바람이 났다.

우리 집은 회관 바로 위에 있었다. 나는 머슴을 시켜 멍석을 나르게 하고, 램프 불이며 하얀 광목천으로 휘장도 준비하였다. 무대가 될 평상은 여러 집에서 가져오고, 마을 이장과 청년들이 협조하여 마을 회관 앞마당에 근사하게 무대를 꾸며주었다. 마을 사람들이 많이 나와서 멍석자리가 모자랐다. 1955년 추석날, 양력 10월 1일 밤에 7세 꼬마의 인사말로 예술제의 막은 올랐다. 고운 옷을 입고 추는 춤에 도취되어 숨을 죽이고 보는가 하면, 1학년 꼬마의 독창은 박수소리에 동네가 떠나갈 정도였다. 4학년 어린이 둘이서 〈개미와 베짱이〉 연극을 할 때는 모두가 숙연해지기도 했다. 마지막 〈고향의 봄〉 합창에는 모두가 함께 불렀다. 일을 시작하고 보니 마을 예술제가 되어버렸다. 이웃 마을에서도 젊은이들이 구경 와서 끝 마당엔 총각들의 노래자랑으로 이어졌다. 나는 무대 뒤에서만 일을 했고 얼굴도 내밀지 않았지만 이장님의 소개와 칭찬의 말씀은 내 가슴을 설레게 했다. 참으로 재미있고 신나는 시절이었다. 그날 밤, 휘영청 밝은 달은 스무 살 처녀의 가슴에 이루지 못할 꿈만 잔뜩 안겨주고 서산으로 숨어 버렸지만, 칠십이 넘은 노소녀의 가슴속에 즐거운 추억으로 영원히 남아 있다.

우리네 인생사도 한바탕의 연극이 아니던가. 어릴 때부터 자연을 감상하며 창작을 하고 창의력을 기른다면 어려운 세파를 지혜롭게 헤쳐 나갈 수 있으리라. 같은 삶일지라도 즐거운 추억을 먹고 산다면 더 즐거운 삶이되리라. 요즘 아이들은 달빛 아래서 그런 낭만적인 예술의 꿈이나 가질 수 있을까? 문명의 발달로 달빛도 제대로 볼 수 없는 도시의 고층 아파트에서 TV나 보고 컴퓨터 게임으로, 이 밝은 달빛을 놓치고 있을 것 같아 아쉽다. 낭만도 추억도 없을 요즘 세상 아이들을 생각하니 참으로 안타까울 뿐이다.

(2006. 10. 6)

나의 꿈

'칠십이 넘은 나이에 꿈은 무슨 꿈, 남은 세상 아프지나 말고 그럭저럭 살다 가지.' 하겠지만, 몸은 늙어가도 마음은 젊은 그대로이니 어찌 꿈마저 포기하랴! 아직은 세상에 사랑할 것들이 너무 많은데 꿈까지 접기엔 아쉽지 않은가.

사람들은 느티나무만큼도 못 살면서 눈 뜨면 아귀다툼에 과욕을 부리고 위선까지 겸하는지 세상은 온통 불신들이 판을 친다. 타인에겐 관심도 없고 자아제일주의로 치닫는다. 몰라서가 아니다. 알고 있어도 겸손하게 살기가 얼마나 힘든가. 나도 모르게 이기적인 것들이 먼저 불쑥불쑥 고개를 내미니 감당하기 어렵다. 성경에서 "하늘 아래 완전한 인간 없다."고 했다. 그래서일까? 그럴 때마다 도리질을 해보지만 하늘 보기 부끄러울 때가 어디 한두 번이었던가. 다시 되돌아갈 수 있다면 저 높고 맑은 하늘처럼 맑은 마음으로 만물을 사랑으로 안으면서 아름다운 삶을 가득 채우고 싶다.

범죄의 증가, 테러사건, 종교적 분쟁, 종족간의 다툼, 치사적인 질병, 파괴적인 재해 등 뉴스보도 듣기가 무섭다. 물가가 천정부지로 오른다는 소식, 서로 불신하는 기만적인 세상, 이기적인 행동에 돈을 사랑하기를 자기 목숨보다 더하는 세상, 땅까지 오염시키고 망치려 드는 전쟁준비의 화학병기들 지긋지긋한 현세상이 어서 사라졌으면 싶다.

사랑하는 사람과의 사별이 없고, 질병으로의 고통도, 죄짓고 괴로워하는 슬픈 일 없이 눈물이 사라진다면 얼마나 행복할까. 첩첩으로 잠가 놓은 자물쇠도 창살도 없애고 창문을 활짝 열어젖히고 산다면 오죽이나 좋을까. 이 세상에서 고통스런 일, 슬픈 일, 괴로운 일 없이 영원이 행복한 삶을 살고 싶은 것이 나만의 꿈일까? 아마 모든 인류의 소망이려니 싶다. 더불어 살아가는 세상에서 서로 진정한 사랑을 주고받으며 내가 먼저보다 상대방을 더 배려하면서 섬기는 자세로 살아간다면 세상은 낙원으로 변모하리라.

인간들의 통치는 수천 년을 지내오면서 완전하지 못했음을 역사는 알려준다. 오늘날 문명은 최고봉에 이르렀지만 세상은 만족한 평화는 찾아볼 수 없고 불안한 나날을 보내고 있다. 하느님의 신권통치가 이루어질 땐, 전쟁이 사라지니 나라마다 산더미처럼 쌓아둔 많은 무기가 보습으로 바뀐다고 한다. 사막에서도 물이 솟고 산꼭대기까지 화곡이 넘쳐 아무도 굶주림이 없으니 풍요로운 삶을 즐기리라. 사계절 바뀌는 자연의 섭리에 맞춰 일찍 자고 날이 새면 일어나 즐겁게 일을 하니 병들고 늙고 죽는 일이 없다고 한다. 맹수들도 풀을 먹고 어린아이들과 어울려 노는 것을 상상해 보라. 온 세상이 서로 사랑하는 사람으로 가득하다면 얼마나 평화롭겠는가. 아름다운 세상 이곳저곳 구경하고 즐긴다면 천년만년을 산들 지겨울까? 그 이상 좋을 일이 어디 있으랴. 모두가 행복하여 웃음 가득한 얼굴로 행복해 하리라.

그때에 나는, 남쪽을 향한 낮은 산자락에 그림 같은 집을 짓고 아름다운 꽃길을 만들어 언제라도 찾아오는 사람들을 기쁘게 맞이하련다. 넓은 마당엔 잔디를 깔아놓고 누워 여름 밤이면 반짝이는 별을 보며 사랑하는 이들과 소곤소곤 담소를 나누며 하느님께 감사하리라. 집 안 가까이에 갖가지 채소를 심고 농사를 지을 때 해충이 없어진다니 농약에 오염된 식품 걱정은 없지 않을까. 그때엔 값비싼 화장품이나 보석으로 치장하지 않아도 잘 익은 싱싱한 토마토처럼 예뻐지니 거울 보기 바쁘겠지. 반목하고 시기하고 경쟁하지 않고, 서로 돕고 믿고 사랑하는 사람들로 가득하니 얼굴은 늘 방실거리는 해와 보름달일 거야. 철 따라 바뀌는 세상 경관을 보면서 하느님의 솜씨에 감탄하여 감사와 찬양이 절로 나오리라. '거꾸로 매달려도 이승이 좋다.'지 않던가. 이렇게 아름다운 지구에서 영원히 사는 것이 바로 우리들의 꿈이리라. 창조주께서도 그것을 바라시고 독생자인 아들 예수를 이 땅에 보내셨다.

그것은 결코 헛된 꿈이 아니다. 내가 바라는 꿈은 절대 거짓말을 하실 수 없는 창조주 여호와 하느님의 약속이기에 믿을 수 있다. 창조 이래 하느님의 하신 약속이 헛되고 이루어지지 않은 것이 어디 있던가? 그분은 성서를 통해 굳게 약속하셨다. 우리 인간들에게 지켜야 할 계명들을 알려 주셨다. 그 계명들은 짐스러운 것이 아니라 따라 행하면 현 세상에서도 많은 도움이 되어 근심이 없으니 행복하다. 또 머지않은 미래에 이 세상의 악한 사물의 제도들을 종결시키고 그리스도의 공의로운 통치로 인류를 다스릴 때엔 우리가 바라는 대로 지구가 낙원이 된다고 하지 않았던가. 이 얼마나 희망적인 삶인가. 이것이 바로 나의 꿈이다.

이것은 하느님의 뜻이고 목적이며 약속이다. 성경의 요지이니 어찌 믿고 지키지 않을 수 있으랴. 성서의 진리말씀들을 모르고 신음하는 이웃들에게 알려주어 그들도 나와 같이 행복한 꿈을 갖게 해주는 것이 나의 소망이다. 지금 당장 내 앞에 펼쳐지지 않는다 해도, 이 땅을 떠난다 해도, 꿈을 간직하고 영원토록 변함없는 여호와 하느님의 뜻에 믿음을 두련다. 찬란한 가을 하늘, 저 넓은 하늘에 채울 것이 너무 많기에 원대한 꿈을 안고 살아가리라.

(2008. 10)

제7부

어느새 결혼 50년

지금 나는 50년을 참고 열심히 살아온 것에 후회하지 않는다. 이제 가슴 아팠던 옛 추억들은 하늘에 흘러가는 저 구름 속에 실어 보내련다. 나의 생을 다할 때까지 남편을 존경하고 연민의 정까지 더하여 사랑하리라 다짐한다. 그것이 바로 나의 행복이니까.

– 〈어느새 결혼 50년〉 중에서

어느새 결혼 50년

어느새 결혼 50주년을 맞았다.

부모의 금혼식은 자녀들이 축하해야 한다며 아들 내외가 자리를 마련하겠단다. 말이 고마워서 둘째딸이 미국에서 돌아오면 내년에 하자고 미뤘다. 그동안 결혼기념일이 어느 날인지도 잊고 정신없이 달려오다보니 어언 반세기의 세월이 훌쩍 흘렀다.

되돌아보니 50년의 세월이 길고도 짧게 주마등처럼 휙휙 지나간다. 1956년 12월 13일(음력 11월 12일) 내 나이 21세에 27세의 백마 탄 왕자가 나타나서 왕비가 되는 꿈을 안고 결혼식을 올렸다. 결혼이란 굴레는 가냘픈 여인의 어깨 위에 무거운 짐들만 얹어 놓았다. 신랑을 극진히 사모하고 눈치를 살피며 그가 필요한 것은 무엇이든 미약한 능력이지만 온 마음과 정신을 쏟아야만 했으니 말이다. 그 세대의 여인들은 시집살이가 당연한 것으로 받아들여지기까지 했다. 이

미자의 〈여자의 일생〉이란 노래가 우리 여자들의 일생을 바로 대변해 준다. 많은 시집살이 중에도 남편 시집살이는 생을 마감할 때까지 그림자처럼 따라다닌다. 그야말로 충직한 일급 종이었다. 이런 여자들의 마음을 세상 남편들이 알기나 할는지…….

내 남편은 내가 매사에 달인이길 바란다. 어렵고 힘들고 더러운 일도 헝클어진 실타래를 풀어내듯 척척 풀어나가는 해결사로 여긴다. 온갖 화풀이를 해도 넓은 바다같이 다 받아 안아주는 어머니 같은 줄로 안다. 지금도 건강한 새댁으로 착각하는 남편이 때론 야속하다. 난 남편을 위해 태어난 존재로 여기며 살아왔다. 생활 속에서 남편의 존재가 잠시도 떠나지 않으니 말이다. 가슴속이 숯검정이 되어도 한마디 하소연할 곳을 갖지 못하고 젊음의 세월을 다 보냈다. 이제 그 여인의 몰골을 보소! 배꽃 같던 얼굴은 호박꽃이 피고, 삼단 같던 머리카락은 억새꽃이 되었다. 바스러져 가는 몸은 앉고 설 때마다 '아이고' 소리가 절로 나오니 이것이 여자의 일생이란 말인가.

여자이기 때문에, 이 충직한 종은 50년을 맡은 일에 투정도, 꾀부림도, 책임 전가도 못한 채 바보처럼 자투리 같은 삶을 살아야만 했다. 젊은 날엔 여자로 태어난 것을 원망하며 머리가 터지도록 묘안을 찾느라 긴 밤을 하얗게 새웠다. 날이 새면 어둠과 함께 공상은 사라지고 아침 일찍 부엌으로 나가야만 하는 여인의 심정을 그 누가 알랴. 그럴 때마다 내 자신보다 가족들을 더 사랑하였기에 참고 살아온 내 자신에게 이제 훈장이라도 주어야겠다. 오직 내 자녀들에게만은 행복한 삶을 물려주려고 굳게 다짐하며 무던히도 참고 바쁘게 뛰었다. 사랑은 주는 것이지 받는 것이 아니기에 참을 수 있었던 것이리라.

파김치가 된 생활 속에서도 가슴속 깊숙이 간직한 행복의 꿈만은 잃지 않았다. 건강하게 잘 자라는 네 자녀들이 나의 희망이요 행복의 꿈이었으니까. 세월이 흐르면서 행복의 파랑새가 찾아와 속삭이기 시작했다.

"그대 참고 사느라 참 수고했어요. 부디 행복하세요."

지금은 더없이 행복하다. 먼저 사랑과 지혜와 축복을 주신 여호와 하느님께 깊이 감사드린다. 결혼 초부터 건강이 좋지 않았던 남편이 50년을 함께 살아 있어 준 것만도 감사하다. 바르게 잘 자라준 네 명의 아들딸에게도 고맙고 할미보다 더 커버린 일곱 명의 손자녀들은 나를 희망의 나라로 이끈다. 시댁 형제들 친가 동생들 모두 잘 지내주어 고맙고 도와주신 모든 분들에게도 감사하다. 그렇게 하고 싶었던 공부를 하면서 노년을 보내니 더욱 행복하다.

결혼이란, 가정의 창시자인 하나님이 두 부부에게 맡겨준 큰 과제라고 본다. 그 과제를 잘 풀어나가기 위해선 사랑이란 밑바탕에 노력이란 그림을 잘 그렸을 때 인생 끝자락에 만족한 답을 하느님 앞에 제시할 수 있으리라. 결혼하는 부부에게 성품이 다른 사람끼리 맺어주는 까닭은 모자람을 서로 채워가며 살아가라는 마련인 듯싶다. 각기 다른 두 남녀가 만나 한평생을 살다보면 맑은 날, 흐린 날, 폭풍우가 몰아치는 날이 어찌 없으랴! 서로가 우산도 되어주고 바람막이도 되어주면서 이해하고 용서하며 살아가는 것이지 결혼은 결코 화려한 장미꽃다발은 아니다. 결혼은 서로가 거미줄에 걸린 먹이라는 생각을 하고 사는 것이 옳으리라. 한번 걸린 먹잇감은 벗어나도 제대로의 삶을 살기 어렵다. 순금이 되려면 수없이 많은 정련을 거쳐야 하고 좋은 연장 하나가 탄생하자면 뜨거운 불에 달궈 수없이 두들겨 맞아야 되지 않던가. 우리네 인생사 결혼생활도 이와 같으리라.

지금 나는 50년을 참고 많은 정련을 하며 열심히 살아온 결혼생활에 후회하지 않는다. 이젠 고양이와 쥐가 아니다. 어디든 함께 다녀야 되는 원앙새다. 이제 가슴 아팠던 옛 추억들은 흘러가는 저 구름 속에 실어 보내련다. 나의 생을 다할 때까지 남편을 존경하고 연민의 정까지 더하여 사랑하리라 다짐한다. 그것이 바로 우리 가정의 행복이니까.

(2007. 1)

시어머님의 일생

올해도 6월 6일 현충일엔 여러 곳에서 행사가 벌쭉하게 치러졌다. 해마다 행사를 갖지만 직접 당한 사람들의 마음에 어찌 비길 수 있을까. 문득 17년 전 돌아가신 시어머님 생각에 목이 멘다. 시어머님은 가끔 지나온 이야기를 하실 때면,

"글을 쓸 줄 알면 책을 몇 권 써도 모자랄 것이다."

라고 하셨다.

시어머님은 침략자 일본이 조선을 송두리째 삼키려고 호시탐탐 노리던 때인 1906년에 태어나셨다. 기미년 고종황제 서거, 3 · 1운동 등 어지러운 세월 속을 거치면서 19세 때인 1925년에 4세 아래인 전주 이씨의 3대독자이신 시아버님과 결혼하셨다. 13세 아래인 시누이 한 분 외에 아무도 없는 15세의 신랑이지만 성품이 강직하고 총명하셔서 처갓집에서 말이나 글로써 당할 사람이 없었단다. 그래서 나

이 어린 신랑이었지만 늘 조심스러웠다고 하셨다.

시집오신 3년째 시할아버님께서 돌아가시니, 효성이 지극한 시아버님은 사랑채에서 거처하시고, 나란히 한 밤을 자본 적 없이 젊은 시할머님을 모시기가 참 어려우셨단다. 시아버님은 의지력이 강하셔서 가세도 많이 늘리고 자녀들 교육에도 많은 관심을 가져, 사는 곳에서 양반촌인 이웃마을로 이사까지 하면서 집안을 잘 다스렸다고 하셨다. 늘 글공부에 열심이고 전주의 간재 최병심 스승의 문하에서 수학하느라 전주를 자주 드나드셨다. 지식을 쌓으면서 의분을 갖고 독립운동에 가담하자 집안을 맡길 사람이 없음을 늘 안타까워하셨단다.

배일사상에 울분을 가진 분들은 삭발, 창씨개명을 반대하며 늦은 밤이면 5~6명씩 찾아들어 신발을 감추고 음식을 드시곤 새벽이면 어디론가 사라지곤 하는 일이 잦아지면서 일경의 감시가 시작되었다. 마을에 밀대 역할을 하는 자가 있어 늘 불안한 생활이었단다. 그러는 사이에 큰딸 하나에 밑으로 아들 5형제를 두었으니 손이 귀한 집에 얼마나 큰 축복인가. 이렇듯 다복한 가정의 파괴범인 침략자 일본은 망하지 않을 수 없었으리라. 시아버님께선 빼앗긴 나라를 찾겠다는 일념으로 집안 농사일은 먼 친족에게 맡기고 며칠 만에 잠깐 들르시면 왜경을 감시하느라 시할머님과 시어머님은 늘 노심초사하여 편안한 날이 없었다고 한다.

그렇게도 그리던 광복을 3년 앞둔 1942년 초, 15세의 큰딸을 서둘러 혼사를 시켰다. 어느 날은 무엇에 쫓기는 듯이 밤에 찾아와서 안채 다락방 깊숙한 곳에 이중 벽을 만들어 감춰둔 보따리를 가지고 가면서 어린 아들들의 입단속을 부탁하셨다. 가신 뒤에 일경이 찾아와 온 집을 뒤져 그때 놀란 가슴이 병이 되기도 하셨다니 짐작이 간다. 심상치 않음을 느끼고 불길한 마음이 일어 두려움에 잠을 못 자곤 하셨단다. 그 해 음력 5월 22일 아침, 일찍 왜경 2명이 찾아와서 시아버님을 포박하려 하자 무서운 눈초리로 노려보면서,

"당당히 내 발로 걸어가리라."

하시곤 의관을 정제하고 시할머니께 정중히 인사를 올리고 할머니 등에 업혀 있는 6개월밖에 안된 막내아들의 손을 잡고 침통한 모습으로 속엣말을 하시고는 당당하게 뒤도 돌아보지 않고 걸어가시던 모습이 마지막일 줄 누가 알았으리. 시아버님은 33세요, 시어머님은 37세였으니 이 원통함을 어디에다 호소하랴!

하늘도 서럽고 원통했는지 갑자기 뇌성벽력이 치고 소낙비가 쏟아져 늦모를 심다가 못 심고 집으로 들어오는데 비보가 날아왔단다. 시아버님께선 옥고를 겪다보면 비밀이 샐까 두려워 단도로 목의 동맥을 끊어 피를 왜경에 뿌리고 '왜 죄 10수'와 "대한독립만세"를 큰 소리로 외치고 운명하셨다. 악몽 같은 그날 일을 술회하실 때면 눈시울을 적시곤 하셨다. 그 뒤 어머님의 고생은 글로써는 다 표현할 수 없다. 외가 동네로 이사하여 큰아들을 잃는 슬픔까지 겪어야 했으니 얼마나 많은 눈물을 흘리며 고생을 하셨을까. 밑으로 아들 넷 모두가 바르게 잘 자라서 국가에 이바지한 공무원으로 일하게 되어 더없이 감사하다. 어머님의 지나온 고생담을 들을 때면 내 가슴 밑바닥까지 짠함을 느끼곤 했었다.

어머니! 큰며느리인 저와 만난 51세 때의 고우신 모습이 떠오릅니다. 1990년 9월에 85세로 한 많은 인생을 접으셨지요. 34년의 세월

을 지내면서 생전에 불효한 것들을 깊이 사죄하옵니다. 가난하셨지만 근검절약하시면서 기만은 당당하시던 어머님! 어머님의 큰 희생이, 오늘날 이 나라와 저희들 수십 명의 자손들이 이토록 자유롭고 풍요롭게 잘살게 하셨습니다. 그 은혜 깊이 감사하나이다. 어머님의 교훈과 한 서린 삶을 책으로 엮어 길이 후손들에게 전수하렵니다. 어머님! 저 역시 어머님의 정신을 이어받아 이 가문에 빛을 비추는 며느리가 되겠습니다.

(2008. 6)

시누형님의 팔순잔치

이수남 여사님은 지금으로부터 팔십 년 전, 남원에서 일정 치하 때 독립운동을 하시던, 전주 이씨 이태현 씨의 1녀 4남 중 맏딸로 태어나셨습니다.

15세에 전주 구이면에 사시는 유씨 가문 유영수 씨와 혼인을 하고 17세에 구이면 두방리로 오셨다고 합니다. 63년이란 긴 세월을 한결같이 유씨 가문을 위해 누구보다 열심히 살아오신 분이기에 친정집 동생 댁으로서 칭송을 드리고 축하를 드리고 싶어 이 자리에 섰습니다.

형님과 저와의 만남도 어언 50년의 세월이 훌쩍 지났습니다. 처음 뵈었을 때 후덕하신 용모만큼이나 마음이 넓고 말씀을 구수하게 잘 하셨지요. 33년 전 저희들이 전주로 이사 와서 힘들고 어려웠을 때, 형님을 자주 접하면서 너무도 근면 성실하게 사시는 모습에서 저는 많은 위로를 받고 힘을 얻곤 했습니다.

봄이면 고사리를 꺾어 시내로 나와서 팔고 있으면서도, 잘 차려입은 젊은이들을 보면 "우리 자식들도 저렇게 잘살아야 할 텐데." 하고 부러워하며 다짐을 하셨다지요. 어느 늦가을 살얼음이 낀 냇물에서 새우를 잡느라고 아무리 불러도 모르셨다 나중에 허리를 펴고 나오는데 발이 얼어서 발갛게 부어 걸음도 잘 못 걸으시던 일 지금도 눈에 선해요. 셋째 아들 신발 사주려고 발 시린 줄도 모르셨다고 하며 웃는 얼굴이었어요. 큰아들 학비 마련으로 아기를 업고 쌀 세 말을 이고 전주까지 30리 길을 걸어서 갔다는 이야기에 고개가 숙여져요. 남의 논, 자작 논 합해서 10여 마지기 농사로 7남매를 남달리 훌륭하게 기르셨으니, 그 노고를 어떻게 표현할 길 없습니다. 지금이 연세에 허리가 아파서 잠시 쉬고 싶어도 '이 좋은 손을 어떻게 놀고 있어.' 하시며 일어나서 밭으로, 산으로 가신다고 합니다.

매사에 긍정적이고 부지런하고 인정 많고 짜증이나 화내실 줄 모르시는 훌륭한 성품이지요. 온갖 고통과 역경을 극복하며 오직 자녀들 잘되기를 바라시는 그 마음씨에 전 늘 감복하였답니다. 자녀들도 형님의 마음씨를 닮아서 칠남매 모두 착하고 훌륭하게 되어 사회에 큰 일꾼들이 된 것으로 압니다. 아저씨께서 애만 쓰고 먼저 가시고 나 혼자 효도받는 것 같아 미안하다고 하시는데 마음대로 할 수 없는 일이 그 길이지요.

형님! 그 옛날 혹독한 시집살이에 서러웠던 일들, 가난해서 어려웠던 일들은 하나의 소설책 주인공이라 생각하고 세월의 강물에 띄워 보내세요. 그때 흘렸던 눈물과 땀방울의 결실이 오늘날 이토록 알찬 열매들이 주렁주렁 많이 달려 형님을 기쁘시게 해드리네요.

4남 3녀의 자녀들에서 손자, 증손자 합하여 36명의 대가족들이, 남다르게 우애하며 바르게 잘살고 있으니 참 좋으시겠어요. 저와 만날 때면, 자식들 효도에 감사하며 자랑하고 행복해 하시는 모습 늘 보기 좋아요.

부디 건강하시고 오래오래 행복하게 사시기 바랍니다.

(2006. 9. 23. 올케 올림)

아버지의 꿈

나는 나의 아버지를 잊을 수 없다. 나의 생명을 이어주신 분이기도 하지만, 아버지의 꿈이 너무 많았기 때문에 그것이 궁금해서다. 아버지를 생각하면 자랑스럽고, 아깝고, 안타깝고, 원망스럽기도 하다. 세월이 흘러도 그리운 마음 가득하여 항상 아리운 맘에 목이 멘다.

아버지는 1912년에 거창군 덕유산 자락 선산 김씨 가문의 3남 2녀 중 맏아들이셨다. 할아버지는 4형제 중 2번째였지만 손자들로서는 맏손자였다. 할머니 말씀으로는 자랄 때부터 총명하여 웃어른들의 총애를 받았고 온 집안의 기대가 컸다고 한다. 15세에 근동의 지주 안동 김씨 가문의 동갑내기 어머니와 결혼하셨다. 결혼 뒤에 한양 조씨인 아버지 외사촌들과 함께 일본에서 공부를 하고 돌아와 면사무소부터 거창군청을 거쳐 부산도청 보건과에서 근무하셨다. 의학

서적이 많았고 위생에 많은 관심을 가지셨다. 해방 뒤 함양군청 보건 과장으로 전근되었다. 아버지와 어머니는 무척 사이가 좋고 엄마는 아버지 자랑을 많이 하셨다.

아버지는 읍내에서 걸어서 30분 거리에 있는 선산 김씨 마을에 둥지를 두고 친족들과 지내셨다. 당시에는 친족이라면 큰 힘이 되었고 타향 같지 않았다. 말라리아, 학질, 이질 같은 전염병이 돌면 의약품을 나누어 주었다. 이웃들은 감자나 곡식도 갖다 주곤 했다. 조그만 집도 마련하고 한창 재미있게 잘살았다. 인품도 좋고 부지런하고 정이 많으셔서 마을에서 인심을 얻었고, 마을의 선구자 역할을 하셨다. 나는 11세 때부터 결혼한 21세 때까지 그곳에서 살았다.

1950년 6 · 25전쟁은 김씨 집안을 강타했다. 마을의 집안 아저씨는 2대 국회의원이었고 우리 숙부는 지서장이었으니 아버지와 함께 공산당의 표적이 되었다. 피난살이가 시작되었고 작은집 짐을 우리 집에다 감춰두었는데. 인민군들이 와서 다 가져가고 집안이 온통 난리였다. 숙부가 전투에서 사망했다는(수복 후 살아오심) 소식을 들은 아버지는 피난을 가셨다가 집안을 못 잊어 돌아오셨다. 낮이면 뒷산 바위 속에 숨었고 비가 오거나 밤이 되면 돼지우리 위에서 숨어 지내다 마을 밀대에게 들켰고 공산당 내무서원이 찾아와서 아버지를 읍내로 데려갔다. 가신 뒤로 소식은 없고 군청은 아군의 폭격에 불타고 있었으니 멀리서 바라보는 엄마의 간담도 함께 탔을 것이다.

어머니는 이래저래 너무 애를 태웠는지 위장병을 얻어 고생하시다 1952년 여름, 내 나이 17세 때 5남매를 두고 세상을 떠나셨다. 아버지는 천지를 잃은 듯 슬픔은 이루 말할 수 없었다. 40세에 상처를 했으니 그때부터 '상처가 망처'란 말처럼 아버지의 꿈은 산산조각이 나고 파란만장한 삶을 살게 되었다. 거창에 사시던 조부모님이 우리 집으로 합산하면서 대가족을 이루었다. 부모님 모시고 자식들 교육시키고 살자면 때로는 유혹을 받으면 흔들리게 되나 보다. 더 나은 조건으로 유혹하니 25년의 공직에서 물러난 것이 고생의 시작이었다. 국가정미소로 옮긴 뒤 책임자의 부정을 보고 거기서 나오시자 정치계로 발을 옮겼다. 가정을 돌보지 못하니 온 가족의 고생은 불을 보듯 뻔했다.

조부모님이 돌아가시고 간곡히 말리는 사람도 협조하는 이도 없는데 정치가 어찌 가당한 일인가. 아무리 말려도 듣지 않고 야당만 고집하니 집안은 풍비박산이 되었고 큰딸인 나와 새엄마, 사돈네 팔촌까지 걸리지 않은 곳이 없었다. 이것이 정치인들의 말로가 아니던가.

그 뒤 군 당국의 배려로 산림조합장을 맡아보셨다. 산을 돌아다니다 일제의 폐광들에 호기심을 갖자 조합장 일을 그만두었다. 광산은 일구어 보겠다는 의지로만 되는 일은 아니잖은가. 지인들의 자본을 끌어다 3부자가 애써 해보지만 손해만 보고 말았다. 무슨 비료공장을 세웠다가 문을 닫고 내 자본과 경험도 없이 시작한 일들은 실패만 거듭하였다. 정치가나 광산 일은 도박 중에서도 큰 도박이었다. 장성한 작은아들의 죽음에 충격을 받고 한때는 방랑생활을 하시니 소식조차 묘연하여 가족들은 애를 태웠다. 그 뒤에 지인의 권유로 해발 450m의 고지인 산골마을에 정착하셨다는 소식을 듣고 어머니를 보내 10년 정도 안정된 생활을 하셨다. 1991년 5월 어느 날 밤 11시에 책을 보시다가 갑자기 심장마비를 일으켜 79세를 일기로 아버지의 한 많은 삶은 막을 내렸다.

아버진 큰딸인 나를 무척사랑하고 아끼셨다. 아버지는 연세에 비해 건강하셨기에 너무 오래살까 걱정했을 정도였다. 할말도 많았는데 너무나 갑자기 떠나셔서 많은 세월이 흐른 지금까지도 아린 마음이 가시질 않는다. 아버지는 주색잡기와 담배도 모르셨다. 항상 올곧은 말씀과 본을 보이셨고 남에겐 인정을 베풀면서 본인에겐 찬물도 아까워 못 마시는 분이셨다. 부지런하기로는 남보다 앞서고. 한국어, 일본어, 한문, 영어도 수준급이셨다. 한때는 여름철 무릎에 삼베수건을 끼워가며 속기공부도 열심히 하셨다. 노년에는 서울의 인사동 고서점에서 중국 풍수지리책들을 사다가 공부를 하는 바람에 과로하여 돌아가시게 되었다.

항상 책을 보고 모든 사람들의 칭송을 받는 분이 왜 그토록 고생하셨는지 안쓰럽다. 자기 분수에 맞는 의약품을 다루면서 사회 봉사를 했다면 그런 삶은 사시지 않았으련만 생각할수록 아쉽다. 시대를 잘못 만난 탓일까, 아니면 요령부득이었을까. 어쩌면 일하려는 욕심이 너무 많았던 탓일지도 모른다. 엉뚱한 길로 걸어갔으니 고생만 하고 득이 없이 주위 분들에게 폐만 끼치고 한세상을 살다가셨으니 원망스럽기도 하다.

결코 사람은 똑똑하고 남보다 부지런하다 하여 모든 것을 잘하는 것 같지 않다. 좀 우둔해도 한 가지 일에 열심히 하는 것이 오히려 자신이나 가족이나 사회에 득이 되는 일이 아닌가 싶다. 아버님을 생각하면서 세상살이에서 많은 교훈을 얻는다. 다시 만날 수만 있다면 아버님의 진실한 꿈이 무엇이었는지 꼭 여쭈어 보고 싶다.

(2008. 5)

새엄마

아침 일찍 걸려온 전화.

"나다. 내일 너 생일이지? 이번에는 나 못 간다. 그렁께 찰밥이랑 미역국이랑 잘 해먹고, 내 걱정 말고 제발 너나 몸 좀 아끼고 편히 지내라."

멀리 경상도에 계신 친정엄마 목소리에 잠이 깨었다. 전화를 끊고 잠시 누워 생각하니 참으로 고맙다. 여든이 넘은 엄마가 일흔이 다된 딸 생일을 챙겨주느라 전화를 한 것이다.

어머니는 삼십의 나이로, 4남매를 두고 40세에 상처를 한 우리 아버지에게로 오신 분이다. 아이를 가질 수 없는 분이기에 맞아들였다. 멀리 전라도 곡성에서 오셨다. 나와는 13살 차이다. 할아버지, 할머니께서 손 자녀들을 돌보기 위해 거창에서 함양 우리 집으로 합친 지 3개월 되었을 때 새어머니도 오시게 되었다. 각자 다르게 살던 세 집 여인들이 한 지붕아래 모여 살게 된 셈이다. 지금 생각하니 얼마나 어려운 생활이었을까 짐작이 간다. 서로 다르게 살던 여인 셋이 어우러져 화평하게 산다는 것은 그리 쉬운 일은 아니었다.

새엄마는 그 나이에 세 식구 밥도 해보지 않았다는 곱게만 살아오신 분이다. 그런 분이 며느리 노릇, 4남매 엄마 노릇, 아내 노릇을 해 나가려니 얼마나 힘들었을까. 나는 일도 엄마보다 잘해냈고 거기에 텃세까지 부렸다. 아버지와 사이좋게 지내는 것에 샘내고, 까닭없이 두 분을 질투하며 돌아가신 엄마 생각에 난 나대로 아주 견디기 힘들어 속울음을 삼켰다. 할머니께서는 중간에서 새엄마와 나를 타이르고 달래느라고 또 얼마나 애쓰셨을까. 아버지께선 새엄마와 딸 사이에서 이쪽저쪽 눈치 보느라 괴로워 어머니 산소에 자주 갔다 오시는 것을 볼 수 있었다. 모두가 얼마나 힘들었을까 생각하면 지금도 가슴이 아려온다.

자애로우시고 지혜가 많으신 할머니께서는 나에게 때로는 눈짓으로, 밥상 밑으로 다리를 꼬집으면서까지 언짢은 기색을 못하게 했다. 행여 아버지 마음 상할까봐 늘 노심초사하셨다. 하루는 엄마와 나를 앉혀놓고 진지하게 타이르셨다.

"한번 분노를 표출하다 보면 정이 나고, 자주 그러다 보면 나간 정은 잡을 수가 없다. 서로 자신들의 분복을 받아들이고 이왕에 어미와 자식의 인연으로 맺어졌으니 서로 참고 잘해보도록 노력해야 한다." 하시며 엄마 손을 잡게 하시고 '엄마'라고 불러 보라고 하셨다. 나는 "어머니" 하고는 그동안 쌓였던 설움과 회한이 북받쳐 한참 울었다. 그때의 일은 지금도 잊히지 않는다. 아마 새엄마 역시 그러셨으리라.

할머니께서는 참으로 우리들을 사랑하셨음을 세월이 훨씬 지난 후에야 깨달았다.

그 뒤로 엄마와 나 사이는 서로 이해하고 감싸주고 도와주면서 우리 집은 늘 웃음꽃이 피고 온 이웃이 부러워할 만큼 화목하였다. 50여 년이 넘도록 엄마와 나는 한 번도 얼굴 붉혀 대해 본 적이 없었다. 지금도 3일이 멀다 하고 서로 전화하면서 나를 의지하며 사신다. 새엄마는 우리 집에 오셔서 호강은 고사하고 시부모 봉양에, 남편의 정치생활로 기울어진 가세에, 애먹이는 아들 때문에 고생만 하셨다. 그래도 집 떠나지 않고 지금까지 버팀목이 되어준 것으로도 고맙다. 큰딸에게 행여 폐 끼칠까 봐 근검절약하는 엄마, 아들딸의 조그만 인정에도 자랑하는 엄마, 아쉬울 때만 찾아도 자식들 걱정만 하는 엄마, 아무리 자식들이 잘한다 하여도 어머니만 할까? 참사랑은 하느님께로부터 내리사랑이지 치사랑이 아님을 늘 실감한다.

요즘 세상 이혼율이 높아 이래저래 새엄마가 되고 맞이하는 가정이 늘고 있다. 바람직한 일은 아니지만 할 수 없어 엄마가 되는 입장인 쪽은 당당한 권리와 의무를 행하면서 진실한 사랑을 하면 자식들도 그 노고에 보답하지 않겠는가. 맞아들인 자녀도 새엄마에게 최대의 예우를 한다면 참사랑을 받을 수 있으리라. 빛을 발하기 위해서 속을 태우는 촛불처럼 때론 마음이 상해 속이 탈지라도 참고 빛을 발하다 보면 서로를 이해하고 사랑하게 되리라.

(2004. 1)

사랑하는 큰딸에게

국화꽃 향기가 가슴 깊이 스며드니 너무 바빠 목소리도 멀어진 큰딸 생각이 살며시 밀물처럼 밀려와 이 밤을 온통 큰딸 생각에 푹 빠져들게 하는구나. 그동안 잘 지냈니?

보배 같은 너를 얻은 때가 엊그제 같은데 강산이 다섯 번이나 바뀐 세월이 흘렀구나. 너는 엄마 뱃속에서부터 지금까지 엄마를 눈물겹도록 고맙게 해준 효녀였다. 면 단위 시골이라 유치원도 없는 곳인데 여섯 살인 네가, 같이 놀던 친구가 초등학교에 입학하니 너도 학교에 가고 싶다고 졸라대서 며칠 뒤에 교장선생님께 입학을 허락받고 들어갔었다. 너의 아빠는 교장선생님과 약속했다며, 한 번 써오라는 글씨는 10번을 쓰게 하여 고사리 손에 못이 박이도록 쓰고 읽게 해서 안쓰러울 정도였었다. 너 공부 때문에 일어났던 일들은 지면으로 다 옮길 수 없이 많았지.

아빠의 전근으로 큰 도시 작은 도시로 돌아다니며 초등학교를 4군데나 거쳤지만 항상 상위성적을 거둔 너는 담임선생님들의 귀여움을 독차지했었다. 토요일마다 남원방송국에서 퀴즈 맞히기로 노트를 한 아름씩 상으로 타오곤 했었지. 6학년 졸업식 때 선생님이,

"적령기에 입학시켰으면 더 좋았을 텐데, 어머니가 책임지고 수고해주세요. 아주 유망한 학생입니다."

하더구나. 엄마는 그 말에 감격하였단다. 스승은 역시 제자를 사랑하는 마음이 부모와 같다는 느낌을 받았었다. 그때 어떤 일을 해서라도 너를 대학까지 보내리라 마음으로 다짐했었다.

남원여중학교 졸업 때 성적은 최상위였지만 집안 사정은 전주로 갈 형편이 못 되었었다. 하지만 엄마의 고집으로 전주여고에 원서를 내게 했었지. 우수한 성적으로 합격했을 때의 기쁨은 말할 수 없었다. 아무 연고도 없는 전주로 4명을 입학과 전학을 시키고 전주고등학교 뒤 후진 집의 방 두 칸을 월세로 얻어서 이사 왔을 때 엄마의 심정을 너희들은 모를 것이다. 엄마는 외할머니가 돌아가셔서 사범학교 진학을 못해 가슴에 한이 맺혔기에 내 딸들은 어떤 일이 있어도 학업을 놓쳐서는 안 된다며 마음에 단단히 다짐했었단다.

너는 어릴 때부터 대학을 마칠 때까지 엄마가 맵시 없이 만들어준 옷이나 교복을 입으면서 불평 한 마디 않고, 머리 모양도 엄마가 해주는 것에 탓 한번 하지 않는 착한 딸이었다. 고등학교 졸업여행을 설악산으로 가는데 나중에 갈 수 있다면서 엄마 힘들다고 가지 않았던 일, 아마 네가 대학을 가지 못했다면 두고두고 엄마의 가슴을 아프게 했을 것이다. 학교와 집밖에 모르고 오직 공부만 하더니 대입

예비고사에서 전라북도 여자 중에 1등을 하였지. 담임선생님께서 서울대학에 보내자고 하시면서 자신 있다고 하더구나.

아빠의 건강이 좋지 않았을 때여서 서울은 생각도 못한다고 했지만, 선생님은 너를 믿는다며 서울대학에 원서를 냈었다. 그러나 아깝게 불합격이었지. 결과가 나오자 담임선생님은 서울의 모 학원에 서울대학에 합격하는 조건을 걸고 학원비 무료는 물론이고 매월 하숙비를 받는 생각지도 못한 행운을 안겨주며 서울행을 주선해 주셨다. 서울로 떠나면서 그때 한창 유행가였던 송대관의 노래 '쨍하고 해 뜰 날 돌아온단다.'를 부르면서 손을 흔들며 떠나던 모습이 지금도 눈에 선하구나. 1년이란 세월을 책과 씨름하며 남의 집 다락방에서 고생을 하였기에, 우수한 성적으로 서울대학교 사범대에 당당히 합격하여 4년간 장학생으로 학업을 마친 장한 내 딸아! 정말 고맙다.

너는 참으로 고마우신 김용태 선생님의 은혜를 잊으면 안 된다. 바쁜 줄 알지만, 안부 인사하고 좋은 일 있을 때는 전화가 아닌 편지를 꼭 써서 보내도록 해라. 엄마는, 네가 선천적으로 교사로서의 자질을 갖춘 것으로 안다. 2학년 때부터 난곡동 달동네 야학에 가서 밤늦도록 가난한 아이들을 무료로 가르친다는 말에 참 대견스러웠다. 엄마도 19세 때부터 누가 시키지 않아도 마을에 글 모르는 처녀들을 모아 노트까지 만들어주며 글을 가르쳐 주었었지. 엄마를 닮은 딸이구나 싶어 감동했었단다.

누구에게도 의지하지 않고 남에게 부담 주는 일, 허례허식을 싫어하는 것까지 너는 어쩜 꼭 엄마 마음과 통하니? 결혼식 때 한복을 입고 학교 강당에서 식 올리고, 예물은 아예 생략하고, 살림살이도 꼭 필요한 것만 사게 하고, 집도 월셋방에서부터 시작하는 걸 보고 너의 동생들도 감동하더구나. 네 동생도 결혼식 때 한복을 입었고 남동생도 아빠 직장인 전북체신청 회의실에서 결혼식을 할 때 신부에게 한복을 입도록 권했단다. 큰딸인 네가 모범을 보였기에 가능했던 일이었다. 아빠, 엄마를 힘들게 하지 않으려는 네 마음 어찌 모르랴. 참으로 고맙고 기특할 뿐이다.

20여 년 동안, 두 철 방학 때면 외국으로 나가는 너를 못마땅해 하였는데, 엄마가 생각이 짧았구나 싶다. 연수도 하고 여행도 하며 넓은 세상을 돌아보고 다니더니 생각이 넓어지고 진정한 삶의 목적이 물질에만 있는 것이 아님을 깨달은 듯싶어 마음 흐뭇하다. 좁은 아파트에서 책으로만 단장을 하고 세 가족이 살면서도 불평 한 마디 없이 살아가는 너를 보면 학자로서의 정신을 갖추고 있는 것 같아 기쁘다. 내 자식이지만 정말 기특하여 때로는 살짝 자랑도 하고 싶어진단다.

열일곱의 시골뜨기 여학생이, 교복 바지에 엄마가 새댁 때 입었던 벨벳치마로 상의를 만들어 입고 이불보퉁이는 엄마가 이고 옷 보따리와 책가방을 들고 동대문 고속버스 주차장에 내려서 하숙집을 찾아가던 그때의 모습이 눈에 선하다. 어언 서울생활 30년이 지났구나! 서울의 명문 고등학교를 두루 돌더니 금년 초에, 청주에 있는 교원대학원에서 공부를 하게 되었다는 전화를 받고 엄마는 코끝이 찡하며 목이 메어 그저,

"잘했다! 장하다! 내 딸아!"

하며 수화기를 놓았었다. 공부는 젊었을 때 해야 하는데 50이 된 나

이에 얼마나 힘들까. 대학을 졸업하고 대학원을 다니다 그만두고 서울에서 대학에 다니는 3명의 동생들 치다꺼리에 고등학교 교사발령을 받아야만 했으니 부모가 능력부족으로 우리 큰딸만 고생시키는 것 같아서 미안하다. 우리 딸 정말 고맙다.

아득한 옛날 첫돌 전 네가 가까스로 무엇인가를 잡고 설 무렵 상위의 것을 밑으로 내려놓아서 내가 올려놓았더니 밑으로 내려놓고 하기를 수없이 반복해도 씩씩거리며 기어이 엄마가 지고 말았다. 그때부터 고집이 대단함을 알았다. 아빠는 사람이 고집도 있어야 큰일도 할 수 있다며 대견해하였던 기억이 난다. 동생들에게도 아낌없이 베풀어주는 너의 너그러운 성품으로 사이좋게 오순도순 우애하는 향기가 국화 향기처럼 전주까지 풍겨와 엄마는 늘 기쁘고 행복하다. 우리 큰딸! 거저 얻은 딸이나 다름없는데 어떻게 갚아야 할까?

이제 너무 많은 일은 맡지 말고 너의 몸 관리에도 신경 좀 쓰고, 하나밖에 없는 너의 딸에게도 많은 관심 갖도록 해라. 올 겨울방학땐 시간 내어 모녀간에 쌓인 이야기보따리를 도란도란 풀어보자꾸나. 항상 건강하길 바라면서

(2006. 10. 30. 밤. 전주에서 어미가)

보고 싶은 둘째딸에게

현란한 봄, 예쁜 꽃 처녀들이 하늘의 섭리에 따라 연초록으로 치장한 씩씩한 여름 총각에게 시집을 가느라 봄꽃은 서서히 멀어져 가는구나. 음력 삼월 스무날, 애잔한 달빛이 창문을 비집고 들어오니 멀리 떨어져 있는 둘째딸 생각에 젖어 이메일 편지를 쓴다.

49년 전, 네 언니를 낳고 일 년도 채 못 돼서 네가 생겨 아들이거니 하고 믿었는데 또 딸로 태어나서 아빠가 좀 서운해 하셨지. 언니가 여섯 살 때 초등학교를 들어갔기에 뒤질까봐 언니에게만 신경을 쓰다 보니 네가 많이 서운해 하였다는 것을 다 자란 뒤에야 알았다. 교복도 물려 입고 언니 쓰던 것들만 차지하다 보니 그랬을까? 미안했다. 이해하렴. 샘이 많은 너에게 연필 한 번 깎아주지 않았어도 너는 공부도 잘하고 아주 야무지게 잘 자라주었다. 언니와는 찰거머리처럼 붙어다니며 친하고 동생들에게도 언제나 상냥한 미소에 고운 마음씨를 가진 예쁜 우리 딸이 보고 싶다.

전주여고를 졸업하던 해, 서울대학에 들어간 언니를 따라 서울로만 가겠다고 하루 종일 눈이 퉁퉁 붓도록 울었지. 아빠가 마련해온 돈 얼마를 갖고 찬바람이 씽씽 불던 그 날 서울행 야간열차를 태워 보내고 엄마도 울면서 네가 잘되기를 빌었단다. 예비고사 성적이 우수하여 연세대학교 사회학과에 시험도 보지 않고 특대생으로 들어가서 졸업하던 해, 법무부 출입국 관리소에 합격통지서를 받고 엄마를 안아들고 돌면서 좋아하던 24년 전의 네 모습이 아련히 떠오른다.

어릴 때부터 엄마를 유별나게 좋아해서 떨어지지 않아 성가실 정도였는데, 마음 넓은 신랑을 만나니까 엄마 생각을 덜 하더구나. 여자의 일생은 남편 잘 만나는 것이 제일 큰 복이란다. 너는 복이 많은 사람이야. 그러니 항상 감사한 마음으로 섬기고 잘살기 바란다. 네 남편이 교환교수로 가는데 직장인인 너까지 함께 가게 된 행운을 감사히 여겨 맡은 일에 더욱 최선을 다해 보답해야 하느니라.

너희 네 식구가 미국으로 떠난다고 법석을 떤 지도 엊그제 같은데 벌써 돌아올 날이 더 짧구나. 너희가 결혼해서 9년 만에 얻은 쌍둥이들을 태어나서 보름 만에 이 할미 품에서 키워 일곱 살에 너희 집으로 보내기까지의 과정을 말로 하려면 몇 밤을 새워도 다 못할 것이다. 내 기억이 이만할 때 기록해서 아이들에게 주려고 준비 중이다. 너무 보고 싶으면 감정이 무딘가 보다. 소민이, 소명이가 아비어미 닮았으니 공부도 잘하고 착하게 잘 있다 오겠지? 매일 할미의 기도는 헛되지 않으리라 믿는다. 만리타국에서 아이들이 공부를 잘한다는 너의 고운 목소리가 들려오면, 엄마는 한참 동안 가슴이 울렁거린다.

착하고 예쁜 딸아!

이 농사 저 농사 해도 자식농사가 제일이라고 했다. 일 년 농사도 농부가 봄부터 농사일에 온 힘과 정성을 쏟아야만 가을에 풍성한 수확을 얻거늘 백년대계인 자식농사는 일 년 농사에 비하겠니? 자신의 일도 중요하지만, 너희들에게 맡겨진 아이들에게 많은 관심을 가져야 한다. 남을 사랑할 줄 아는 사람, 모든 면에 정신이 올바른 사람이 되게 지도하는 것이 부모의 몫임을 명심하여라. 그것이 너희들의 노후행복이란다. 어떤 일을 할 때 힘들고 어려웠지만 애써서 한 일이 보람되었을 때 가장 행복을 느끼게 되더구나.

엄마는 너희들과 함께 미국 구경을 했으면 싶었지만, 여름철에 네 아버지 식사도 문제고, 집안에 많은 식물 식구들도 돌봐야 하니 망설여진다. 서울대병원에서 진단을 받았더니 척추협착굴절증이라고 하더구나. 오래 앉아 있거나 걷는 데도 힘이 든다. 하고 싶은 일은 산더미 같은데 어느새 이 꼴이 되었나 싶어 서글퍼지면서 아예 미국여행을 할 마음을 접었다. 네 언니는 논문 쓰느라 청주에 가 있는 날이 많은 모양이다. 고등학교 3학년인 딸을 제대로 돌볼 시간이 없는 것 같아 안쓰럽지만 멀리 있으니 도와줄 수 없어 안타깝기만 하다. 집집마다 자기 일들에 바쁘고 모두 잘 지낸다. 이곳은 염려 말고 너희들이나 조심해서 잘 지내다 오렴.

부디 아이들에게 좋은 친구들 많이 사귀도록 해주고 멋진 추억 많이 만들어 주어라. 집안 통신원인 네가 없으니 한번도 모이지 못해 모두 너희가 어서 오길 고대한다. 맛있는 김치와 된장, 고추장도 너희들을 기다리고 있다. 어엿한 중학생이 된 손자손녀를 안아볼 생각에 벌써부터 가슴이 설렌다. 만물박사에 바위처럼 듬직한 우리 둘째 사위, 언제나 복사꽃처럼 환하게 웃는 예쁜 우리 딸, 너희들 네 식구를 어서 만나고 싶구나.

(2007. 5. 8. 어버이날 어미가)

고마운 아들에게

지난가을, 눈이 부시도록 찬란한 맑은 가을하늘 아래 광복회 회원들과 유적지를 돌면서 장수군 번암면에 가게 되었다. 46년 전 우리 아들이 태어난 곳이어서 아스라한 옛날 추억이 떠올라 감개무량하였다. 죽림천 둑의 느티나무 아래에 앉아 쉬면서 네가 태어나던 그 날 밤이 눈앞에 어른거리며 추억에 흠뻑 취해 보았다.

위로 누나 둘에 이어 아들이란 인연으로 내게 찾아온 아들은 이 세상 무엇과도 바꿀 수 없는 하늘이 주신 최상의 보물이었다. 섣달 대목이어서 아기를 받으러 올 사람도 없었는데 밤 12시에 산고도 별로 없이 조그만 우체국 관사가 떠나갈 듯이 큰소리로 울어댔었지. 너희 아버지는 "야아! 대통령감이다."라고 큰소리로 좋아하시면서 태를 자르셨다. 우는 소리가 어찌나 컸던지 숙직실의 직원이 듣고 자기 부인을 데리고 와서 첫 국밥을 해주었으니 지금 생각해도 행복한 웃음이 터진다.

딸 셋에 끼인 아들인 너는 어릴 때부터 누나들이나 여동생과 싸움하는 걸 보지 못했다. 아들 하나이지만 버릇없이 굴지도 않았고 아들 역할을 톡톡히 하면서 용돈으로 과자를 잘 사와 나누어 먹던 모습이 떠오른다. 엄마 치마꼬리를 붙잡고 따라다닌 기억이 전혀 없이 이웃에 있는 형들을 따라다니며 없는 것처럼 잘 놀았다. 광주시로 이사를 하고 얼마 되지 않았는데 여섯 살 아이가 아침나절에 나가 해가 져도 오지 않아 애가 타서 찾아다니다 집에 와보니, 황토 흙으로 범벅이 된 옷이 죄스러웠는지 수돗가에서 어름 물로 닦고 있었다. 아들을 보고 기특하고 반가워 끌어안고 눈물을 보이자 '흙 미끄럼 타기가 너무 재미있다. 엄마도 가서 타 보자.'고 하며 쌩긋이 웃던 순진한 그때 얼굴이 잊히지 않는구나. 우리 아들의 웃는 모습은 언제나 백만 불짜리지.

자라면서 좋은 일이거나 어려운 일이 있으면 시키지 않아도 스스로 하면서 심부름을 시키면 동쪽에 없으면 서쪽에 가서라도 기어이 해결해오는 삽삽한 너의 행동에 늘 감동하였다. 가난한 살림에 셋방살이 이사가 잦았지만 그때마다 아버지는 이사하는 구경도 한 적 없는데 아들은 힘든 것들을 마다않고 다하면서 짜증이나 화를 내지 않았다. 오히려 엄마를 위로하고 돕는 마음씨에 엄마는 고맙고 미안해서 속눈물을 삼켰다. 지금도 집안 대소사에 우리 아들, 며느리만 나타나면 만사형통이니 어찌 고맙지 않으랴.

고등학교를 졸업할 때까지 방 한 칸을 따로 주지 못하고 다리도 쭉 못 펼 만큼 좁은 방에서 누나들과 사촌들과 한방에서 지내게 한 일들을 어찌 잊겠니. 고등학교 때 먼 길을 새 자전거는 엄두도 못내 고장만 잦은 고물자전거를 밤늦게 끌고 들어서는 아들의 몸에 땀이 흠뻑 젖은 걸 볼 때면 엄마의 가슴은 미어지게 아팠단다. 또래들이 누리는 것을 갖지 못할 때 얼마나 마음 상했을까. 사춘기 시절 한창 반항기 시절인데도 투정을 못하고 만화와 중국무협지를 즐겨 읽으며 마음을 달랬던 일, 엄마는 다 이해한다. 공부보다 무협지에 마음 팔린 것에 걱정했었지만 사려 깊고 남을 배려하고 이해심 많은 너를 보고 누나들은 그때 읽은 수백 권의 책들이 오히려 인생 공부에는 큰 도움이 되었다고 말한다. 그때부터 독서습관이 몸에 배었는지 지금도 항상 아들 손에는 책이 떠나지 않더구나.

누나들은 서울의 인문대학을 갔지만, 아들은 엄마가 땅을 좋아하니까 농장을 해서 엄마 소원 풀어준다며 동국대 농대를 지원하여 들어간 것은 이 어미를 생각한 효심임을 어찌 모르랴. 지하방에서부터 2층 방으로 옮겨다니는 자취 생활에 연탄불이며 힘든 일 도맡아하고 전주에서 갖고 간 무거운 쌀자루는 언제나 아들의 몫이었으니 우리 아들 너무 고생 많았다. 졸업하자 바로 농협중앙회에 취직해서 20년이 다 되었구나. 이 나라의 농업 정책에 일원으로 요직에서 열심히 일하고 있으니 이 어미가 어찌 고마워하지 않으랴.

결혼도 같은 학교에서 사귄 동갑내기인 착한 사람 만나 불평 없이 오순도순 잘살아 주니 더할 나위 없이 고맙다. 네 처가 얼마 전 "애비는 지금까지 화를 내 본 적이 없고 잘 가르쳐 주며 남을 기분 상하게 하지 않아요. 자기가 잘한 일이 있어도 자랑하지 않을 땐 참 존경스러워요." 하면서 "저는 복이 많아요."라고 하더구나. 며느리가 시어미한테 자기 남편 칭찬할 정도이니 무슨 말을 더하랴. 나와 네 처 사이를 교통정리를 잘해 주었으니 20년 동안 무사통과였다. 엄마는 아들생각만 하면 고마움에 젖어 가슴이 찡해온다.

10여 년 전인가 너의 작은누나가 자형이 박사논문을 통과했다는 소식을 알리자 교수들과 식사라도 하라며 바로 통장으로 거금을 보내준 것에 감동했다며 고마워하더라. 누나들과 여동생도 동정심 많은 너의 마음씨에 늘 자랑하고 너희 집에 가면 부럽다고 하더구나. 매사에 사려 깊고 겸손하고 배려하는 너의 성품이 낳은 행동에 엄만 너무 좋아서 행복의 단비가 가슴에 촉촉이 내리고 있단다.

너희 딸 둘도 아빠를 무척 좋아하더구나. 지난번 갔을 때 고등학교 삼학년인 큰딸이

"이 세상에서 우리 아빠 같은 아빠는 없을 걸요."

라고 하더라. 자식이 부모를 신뢰하고 존경한다는 건 쉽지 않다. 이화여자대학 음대 피아노과에 합격한 기쁨을 안겨주었으니 효자 밑에 효자난다고 한 말이 맞는 말이다. 딸이지만 아들 못지않으리라 믿는다. 진심으로 축하의 박수를 보낸다.

사랑하는 아들! 고마운 아들아!

"우리 모두 자기 관리 잘하여 서로에게 걱정 끼치는 사람은 되지 말자. 정직하자. 잘난 사람보다 진실하게 된 사람이 되자. 이 세상에 꼭 필요한 사람이 되자. 누구나 함께 하면 편안하고 기분 좋은 사람이 되자."

라는 어미의 노래를 우리 아들은 잘 듣고 지켜주워 정말 고맙다. 건강해서 고맙고, 바르게 잘살아 주어 고맙고, 가족들 궁색하지 않게

잘 거두니 고맙고, 부모에게 효도하니 고맙고, 형제간에 우애하고 친족 간에 화목하고 동료 간에 친절하고 직장일에도 충실하니 참으로 고맙고 기쁘다. 엄마는 아들에게 해 준 것 없이 받기만 하니 항상 미안해서 빚진 마음이 가시질 않는구나.

지금까지 해오던 대로 계속 행하면 행복은 우리 아들 곁을 떠나지 않으리라 믿는다.

맑고 티 없는 삶을 계속 살아가길 바라면서 건강하길 빈다.

(2009년 1월에 전주에서 어미가)

예쁜 며느리에게

세월의 강물은 빠르게도 흘러가는구나. 시어미와 며느리란 인연으로 맺은 지도 어언 20년이 되었구나. 너를 처음 만나는 날, 아범이 너를 인사를 시키면서 "마음씨가 착해서 내 짝을 삼으려는데 어때요?" 했지. 나는 아들을 믿기도 하지만 착하다는데 무슨 트집을 잡겠니. 아버지가 월남 전투에서 돌아가시고 외할머니와 엄마와 사는 두 자매 중 언니라고 하더구나. 참한 너를 보고 두말 않고 허락했었다.

결혼식을 할 때 위 시누이처럼 너도 한복을 입겠다고 해서 기특하게 여겼었다. 식장도 시아버지 직장인 전북체신청 회의실에서 하고 신혼여행도 배낭여행으로 설악산에서부터 동해안으로 돌아 남원에 계시는 할머니를 뵙고 우리 집으로 올라오는 것을 보고 허세 부리지 않는 너의 행동에 내심 기쁘고 고마웠단다.

예쁜 공주만 둘을 낳아서 아들 하나만 더 낳기를 바랐지만 너희들이 더 두지 않는 것을 어찌하랴. 너희 시아버님도 몇 년은 기다리시다가 이제는 딸자식이지만 잘 길러주기 바라신다. 아비 혼자 벌지만 너의 알뜰한 살림솜씨는 누구도 흉내 내지 못한다고 칭찬하고 자랑한다. 부모 도움 없이 좋은 집을 장만하고 잘살아가니 고맙기 그지없다.

그 중에도 네 마음씨는, 처음이나 지금이나 항상 변함없이 매사에 긍정적이고 짜증내지 않고, 무슨 일이든 두려워하지 않고 잘해 내고, 위아래로 우애하고, 사촌들에게까지도 사려 깊게 대하는 것을 보고 너의 시누이들은 날더러 '며느리 잘 얻었으니 엄마가 복이 많은 사람이라.'고 한다. 남들에게 항상 동생 내외 자랑단지가 깨어진단다.

지난번 애비 생일날 너 아랫시누가 전화로 "아들 생일날인데 미역국이나 잡수셨느냐."고 해서 생일인 줄도 몰랐다 했더니 "우리 오빠같이 좋은 아들을 낳은 날 미역국도 못 잡수셨느냐."고 하더라. 전화를 끊고 생각하니 얼마나 오빠를 존경하면 그런 말을 할까 싶더구나. 남편을 잘 보필한 어멈의 마음씨가 가미를 한 것이려니 싶어 행복했었다.

나는 딸들하고의 전화는 할 말이 별로 없는데 너하고는 전화가 길어지는지 모르겠다. 딸들 흉을 보면 시누이들 편을 들고 시아버지 흉을 보면 당시 남자 분들은 다 그랬다면서 내 마음을 이해하고 위로해주며 가정의 평화를 조성해주는 너의 착한 마음씨에 항상 감동한다. 너희 두 내외는 한번 다투는 걸 보지 못했다. 네 말은 아범이 성품이 좋아서 사려 깊고 화를 내는 적이 없다고 하지만 네가 아범을 존경하고 비위를 잘 맞추니까 그렇겠지? 자식이지만 너희들 내외가 사는 것을 보면 항상 부럽고 고맙기 그지없단다.

엊그제 우리 집 모범생 예슬이가 이화여자대학 음악대학에 합격 소식을 알려왔을 때 몸이 아픈 할아버지가 큰소리로 '우리 집에 또 경사 났다.'며 좋아하시더구나. 본인의 노력은 물론, 그동안 물심양면으로 도운 어멈의 노력을 더 칭찬하고 싶었다. 6세 때 이 할미가 사준 피아노 앞에 매달려 고사리 주먹으로 피아노 건반을 두드리던 모습이 눈에 선한데 15년이란 세월이 훌쩍 지나고 벌써 대학생이 되었구나. 친가나 외가나 그쪽으로 소질은 없는데 순수한 노력의 값이기에 더 힘찬 박수로 축하하고 싶다. 아무튼 수고 많았다. 이제부터 시작이다. 훌륭한 피아니스트를 만들려면 어멈의 더 많은 노력이 필요할 것이다.

새침데기 예담이도 할미보다 키가 더 크더구나. 빠지지 않는 미모에 어딜 내놓아도 제 앞가림을 할 것이다. 예담이가 여덟 살 때 명절에 제 아빠가 늦으니까 몹시 기다리기에 달력 뒤쪽에 그림 그리고 놀라 했더니, 제 아빠 얼굴을 크게 그려 놓고 그 옆에다 글을 써 놓았는데 지금도 그 글이 잊히지 않아 보관하고 있다.

수염이 까끌까끌한 우리 아빠
멋진 우리 아빠, 좋은 우리 아빠
우리 엄마가 좋아하는 우리 아빠.

아빠가 얼마나 안고 비볐으면 표현을 저렇게 썼을까! 아빠를 존경하고 좋아하는 마음! 또 엄마가 아빠를 얼마나 사랑하고 좋아했으면 8세짜리 눈에 저렇게 보였을까 싶어 감동했단다. 그 때 그 글은 시 중에서도 명시라고 평하고 싶다.

여자가 나가서 돈 버는 것도 좋지만 남자가 자기 일에 온전히 몰두해서 충실할 수 있도록 집안 걱정하지 않게 해주는 것이 제일 내조를 잘하는 일이다. 항상 지금까지 만큼만 해나가면 우리 집안에 행복의 웃음소리가 가득할 것이다. 몸 무리하지 말고 건강하길 바란다.

(2009년 1월 전주에서 시어미가)

셋째 딸

1966년 장수군 번암면 우체국 관사에서 4번째로 태어난 아이는 딸이었다. 남편은 위로 딸 둘에 아들을 얻었던 뒤라 또 아들인 줄로 믿었는지 잠시 서운한 듯했다. 하지만 탯줄을 자르고 나서

"셋째 딸이니 미스코리아로 만들자."

라며 두세 번 비누질을 하여 씻기면서 산모를 웃기는 바람에 딸을 낳아 서운한 마음이 없었던 기억이 새롭다. 이름도 복될 희, 맑을 숙이라 지었다. 아빠가 무척 사랑하는 딸이었다. 태어나서 지금까지 항상 즐거움만 안겨준 기쁨이 딸이다.

초등학교 일학년 때 남원에서 전주 동초등학교로 전학을 했는데 담임선생님이 이렇게 예쁘고 공부도 잘하는 학생은 처음 봤다며 2학년 때까지 자기 반에 두었었다. 전주여자고등학교에 수석으로 입학

하였을 때나, 서울 연세대학교 국문과에 합격했을 때나 지금까지도 언제나 기쁜 소식만 안겨주는 고마운 딸이다. 대학을 졸업하고 한국학연구소에서 한국학사전을 만드는 일에 2년여 일했다. MBC 방송사 뽀뽀뽀 어린이 프로로 자리를 옮길 때 교수님이 전화로 "착하고 총명한 참 훌륭한 딸을 두셨다."라고 하며 칭찬을 아끼지 않았다. 전화를 끊고 생각하니 딸이 참 대견스럽다. 어미로서 이보다 기쁜 맘이 있으랴 싶어 가슴이 찡했다.

27세에 3세 위인 성품 좋은 신랑을 만나 연년생으로 아들 둘을 낳으면서 직장을 그만두고 아들들 잘 기르기에 여념이 없다. 아이 둘이 5, 6세 때인가 갔더니 제 어미가 빨래를 걸어 놓으니 양말을 제짝을 찾아 끼워 서랍장에 넣는 걸 보고 꼭 제 어미 닮았구나 싶었다. 아들 둘이 착하고 공부를 썩 잘한다니 그 부모에 그 자식이란 말이 이를 두고 한 말인가 싶다. 외국인 회사에 이사로 근무하는 사위 역시 아내를 지극히 사랑하여 장모인 나에게 아내 자랑이 대단하다. 딸도 신랑 말만 하면서도 입이 귀에 걸린다. 서로 협조하는 훈련이 잘된 집이라서 보기에 늘 흐뭇하다.

지금까지 파마 한번 해본 적없이 변함없는 소녀 스타일로 청바지에 스웨터 차림으로 지내는 알뜰주부 1호다. 어려웠던 신접살림을 슬기롭게 잘 꾸려가는 걸 보고 시부모님께서 복덩이가 들어왔다고 좋아하시며 칭찬을 하신단다. 그림, 글쓰기, 꽃 가꾸기, 노래 등 다양한 취미에 아이들 사진첩, 종이접기 작품, 스크랩북이나 책 정리 정돈은 수준급이어서 따라가기 어렵다. 볼 때마다 잘 보관하라고 당부한다.

가끔 딸 집엘 가보면 아파트인데도 집안 곳곳에 꽃 화분이 50개도 넘어 식물원 같다. 베란다에 논처럼 꾸민 작은 어항이 있는데 벼가 심어져 있고 그 사이로 미꾸라지들이 헤엄치며 살고 있다. 3년 넘게 되어 작은 장어만 하단다. 몇 포기 안 되지만 올해로 3년째 같은 벼 이삭에서 벼를 수확해서 쌀을 만들어 먹었다면 누가 곧이들을까. 거짓말이 아니다. 벼 기른 것은 세상에 알려야 한다며 우리 가족들은 입을 모은다. 도심 한가운데서도 자연을 느끼게 해준다고 아이들 어릴 때 개구리 알을 구해다 올챙이를 길러 개구리로 변하게 하여 논에 놔주고, 배추벌레를 길러 번데기에서 나비가 되도록 키워 날려 보내는가 하면, 시냇물에서 잡아온 버들치를 4년째 어항에서 기르는 것을 보고 놀랐다. 그 집에 가보면 볼거리가 많고 전시할 것들이 많다. 아파트가 아니라 자연의 집이다.

큰손자 초등학교 일학년 때부터 근처에 있는 아이들을 모아 직접 자료를 만들어 논술지도를 하고 용인시 죽전서 서울까지 번질나게 다니며 각종 공연이나 전시회를 빠짐없이 보여주는 등 알찬 지도를 한다. 봉사하는 마음으로 자료비만 받고 하는 걸 보며 제 언니들은 칭찬하며 부러워한다. 야외에도 자주 나가 자연을 관찰하게 하며 실물 교습을 위주로 아이들의 눈과 마음을 넓혀주는 교육을 중시한다. 작은손자는 지난 해 '자연관찰대회'가 있었는데 경기도에서 최우수상을 받았다고 전해온다. 형제간에 전교 일, 이등을 맡아 놓고 한단다. 지금은 제 아이들이 다니는 중학교 도서관 일을 맡아 봉사한다고 바쁘다. 항상 기쁜 소식만 들려주는 착한 셋째 딸에게 칭찬의 박수를 보내고 싶다.

"사랑하는 딸아, 고맙다. 힘내라."

셋째 딸 이야기를 하다 보니 팔불출 노릇을 한 듯싶다. 내 자식이 아닌 그 누구일지라도 요즘 세상에 물들지 않고 바르게 사는 그의 모습에 감동되어 칭찬하지 않을 수 없으리라. 미스코리아보다 마음이 더 예쁜 딸을 주신 하느님께 감사하여 자랑 좀 한 것 같다. 항상 해왔던 대로 앞으로도 소신껏 해나가서 유종의 미를 거두기 바란다.

(2008년 2월 어미 씀)

손자들의 생각주머니

내게는 일곱 개의 소중한 보물이 있다. 46년 전 큰딸을 낳아 말 가르치고, 손가락 세기 가르치며, 6세에 초등학교 입학시켜 놓고, 아빠, 엄마 모두가 일학년이 되어 방안 가득 웃음이 넘치던 때가 엊그제 같은데, 어느새 사남매의 자녀들에서 예쁘고 탐스런 일곱 명의 손자, 손녀가 생겨 나를 즐겁게 해주니 만감이 교차한다.

이 세상에서 어떤 것보다 더 값진 일곱 명의 보물들은 무럭무럭 잘도 자란다. 하지만 나는 가까이서 늘 애무할 수가 없다. 할미인 내가 기른 손자도 쌍둥이까지 셋이나 된다. 하지만 초등학교에 들어가면서부터 보고 싶어도 자주 만날 수가 없다. 네 집이 모두 서울에서 살고 있기 때문이다. 손자들이 어릴 때는, 모두가 함께 모이는 날이면 나는 유치원 선생이 되어 산으로, 냇가로, 공원으로, 온천으로 그들을 데리고 다니면서 재미가 쏠쏠하여 행복이 별처럼 쏟아지곤 했다.

지금은 가끔 만나게 될 때에도 인사만 꾸벅하고 할미의 마음도 모르는 채 저희들끼리만 논다. 이제는 할머니가 들려주는 성서 이야기도, 이솝 이야기도 시시하게 여기는 눈치다. 책벌레가 된 아이들은, 나보다 책을 더 가까이하고 할미하고는 놀려고 하지 않는다. 나는 예전처럼 그들 속에 끼여 놀아주고 함께 어울리고 싶었다. 섭섭한 마음을 혼자 삼키고 어떻게 하면 자꾸 멀어지려는 손자들의 마음을 끌어당겨볼까 하고 궁리를 하다가 글쓰기 백일장을 열어 그들의 생각도 길어내고, 용돈을 무조건 줄 수는 없으니 상금으로 주면 아주 좋겠다 싶어 바로 실천에 옮겼다.

첫 백일장 날은 2001년 5월 5일 어린이날이었다. 나는 선물보다 백일장 준비물과 상금을 챙겨 갔다. 초등학교 5학년 1명, 4학년 1명, 2학년 1명, 1학년이 4명이다. 5년 사이 일곱 명은 만나면 너무 좋아하고 사이좋게 잘 지낸다. 동갑이지만 형, 아우가 분명하여 형에게 이름 뒤에 존칭어를 붙이는 걸 보는 어른들의 입은 함박만 해진다.

서울 근교 한적한 장소를 택해 야외로 나갔다. 모두 모여 놓고 준비해 간 종이와 연필을 주면서 '봄'이라는 주제를 주고 한 시간 여유를 주었다. 생각보다 빠르게 30분 이내로 다 써서 내밀고 오월의 천사들은 쏟아지는 햇볕만큼이나 행복과 희망을 한 아름씩 안겨주고 나비 따라 꽃 속으로 달아난다. 어른들은 심사위원이다. 일학년들은 말 나오는 대로 받침은 틀린 곳이 있고 글자를 한쪽으로 몰아붙여 쓰긴 했지만 본 것을 아주 잘 표현했다. 모두 장원이라며 박수로 칭찬을 듬뿍하고 만 원씩을 상금으로 주었다. 아들딸들이 엄마 아이디어가 너무 훌륭했다며 함박웃음을 터트렸다. 나의 생각은 큰 성과를 거둔 셈이다.

이렇게 시작한 것이 벌써 4년이 지났다. 손자들과 친해지고 그들의 생각주머니 속을 들여다보기에는 글쓰기만큼 좋은 방법이 또 있을까? 이 백일장은 일 년에 몇 차례 모이는 날에는 으레 단골 행사처럼 되어버렸다. 처음에는 엄마의 극성에 못마땅해 하던 자녀들도 이제는 은근히 바라는 눈치다. 준비를 하고 모두 모이라고 하면 겁을 내고 꽁무니를 빼던 손자들도 학교에서 글쓰기에 우수작으로 상을 타니까 용기가 생기는 모양이다. 내가 어쩌다 서울 가서 볼일만 보고 못 만나고 내려오면 서운해 한단다. 이제 글쓰기에 재미를 붙인 손자들은 전화로 "할머니 좀 올라오세요. 보고 싶어요." 한다. 30분 정도 글 한 장 쓰면 용돈이 생기니 기다리는 모양이다. 할머니가 오신다 하면 이번에는 무슨 주제일까? 궁금해 하며 "엄마가 가만히 알아봐 줘." 하는 놈도 있다고 한다. 서로 더 잘 쓰려고 경쟁심도 엿보인다. 하지만 주제는 나 혼자만 아는 절대 비밀이고 내 고유 권한이다. 주제는 주로 사물의 이름보다는 '나' '우리 집' '나의 결심' '희망' '지구' '사람' '여행' 등 생각을 많이 해야 하는 주제를 내준다. 상상 외로 좋은 글들을 접하면서 너무 기특하여 즐거움은 온 집안 가득 퍼진다.

만화가가 장래희망인 큰딸 손녀는 가끔 글 대신 만화를 그려낸다. 유머 속에도 알찬 의미를 나타낼 때는 폭소와 귀여움이 함께 어우러져 큰 박수를 받는다. 친손녀의 모범답안지 같은 글 솜씨에 할아버지는 별명을 모범생이라 부른다. 재작년 6월에 서울 동작동 국군묘지에 갔을 때, 둘째딸의 열 살배기 쌍둥이 손자가 쓴 철학적인 글에는 감탄사를 발하기보다 너무 일찍 철드는 것에 조심스럽기까지 하였다. 2년 전 다섯 집 가족이 강원도로 여름휴가를 갔을 때 '여행'이라는 주제에 9살짜리 막내딸 작은손자는 여행의 정의를 어른들도 생각 못할 정도로 잘 써서 어른들의 혀가 들어갈 줄 몰랐다. 지난 늦여름 서울 근교 남한산성에서 열린 백일장 행사는 온 가족의 추억거리가 되기도 했다. '사람'이란 주제를 주었었다. 아이들의 눈에 보인 현대의 사람들은 하느님이 주신 좋은 머리를 나쁘게만 쓰는 어리석은 사람(문명 발달로 공기오염, 물질만능, 지구학대, 동물학대 등)으로 보였다는 것이 공통된 생각이었다. 그 중에 열한 살짜리 손녀가 쓴 "요즘은 착한 사람이 멸종 위기에 놓여있는 것 같다."는 내용은 어른들의 고개를 숙이게 했다. 글쓰기의 묘미가 이런 데 있지 않나 싶다. 참으로 글의 힘은 대단함을 느꼈다.

요즘은 글 내용도 보지만 띄어쓰기, 문장 구성 등 여러 가지를 다 살핀다. 자기가 지은 글을 낭독하도록 한다. 등수를 가려서 상금을 차별해서 주려고 했더니, 모두가 자기가 장원이라고 하는 바람에 할머니 주머니는 바닥이 났다. 그래도 정말 재미있고 즐거운 시간들이었다. 만날 때마다 늘 지는 해를 붙잡고 싶은 심정이다. 일곱 명의 손자들이 하나도 빠짐없이 참여할 수 있고, 기울지 않고 반듯한 지능을 주신 여호와 하느님께 참으로 감사드린다. 이렇게 쓴 글들은 모두 내가 갖고 와서 보관한다. 손자들이 생각나면 가끔 꺼내서 읽어보면서 행복한 미소로 마음을 달랜다. 각자의 특색 있는 성격이나 재능, 특성을 파악할 수 있어 좋았다. 그들의 개성을 살려주도록 제 엄마들한테 조언도 해준다. 이렇게 모아진 글들은 문집으로 만들어 그들에게 선물로 주려고 한다.

독서와 글쓰기는 모든 학문의 기본 바탕이라 본다. 일흔이나 된 할미가 손자들에게 이렇듯 관심을 보이니 제 부모들도 더욱 노력하는 것 같다. 일곱 명의 손자들이 장성한 후에도 친형제 이상의 정을 가지고 우애하며 화목하게 잘 지낼 수 있도록, 어릴 때부터 단단히 결속시켜 주는 것이 할미가 해야 할 몫인 듯싶어 나의 백일장 행사는 계속해 나갈 것이다. 그리고 모두가 훌륭한 사람으로 장성하는데 기여하도록 힘이 미치는 데까지 손자들의 생각주머니에 할머니의 정성이 담긴 사랑과 지혜와 용돈도 두둑이 넣어 주리라.

(2004. 12)

소녀시절의 꿈을 이룬 칠순 수필가, 김영옥
- 김영옥 처녀수필집 ≪몽당비≫ 출간에 부쳐

김　학
(국제펜클럽 한국본부 부이사장 · 수필가)

1. 김영옥과 수필의 만남

꿈은 이루어진다고 했던가? 김영옥은 타고난 문학도였다. 어려서부터 책 읽기를 좋아하고, 글쓰기에 관심을 가졌었다. 처녀 시절엔 옷을 만들고 남은 조각들을 모아 보자기 만들기를 좋아했었다. 모시조각은 작은 보자기를, 삼베조각은 좀 큰 보자기를, 무명베는 더 큰 보자기를, 비단조각으로는 배색을 잘 맞추어 예쁜 상보나 선물보자기를 만들었다. 낮에는 집안일에 바삐 돌고, 밤이면 호롱불 밑에서 내 것뿐 아니라 친구들 혼수품까지도 만들었으니 글을 쓴다는 것은 꿈으로만 간직할 뿐이었다. 김영옥의 보자기 만들기는 곧 그녀의 꿈을 펼치는 일이자 수필소재 찾기였다. 그러노라니 글을 쓰고 싶다는 꿈은 자꾸 뒤로 미루어질 수밖에 없었다.

1936년 경상남도 거창에서 태어난 김영옥은 해방 뒤 아버지의 직장을 따라 함양으로 옮겨 그곳에서 자랐다. 맏딸인 김영옥은 중학교 3학년 때 어머니가 돌아가시자 사범학교 진학의 꿈을 접고 갓 태어난 동생까지 넷을 돌보며 5남매의 맏이로서 살림을 맡았다. 그녀는 농사를 짓는 등 무거운 짐을 짊어져야 했고, 어머니 대신 주부 역할까지 감당해야 했었다.

그처럼 어려운 처지에서도 김영옥은 글을 모르는 동네 사람들을 모아 한글을 가르치는 소녀선생님이었다. 그 때는 6 · 25 이듬해인지라 한글을 모르는 문맹자들이 많았다. 신랑을 군대에 보낸 새댁 중에는 남편의 편지를 읽지 못하고 답장조차 쓸 줄 몰라 쩔쩔매는 이들이 있었다. 김영옥은 그때부터 그들에게 편지를 읽어주고 답장을 써주는 등 봉사활동(?)을 했던 것이다. 그 무렵이 바로 김영옥의 글쓰기 습작기였던 것이다.

수필가 김영옥은 주부연습을 충분히 한 뒤 스물한 살 때 춘향골 남원의 전라도 총각과 결혼을 하였다. 체신공무원인 남편을 따라 이곳저곳으로 이사를 다니면서 세월을 보냈고, 그 어간에 3녀1남의 자녀를 낳아 길렀다. 그 3녀1남이 지금은 모두 결혼하여 귀여운 손자손녀들을 7명이나 낳았다. 세월이 흘러서 그 손자손녀들이 어느새 대학생 2명, 고등학생 1명, 중학교 3학년생 4명으로 성장하였다.

억척 소녀 김영옥이 결혼하여 억척주부로서 살림을 일구었고, 이제는 또 억척 할머니가 되었다. 둘째딸이 낳은 쌍둥이 손자를 7년이나 기른 것을 보면 알 수 있는 일이다. '김영옥 할머니의 손자손녀

사랑법'은 좀 특이하다. 손자손녀들이 초등학교에 다닐 때부터 글쓰기를 장려할 목적으로 손자손녀들을 대상으로 백일장을 열었다고 한다. 손자손녀들에게 할머니가 준비한 종이와 연필을 나누어 주고 제목을 정해 주어 글을 쓰도록 했다는 것이다. 그 원고지에 쓴 글을 심사하여 일일이 칭찬해 주고 등급을 매겨 상품 대신 원고료를 주고 격려했다는 것이다. 이렇게 시작한 백일장이 10년 가까이 지속되었단다. 독특한 손자 사랑법이 아닐 수 없다. 이 원고를 모아서 내년쯤에는 책으로 엮어 나누어 줄 계획이라고 하니 기대가 크다. 할머니의 보살핌 속에서 이들 손자손녀들은 글쓰기를 시작했고, 그것이 계기가 되어 문학의 꿈을 키워가고 있는지도 모른다.

수필가 김영옥은 비록 가정 형편 때문에 사범학교에 진학하지는 못했지만 엄연히 교육자의 길을 걸어온 것이나 마찬가지다.

수필가 김영옥은 옛날부터 살림을 꾸리면서도 모든 일을 기록으로 남기기를 좋아했다. 가계부도 쓰고, 쌍둥이 외손자들의 육아일기도 기록으로 남겼으며, 큰딸과 유럽여행을 하면서 보고 느낀 것들을 여행기로 남겼다. 유럽 여행 때에는 그렇게 기록에만 정신을 팔다가 여권이 든 가방을 잃어버려 홍콩에서의 일주일 일정을 포기한 채 귀국해야 하는 아픈 기억도 갖고 있다.

김영옥이 문학으로서의 수필을 만난 것은 2004년 전북대학교 평생교육원 수필창작과정에 등록하고 103강의실에 나오면서부터였다. 당시 70대 문턱에 이르렀던 김영옥은 컴맹이었지만 컴퓨터를 배우지 않겠다고 고집을 피웠었다. 그러나 103강의실에 나오는 횟수가 늘면서 결국은 컴퓨터를 배웠고, 이제는 컴퓨터 마니아가 되었다. 지금은 자기가 컴퓨터를 만난 것은 물고기가 물을 만난 것이나 다름없다면서 덩실덩실 춤이라도 추고 싶은 심정이라고 피력했다.

마침내 김영옥은 종합문예지 대한문학 2006년 여름호에서 〈아름다운 소리〉란 작품으로 신인상을 수상하며 당당히 수필가로 등단하였다. 드디어 등단 3년 만에 이번에는 처녀 수필집 ≪몽당비≫를 출간하기에 이르렀다. 늦깎이 등단이지만 열심히 글을 쓰더니 수필가로서 빠른 행보를 보여주고 있어서 흐뭇하다. 김영옥의 처녀 수필집 ≪몽당비≫는 행촌수필문학회 회원으로서는 28번째 개인 수필집 출간이다.

수필가 김영옥은 자신의 심경을 이렇게 술회한다.

"이제 나의 문학 나의 꿈은 내 가슴 밑바닥에 숨어있지 않고 수필이라는 날개를 달았다. 어떤 글을 어떻게 써야 독자들에게 도움이 되고 즐거움을 주며 사랑을 받을까. 온갖 사람들의 가슴 속에 날아가 사랑을 속삭이게 되었으니 정성을 다해 노력하자고 다짐한다."

등단작품이 마지막 작품이 되는 수필가들이 없지 않은 이 시대에 수필가 김영옥이야말로 나이를 잊은 듯 좌고우면하지 않고 불광불급不狂不及의 자세로 수필에 정진할 참 수필가가 되리라 믿는다.

2. 김영옥 수필가의 수필세계

김영옥의 처녀수필집 ≪몽당비≫에는 작가가 심혈을 기울여 쓴 작품 75편이 7부로 나뉘어 수록되어 있다. 이 작품 한 편 한 편을 읽으면 누구나 공감의 박수를 보내고 싶어질 것이다. 그것이 김영옥 수필의 매력이요 흡인력이다.

(전략) "햇빛과 바람과 산이며 물의 언어로 문인화 같은 수필을 써보고 싶다고나 할까. 문인화는 그림인가 하면 시이고, 시인가 하면 서이다. 문인화에는 순백의 미학이 있고 서릿발 같은 고절이 숨어 있는가 하면 동매冬梅의 암향이 묻어나기도 한다.

꽃은 꿀과 향기로 벌, 나비를 불러들인다. 내 수필의 서두도 낯설고 절박하고 참신한 언어로 독자의 눈길을 꽉 붙들 수 있어야 하겠다.

문체의 은은한 향기에 취해 독자의 마음이 글 속에 빨려 들어와야 하리라. 읽어갈수록 은유며 해학이며, 역설과 기지와 파혹破惑에 매료되어 흥미진진함을 느끼도록 해야겠다. 때로는 구상의 씨줄과 추상의 날줄이 교직되면서 신비한 모자이크 무늬가 떠오르면 좋겠다. 또한 독자가 읽다가 밑줄을 그으며 암기하고 싶은 명언 두어 줄 있으면 얼마나 좋을까.

어디 그뿐이랴. 여기 저기 보석처럼 빛나는 어휘 서너 개쯤 깊은 뜻 함축하고 석류알마냥 박혀있어야 하리라. 독자의 입가에 미소가 번지고, 잔잔한 감동으로 그들의 영혼을 흔들어 깨워야 하리라. 여항의 숨은 인정에 눈을 뜨고 작은 깨달음을 얻어 자신의 내면을 들여다 보는 순간이 있다면 금상첨화라 하겠다.

문장의 행간에는 무지개가 뜨고 예지의 별빛이 빛나야 하리라. 뿐만 아니라 문사의 지조도 엿보이고 사상과 철학의 강물도 흘러가야 하지 않을까.

수필 한 편을 다 읽어갈 무렵에는 그 수필의 중심주제와 종속주제가 수묵화의 취운吹雲처럼 번져 나오리라. 수필의 결미는 용 그림의 눈동자에 점을 찍으면 용이 살아나 꿈틀거리며 비천하듯 지금껏 빚어낸 문장이 살아서 빛을 발하는 글귀로 끝맺음하리라.
　독자가 내 수필 한 편 읽고 작품을 손에 쥔 채 한동안 먼 하늘을 보며 뭣인가 생각에 잠길 수 있다면 얼마나 좋을까. 수필 한 편에 아무리 묘사가 뛰어나고 문장이 훌륭하며 밤 호수에 달 뜨듯 주제가 잘 드러나도 그 속에 인생의 희로애락이 녹고 삭아 흘러들지 않으면 그 작품은 언제나 미완이요, 미달이요, 미급이라 여길 것이다. 나의 이 꿈이 이뤄질 때까지 결코 펜을 놓지 않으리라."

이 글은 원로 수필가 김규련 선생이 격월간 ≪수필과비평≫ 100호에 발표한 작품 〈미완의 꿈〉이다. 이 글은 수필가 김영옥은 물론 수필을 공부하는 이들 모두가 가슴에 새겨둘 금과옥조의 가르침이 아닐 수 없다. 이제 수필가 김영옥의 수필세계로 들어가 보자.

　내게는 매일아침 제일 먼저 반기며 만나는 친구가 하나 있다. 아침에 일어나면 간단히 몸풀기 체조를 하고 나서 습관처럼 집어 드는 몽당비. 그가 바로 나의 첫 친구이다. 나는 그 몽당비로 밤새 담 너머 길로 떨어진 무궁화꽃, 대문 밖 항아리에 심어 놓은 분꽃나무에서 떨어진 꽃잎, 뜰안 여기저기에 떨어진 꽃잎들과 잎사귀들, 옥상 위에 심은 여러 가지 채소들에서 떨어진 것들을 그와 함께 깨끗이 치운다.

– 〈몽당비〉 서두

김영옥의 처녀 수필집 제호로 뽑아 올린 수필 〈몽당비〉란 작품의 서두다. 이 〈몽당비〉는 친정아버지가 서툰 솜씨로 화자에게 만들어 준 선물이다. 더구나 그 〈몽당비〉를 만들어 준 그해 봄, 아버지가

79세에 돌아가시니 그 〈몽당비〉는 아버지의 유물이 되었다. 그러기에 그걸 사용할 때마다 아버지 생각이 떠오를 것은 당연한 일이다.

싸리비가 몽당비로 변한 것은 세월이 많이 흘렀음을 뜻한다. 화자가 그 〈몽당비〉를 애지중지하는 것은 돌아가신 친정아버지에 대한 그리움 때문일 터이다. 또 화자는 자신이 〈몽당비〉 같은 사람이 되고자 한다. 힘들고 어려운 일을 마다하지 않고 잘해 내고, 모든 사람들에게 꼭 필요한 존재가 되며, 사랑받는 존재가 될 것을 다짐하는 화자의 메시지가 이 구절에 강렬하게 담겨져 있다.

수필은 평범한 일상에 새로운 의미의 옷을 입히는 문학이라고 했다. 또 유능한 수필가는 육안肉眼이 아니라 심안心眼으로 소재를 볼 줄 알아야 한다고도 했다. 그래야 평면적인 수필이 아니라 입체적인 수필이 될 수 있기 때문이다. 김영옥의 수필에서는 그런 수필의 맛과 멋을 느낄 수 있다.

> 여자의 인생열차는 주부라는 이름표를 단 한 여인을 시집이라는 역에다 내려놓고 떠나버리고 다시는 돌아오지 않는다. 역에 정착한 여인은 낯선 시집에서 강산이 수없이 바뀌어서 생을 마감할 때까지, 그 집 가문에 행여 먹칠이라도 할까봐 전전긍긍하며 살아간다. '시'자만 붙은 곳에서는 자라목이 되어야 하고, 고추장단지 열두 개라도 서방님 비위 맞추기는 갈수록 산이다. 호랑이보다 더 무서운 자식도 낳아 잘 길러내야만 한다. 옛말에 '고초당초 맵다 해도 시집살이만 할까.'라는 말은 어찌 그리도 맞는 말인지!
>
> – 〈주부 그 만능직업〉 서두

서두부터 참신하여 독자의 눈길을 끈다. 아무도 눈여겨보지 않는 주부란 존재에 대하여 새로운 의미의 옷을 입혀 독자 앞에 선보인다. 어떤 독자도 이의를 제기하지 못하고 화자의 설득에 긍정하지 않을 수 없게 만든다. 독자는 작가가 설치한 덫에 걸려서 꼼짝할 수도 없다.

주부는 교사, 요리사, 재봉사, 의사, 변호사, 정원사, 청소부 역할은 물론 친족 간의 우애, 이웃과의 교제 등 셀 수 없이 많은 역할을 맡아야 하니 아무나 흉내를 낼 수 없다고 강조한다. 심지어 화자는 딸 셋의 혼수도 자기 손으로 해결했고, 큰딸 결혼식 때는 신부의 면사포와 부케, 흉화까지 손수 만들어 사용했다고 한다. 뿐만 아니라 손자손녀 7명의 아기 이부자리와 보낭, 잠옷까지도 만들어 주었다니 놀라운 일이 아닐 수 없다. 그러면서 화자는 자신의 체험에서 우러나온 경험을 바탕으로 주부의 특권인 만능직업에 자부심을 갖고 가족에게 신뢰심을 심어주고 최선을 다할 때 그 가정엔 영원한 행복의 웃음꽃이 피어날 것이라고 충고를 해 준다.

수필가 김영옥은 언제나 오감五感을 열어놓고 수필 소재를 찾는다. 김영옥이 펼쳐놓은 오감의 덫에 수필의 글감이 걸리면 화자는 미루지 않고 바로 수필로 빚는다.

> 우리들은 눈만 뜨면 여러 가지 소리에 접한다. 바람소리, 물소리, 천둥소리, 새소리 등 자연의 소리부터 악기들이 내는 고운 소리, 사람들이 부르는 노랫소리, 시끄러운 자동차 소리까지, 온갖 소리에 귀가 아프다.
>
> — 〈아름다운 소리〉 서두

수필은 서두 한두 줄이 작품의 성패를 좌우한다고 했다. 김영옥 수필은 거의 모든 작품의 서두가 간결하고 산뜻하다. 그리하여 독자의 흥미와 관심을 끈다. 김영옥 수필의 장점이다. 수필가 김영옥은 이 작품의 마무리에서 '아기 우는 소리, 글 읽는 소리, 베 짜는 소리' 등 세 가지 기쁜 소리가 들려야 집안이 번창하고 국가도 흥한다는 아버지의 말씀을 들먹이며 이 세 가지 기쁜 소리가 들리는 날, 우리네 삶은 신명나는 삶이 될 것이라고 마무리 짓는다. 여운이 긴 작품이다.

김영옥의 수필 제목만 보아도 그녀가 어떤 문제에 관심을 기울이고 있는지 알 수 있다. 수필가 김영옥은 지금 이 시대를 〈지금은 며느리 전성시대〉〈지금은 속이는 시대〉〈지금은 도박시대〉라고 표현하고 있다. 정곡을 찌르는 시대분석이라고 하지 않을 수 없다.

"나는 며느리가 무서워."

이렇게 서두를 연 〈지금은 며느리 전성시대〉는 결미에서 다음과 같이 화해의 제스처를 보인다.

> 시어머니의 대를 이어가야 할 사람이 바로 며느리이다. 가정의 창시자인 하느님께서 여자의 역할을 마련한 것을 새겨보면서 행복한 가정이 여인들의 책임임을 깨달았으면 좋겠다.
>
> — 〈지금은 며느리 전성시대〉 결미

시어머니에게 용돈을 드린 며느리가 가계부에는 '그년 10만 원' 또는 '춘년 10만 원'이라고 기록한다는 우스갯말이 있는 걸 보면,

이 작품이야말로 세태 변화의 정곡을 찌른 현실비판의 작품이라고 하겠다.

수필가 김영옥은 인정을 갈구하는 전형적인 이 땅의 어머니다. 〈사람은 정으로 살아야〉〈물이 마르니 정도 마르고〉 같은 작품에서 그 깊은 뜻을 만날 수 있다.

> 전쟁무기 만드는 그 비용으로 사막지대나 물 부족국가에 맑은 물을 공급할 수 있도록 송수관을 설치한다면 물도 솟아나서 지구촌 모두가 행복한 삶이 될 터인데 말이다.
>
> — 〈물이 마르니 정도 마르고〉 결미

수필가 김영옥은 자연친화적인 작가다. 그의 시야는 넓고 깊다. 내 가정 내 나라에만 관심을 기울일 정도로 시야가 좁은 수필가가 아니다. 지구촌의 문제 해결을 위하여 지혜를 짜내는 수필가다. 흙을 사랑하는 김영옥 수필가의 본심이 자연친화적 수필을 쓰도록 유도하였을 것이다. 〈흙, 그를 사랑한다〉만 보아도 그렇다. 김영옥이 흙을 사랑하게 된 것은 농촌에서 살던 처녀 때 할머니의 가르침 때문이었다.

> "밥 잘 먹는 것은 하느님 덕, 옷 잘 입는 것은 마누라 덕, 돈 잘 쓰는 것은 부모 덕이라. 그 중에서도 먹는 것이 제일이다. 이 흙은 생명의 근본이거늘 흙을 소중하게 여겨야 한다."
>
> — 〈흙, 그를 사랑한다〉 중에서

수필가 김영옥은 그 뒤 도시에 살면서도 늘 흙을 가까이 하였다.

동네 빈터가 있으면 그곳에 씨앗을 심고 정성껏 가꾸었으며, 옥상에도 과일상자나 항아리에 흙을 담아 채소를 가꾸었다. 그러기에 동네 사람들은 그녀를 '일등 농사꾼'이라며 칭찬한다. 흙을 사랑하는 마음, 그것이 바로 농심農心이다. 도시에 살면서도 그녀의 마음속엔 늘 농심이 자리 잡고 있다.

수필가 김영옥이 조류독감 때문에 억울하게 죽어가는 닭들의 비극을 다룬 〈닭들의 수난기〉, 퇴직한 남편과 티격태격하는 과정을 반성하는 〈고개 숙인 벼〉도 독자의 감동을 자아낼 만하다.

> 남에게 물 한 모금이라도 나누어 주려면 내가 덜 먹어야 줄 수 있다. 내 욕심 다 채우자면 아무것도 줄 수 없다. 내 것 주는데 아깝지 않은 것이 어디 있으랴. 남을 기쁘게 해주려면 사랑이 동기가 되어 희생이 따르지 않고는 절대로 이룰 수 없다. 4명의 자녀들을 서울로 대학을 보내면서부터, 결혼을 시켜놓고도 20년이 넘게 김치며 장물까지 보내준다. 나이가 드니 때로는 힘들어 못하겠다 싶어도 사랑하는 마음이 일면 주는 것에 대한 기쁨을 맛보고 싶어서이다. 돈 가치로 따지면 얼마 안 되는 것이지만, 내 손수 만들어 주는 재미는 해보지 않는 이는 모르리라. 이 나이에 주는 재미도 없다면 무슨 낙이 있을까.
>
> -〈아낌없이 주는 나무〉 중에서

'아낌없이 주는 나무'는 수필가 김영옥의 E-mail 별명이다. 어찌 보면 그녀의 인생철학인지도 모른다. 수필가 김영옥은 헌신적인 삶을 살아온 전형적인 이 땅의 조선여성이다. 그러기에 그녀가 살아온 세월은 그녀에게 헤아릴 수 없이 많은 글감을 제공해 준다. 아직도 그녀가 캐내야 할 수필의 광맥은 무한하다. 그러기에 그녀가 출간할 제2, 제3의 수필집을 기대하는 것이다.

수필가 김영옥의 가족들은 그녀 수필의 주인공들이다. 보물 같은 7명의 손자손녀 이야기를 다룬 〈손자들의 생각주머니〉나 가시밭길을 헤치고 피땀을 흘리며 가꿔온 가정생활을 그린 〈가시밭길 뒤에 숨은 행복〉, 또한 결혼생활을 중간 점검한 〈어느새 결혼 50년〉이 그런 작품들이다.

> 석삼 년 시집살이도 다 살기 전에 어느새 품안에는 네 마리의 새끼 호랑이가 더 가혹한 채찍을 가했다. 하늘이 맡겨주신 이 귀중한 보물들을 어떻게 해야만 영원토록 빛을 내게 할 수 있을까 불철주야 긴장 속에서 노심초사하였다. 그들의 건강을 위해서 영양가 있는 먹이를 동분서주 바쁘게 사냥해 와야 했고, 털도 늘 예쁘게 다듬어줘야 했다.
>
> – 〈가시밭길 뒤에 숨은 행복〉 중에서

화자는 사랑하는 자녀들에게는 자기 같은 생활을 물려주지 않으려고 허리띠를 더 졸라매고 근검절약하여 가르쳤고 험한 세상을 헤쳐 나갈 수 있는 지혜와 용기를 심어 주고 훈련을 시켰다고 고백한다. 돌이켜 보면 김영옥의 자녀교육은 기대 이상의 결실을 거둔 셈이다.

> 남편은 내가 매사에 달인이길 바란다. 어렵고 힘들고 더러운 일도 헝클어진 실타래를 풀어내듯 척척 풀어나가는 해결사로 여긴

다. 온갖 화풀이를 해도 넓은 바다같이 다 받아주는 어머니 같은 줄로 안다. 지금도 건강한 새댁으로 착각하는 남편이 야속하다.

– 〈어느새 결혼 50년〉 중에서

수필가 김영옥의 결혼생활 50년의 대차대조표를 한 편의 수필로 빚은 것이다. 이 한 편의 수필을 읽노라면 때로는 안타깝고, 때로는 눈물겹고, 때로는 미소를 자아내게 되기도 한다. 작가 김영옥이 독자의 표정을 자유자재로 연출하는 것 같은 느낌이다.

수필가 김영옥은 작품마다 독자의 마음을 파고드는 호소력 있는 수필가다. 뿐만 아니라 언어운용의 달인이라 할 만하다.

3. 수필가 김영옥이 가야 할 길

수필가 김영옥의 처녀 수필집 ≪몽당비≫에는 보기 쉽고, 알기 쉬우며, 읽기 쉽게라는 문장삼이정신文章三易精神으로 잘 채색된 작품들이 담겨져 있다. 수필가 김영옥은 자신이 살아온 역사만큼 많은 수필 소재를 안고 있을 것이다. 우주만물이 다 수필의 소재라고는 하지만 그 소재에서 무엇을 발견하고 어떤 의미를 찾아낼 수 있느냐가 중요하다.

이제 처녀 수필집을 선보였으니 '쌍둥이 외손자들의 육아일기'와 '손자손녀들의 백일장 작품'을 책으로 엮어 가보로 삼기 바란다. 더불어 늦깎이로 문단에 얼굴을 내민 만큼 더 치열하게 작품을 빚어서 제2, 제3의 수필집을 발표하여 낙양의 지가를 올려주기 바란다.

김영옥 수필집

몽당비

인 쇄 / 2009년 6월 10일
발 행 / 2009년 6월 12일

지은이 / 김 영 옥
발행인 / 서 정 환
발행처 / 수필과비평사

출판등록 / 1984년 8월 17일 제28호
주 소 / 서울시 종로구 익선동 30-6
운현신화타워 빌딩 2층 208호
전 화 / (02) 3675-5633, (063) 275-4000
팩 스 / (063) 274-3131
E-mail / essay321@hanmail.net

값 10,000원

ISBN 978-89-5925-576-4 03810